Legal Operations
como começar

www.editorasaraiva.com.br/direito
Visite nossa página

Coordenadores

Guilherme Tocci • Paulo Samico • Tayná Carneiro • Victor Cabral Fonseca

Legal Operations
como começar

Um guia com *insights*
e dicas práticas para suas
operações legais

Prefácio escrito por Mary O'Carroll
Posfácio escrito por Stephanie Corey
Pioneiras no tema

DADOS INTERNACIONAIS DE CATALOGAÇÃO NA PUBLICAÇÃO (CIP)
DE ACORDO COM ISBD
ELABORADO POR VAGNER RODOLFO DA SILVA - CRB-8/9410

L497 Legal Operations: Como começar - Um guia com insights e dicas práticas para suas operações legais / coord. Guilherme Tocci. [et al.]. - São Paulo : SaraivaJur, 2023. p. 2023
280 p.

ISBN: 978-65-5362-399-6 (Impresso)

1. Direito. 2. Inovação jurídica. 3. Legal operations. I. Tocci, Guilherme. II. Samico, Paulo. III. Carneiro, Tayná. IV. Cabral, Victor. V. Título.

2023-1264

CDD 340
CDU 34

Índices para catálogo sistemático:

1. Direito   340
2. Direito   34

Av. Paulista, 901, Edifício CYK, 4º andar
Bela Vista – São Paulo – SP – CEP 01310-100

SAC | sac.sets@saraivaeducacao.com.br

Diretoria executiva	Flávia Alves Bravin
Diretoria editorial	Ana Paula Santos Matos
Gerência de produção e projetos	Fernando Penteado
Gerência editorial	Thais Cassoli Reato Cézar
Novos projetos	Aline Darcy Flôr de Souza
	Dalila Costa de Oliveira
Edição	Livia Céspedes
	Liana Ganiko Brito
Design e produção	Jeferson Costa da Silva (coord.)
	Camilla Felix Cianelli Chaves
	Deborah Mattos
	Rosana Peroni Fazolari
	Tiago Dela Rosa
Planejamento e projetos	Cintia Aparecida dos Santos
	Daniela Maria Chaves Carvalho
	Emily Larissa Ferreira da Silva
	Kelli Priscila Pinto
Diagramação	Claudirene de Moura Santos Silva
Revisão	Paula Craveiro
Capa	LSD | Legal Service Design
Produção gráfica	Marli Rampim
	Sergio Luiz Pereira Lopes
Impressão e acabamento	Gráfica Paym

Data de fechamento da edição: 2-6-2023

Dúvidas? Acesse www.saraivaeducacao.com.br

Nenhuma parte desta publicação poderá ser reproduzida por qualquer meio ou forma sem a prévia autorização da Saraiva Educação. A violação dos direitos autorais é crime estabelecido na Lei n. 9.610/98 e punido pelo art. 184 do Código Penal.

CÓD. OBRA 718046   CL 608442   CAE 831588

A opinião dos autores não reflete necessariamente a opinião institucional das empresas às quais eles estão vinculados atualmente. Os textos aqui publicados buscam estimular o debate sobre temas importantes à comunidade de *Legal Operations* no Brasil, sempre prestigiando a pluralidade de ideias, a discussão propositiva e o compartilhamento de conhecimento prático e teórico de qualidade.

CARTA DE APRESENTAÇÃO
Selo *Future Law*

Queridas e queridos leitores,

É com grande satisfação que escrevemos esta carta de apresentação do selo Future Law. A Future, é assim que nos chamam os mais íntimos, é uma EdTech que tem por PTM[1] preparar e conectar os profissionais e as organizações jurídicas à realidade exponencial. Nascemos para contribuir nesse ambiente de grandes transformações pelo qual passa a sociedade, a economia e, portanto, o mundo jurídico. Rapidamente fomos abraçados por uma comunidade de carinhosos *future lawyers* que amam nossos *nanodegrees*, metodologias, *podcasts*, periódicos, livros e projetos especiais.

Nós esperamos que você tenha uma excelente experiência com a obra que está em suas mãos, ou no seu leitor digital. Cabe mencionar que o selo Future Law é a consolidação de uma forte e calorosa parceria com o selo SaraivaJur. Buscamos sempre encantar nossos leitores e, para tanto, escolhemos os melhores autores e autoras, todos expoentes nos temas mais inovadores, e com uma clara missão: rechear nossas publicações por meio de trabalhos práticos, teóricos e acadêmicos.

Do fundo de nossos corações, almejamos que advogadas(os), juízas(es), defensoras(es), membros do Ministério Público (MP), procuradoras(es), gestoras(es) públicas(os) e privadas(os), *designers*, analistas de dados, programadoras(es), CEOs, CTOs, *venture capitalists*, estudantes e toda uma classe de profissionais que está nascendo sejam contempladas(os) pelo nosso projeto editorial.

Com a profusão e a complexidade de temas abarcados pelo Direito, a Future Law se propõe a compreender como as Novas Tecnologias advindas da Quarta Revolução Industrial impactaram a sociedade e, por consequência, o Direito. Temas como Metaverso, NFTs, Inteligência Artificial, *Legal Operations*, Cripto, Ciência de Dados, Justiça Digital, Internet das Coisas, Gestão Ágil, Proteção de Dados, *Legal Design*, *Visual Law*, *Customer Experience*, *Fintechs*, *Sandbox*, *Open Banking* e *Life Sciences*, estão difundidos ao longo de todas as nossas publicações.

---

[1] PTM ou Propósito Transformador Massivo é uma declaração do propósito e objetivo maior da empresa. Representa um fator essencial na alavancagem organizacional, pois é o princípio que norteia as decisões estratégicas e os processos de criação e inovação. O Google, por exemplo, tem como PTM: "Organizar a informação do mundo". Ver: ISMAIL, Salim; VAN GEES, Yuri; MALONE, Michael S. *Organizações exponenciais*: por que elas são 10 vezes melhores, mais rápidas e mais baratas que a sua (e o que fazer a respeito). São Paulo: Alta Books, 2018.

Somos jovens, mas intensos. Até o ano de 2023, serão mais de 15 obras publicadas, paralelamente à publicação trimestral da *Revista de Direitos e Novas Tecnologias* (RDTec), coordenada pela Future Law, já caminhando para seu 22º volume.

Por meio deste projeto, alcançamos uma fração do nosso intuito, produzindo conteúdo relevante e especializado, a profissionais e estudantes obstinados, que compartilham do nosso propósito e que compreendem que o futuro do Direito será daqueles que, hoje, conseguirem absorver esse conhecimento e aplicá-lo em prol da inovação e de um Direito mais acessível, intuitivo, diverso, criativo e humano.

Não vamos gastar mais seu tempo... Passe para as próximas páginas e aproveite a leitura!

Metaverso, inverno de 2023.

Tayná Carneiro | CEO | Future Law

Bruno Feigelson | Chairman | Future Law

Saiba mais sobre nossos projetos em:

CARTA DE APRESENTAÇÃO
Selo CLOB

CAMINHO SE FAZ AO ANDAR*

*Paulo Silva***

O tema *Legal Operations* (ou *Legal Ops* ou, ainda, Operações Legais) tem estado cada vez mais presente no meio jurídico brasileiro.

Podendo ser considerado um *framework* (ou estrutura) voltado para a gestão de departamentos jurídicos e escritórios de advocacia, o *Legal Operations* tem por objetivo ocupar-se de todos os processos de negócio, rotinas administrativas e operacionais inerentes à prática jurídica, de modo que ela possa ser realizada de maneira *eficiente e eficaz,* combinando, para isso, equipes multidisciplinares (pessoas), metodologias (processos) e ferramentas (tecnologia).

Assim, tratar de *Legal Ops* é tratar de gestão jurídica. E gestão jurídica não é um tema novo no Brasil, sendo certo que já se abordava o tema na década de 1990. Em verdade, Laura Selem observa que já na década de 1970, iniciativas com o foco de aumentar eficiência e eficácia já eram sistematizadas por profissionais brasileiros[1].

Ainda assim, se considerarmos que, de fato, a expressão *Legal Operations* não era comum aqui no Brasil no século passado, uma busca no Google Trends aponta que buscas sobre o termo já eram feitas por aqui em 2012[2].

A escolha por este período deu-se pelo entendimento de que uma década é um período relevante e por considerar as mudanças ocorridas no mundo em razão do contexto pandêmico.

---

* O título é uma menção ao poema do espanhol Antonio Machado: MACHADO, Antonio. *Cantares.* [s.d.] Disponível em: https://mundomindfulness.com.br/poemas-mindfulness/cantares-antonio-machado/. Acesso em: 13 fev. 2023.
** Advogado especializado em Direito Civil e do Consumidor, com MBA em Gestão Empresarial. É um dos cofundadores da Comunidade *Legal Operations* Brasil (CLOB) e foi o coordenador do primeiro curso livre sobre o tema no Brasil.
[1] Disponível em: https://www.linkedin.com/pulse/legal-ops-ou-controladoria-jur%C3%ADdica-lara-selem-mba/. Acesso em: 2 mar. 2023.
[2] Disponível em: https://trends.google.com/trends/explore?date=2012-01-01%202022-12-31&geo=BR&q=Legal%20Operations&hl=pt. Acesso em: 2 mar. 2023.

Ao analisar os dados, o que se vê é que, diferentemente do que se possa imaginar, essa busca não apresenta uma curva ascendente, mas, sim, "picos e vales". O que chama à atenção é que tais vales são cada vez menores a partir de julho de 2020.

A mesma busca feita a partir dos EUA no mesmo período aponta que, ainda que de maneira irregular, o tema já era muito mais procurado, sendo certo que a procura ganha força a partir de setembro de 2017, atingindo picos em 2022[3].

Uma informação importante que deve ser considerada nesta análise é que, em 2016, foi fundado nos EUA o Corporate *Legal Operations* Consortium (CLOC).

Dentre todas as inferências possíveis a partir da análise desses dados, duas podem ser mencionadas: a primeira é que o aumento das buscas a partir de 2020 aponta que o contexto pandêmico exigiu que departamentos jurídicos e escritórios buscassem modelos que não só os tornassem mais eficientes, mas que possibilitassem a *continuidade do negócio (e não apenas da operação)*.

A segunda inferência é que, a partir do momento que um grupo de pessoas passa a tratar do tema de uma maneira minimamente estruturada e recorrente, divulgando-o de maneira mais constante e apresentando os benefícios existentes em uma abordagem de gestão baseada em *Legal Operations*, essa ação acaba por gerar uma busca cada vez maior pelo tema.

Fato é que a divulgação em si aumenta a procura por se entender o que seria o *Legal Operations,* porém, se os benefícios dessa abordagem não fossem reais, tal interesse não se sustentaria, principalmente em "tempos de crise".

A partir dessa segunda inferência é importante que se reconheça o impacto da fundação do CLOC e como isso possibilitou dar ao tema o merecido foco. Igualmente importante que se reconheça o excelente trabalho feito em como "comunicar" o tema de uma maneira mais estruturada e visual. A famosa "mandala de 12 competências" do CLOC é referência e ponto de partida para muitos que buscam aprender sobre o tema[4].

No Brasil, os debates sobre *Legal Operations* passaram a ganhar força a partir de 2019, quando começaram a surgir os primeiros cursos livres com foco em apresentar esse modelo à advocacia. Além disso, começaram a surgir em plataformas digitais vídeos e *podcasts* sobre o assunto. Outro aspecto importante que se relaciona com o aumento do interesse pelo tema é o fato de que, desde 2016, o mercado jurídico nacional passa a assistir a um vertiginoso crescimento de *legaltechs*. O uso dessas empresas, em sua maioria, relaciona-se com as operações nos departamentos e escritórios, obrigando aqueles que estão ligados às mesmas operações um conhecimento e um manejo

---

[3] Disponível em: https://trends.google.com/trends/explore?date=2012-01-01%202022-12-31&geo=US&q=Legal%20Operations&hl=pt. Acesso em: 2 mar. 2023.

[4] Disponível em: https://cloc.org/what-is-legal-operations/ Acesso em: 13 fev. 2023.

Carta de Apresentação

cada vez maior de tecnologias diversas. Gestão de portfólio de tecnologia, gestão de mudança e gestão de projetos passam a ser tão recorrentes quanto a contratação de correspondentes.

Assim, profissionais de departamentos jurídicos e escritórios começam a reconhecer em suas atividades diárias as competências de *Legal Operations* e passam a buscar mais materiais sobre o tema.

E aqui, este texto retoma seu título. Ao realizar essa busca, os profissionais brasileiros perceberam que os materiais existentes, ainda que extremamente importantes, refletiam uma realidade estadunidense, que diferia da brasileira. Além disso, não existia uma carreira em operações legais, quanto mais multidisciplinar, com profissionais, muitas vezes subaproveitados em estruturas que os colocavam em uma posição de "apoio do apoio", como se viu em alguns departamentos jurídicos.

Não existia um caminho. Esse caminho teria que ser construído durante a caminhada.

Aliás, o próprio CLOC também já havia entendido que "o caminho não era definido". Por isso, em 2019, revisou a mandala de competências, bem como reviu seu entendimento quanto aos graus de maturidade em operações legais que propôs em 2016.

Não existia caminho definido e sem correções de rota. O caminho teria que ser construído ao caminhar.

Partindo deste entendimento, foi que, em novembro de 2021, um grupo de profissionais de diversos segmentos do mercado jurídico – departamentos jurídicos, escritórios, *legaltechs* e consultorias – fundou a Comunidade *Legal Operations* Brasil (CLOB).

Tendo como objetivos:

1) Difundir conhecimento sobre a área de operações legais;

2) Conectar o mercado jurídico e profissionais de outros setores que se interessem pela área de operações legais;

3) Representar os interesses dos profissionais de operações legais; e

4) Capacitar e levar conhecimento sobre a atuação dos profissionais de operações legais a CLOB tem atuado fortemente no cumprimento de seus objetivos[5].

Desde que se formou, seja por meio de encontros presenciais, *lives*, participação em *webinars* e feiras ou por meio de artigos escritos por seus fundadores em parceria com outros profissionais e divulgados em importantes portais de conteúdo jurídicos, a CLOB tem buscado contribuir para a criação de um ambiente que desenvolva a carreira de *Legal Operations* no Brasil, bem como valorize o profissional desta área, fazen-

---

[5] Disponível em: https://www.legaloperations.com.br/quem-somos. Acesso em: 13 mar. 2023.

do que reconheça sua importância, bem como que perceba a necessidade de constante atualização no âmbito de sua atuação.

Como objetivo adicional, a CLOB trabalha para que se entenda que um dos requisitos para o desenvolvimento do *Legal Operations* é a constância. Mais do que boas práticas isoladas, é a constância que trará eficiência e eficácia nas operações legais. E isso só será possível com pessoas dedicadas e vocacionadas para operações legais.

Similar ao impacto que o CLOC gerou, nós, da CLOB, buscamos causar o mesmo efeito.

Dentre as várias iniciativas para cumprir seus objetivos e causar esse impacto, apoiar este livro é extremamente importante, justamente por ir ao encontro de um dos pedidos dos profissionais que integram a comunidade, que é a confecção de materiais sobre o tema a partir da realidade brasileira. Vários dos autores que aqui escrevem são fundadores da CLOB ou já estiveram em eventos patrocinados ou apoiados por ela, por isso, esta obra congrega profissionais que, além de pensar sobre o tema, trabalham efetivamente com ele.

Igualmente, cabe um agradecimento aos organizadores do livro e aos demais apoiadores por terem convidado a CLOB a figurar entre estes apoiadores.

De fato, não há caminho; caminho se faz ao caminhar. Mas isso não quer dizer que esse caminhar precise ser solitário.

Aproveitem a leitura!

Um abraço.

São Paulo, maio de 2023.

Prefácio

Legal Operations no Brasil

Mary O'Carroll[6]

Quando me pediram para escrever este Prefácio, isso desencadeou algumas reflexões. Em primeiro lugar, eu me senti profundamente honrada por ter a oportunidade de contribuir com os meus pensamentos para este novo e importante livro. Em segundo lugar, tive a oportunidade de refletir e considerar até onde pudemos chegar na área de *Legal Operations*.

Por ser alguém que tem estado ativamente nesta área desde o início, para mim, é surpreendente quando reflito sobre o progresso e a escala de nosso movimento. Antigamente, o termo "*Legal Operations*" quase sequer existia. A soma total da nossa comunidade resultava em um pequeno grupo de pessoas que atuavam em grandes departamentos jurídicos corporativos e que se reuniam ocasionalmente. Em tom de brincadeira, chamávamos esse encontro de nosso "clube do livro".

No princípio, muito do que uniu esse pequeno grupo foi um sentimento de frustração comum. Todos sentiam ser vozes solitárias no deserto, tentando desesperadamente obter algum tipo de tração, de aceitação. Uma piada corriqueira sobre "inovação jurídica" era que se tratava de algo paradoxal... Ou seja: não existia!

Recordar é viver: não faz muito tempo, o Jurídico era definido pelo conservadorismo, pela tradição. Lidei com isso pela primeira vez há décadas, quando aceitei um emprego num escritório de advocacia. Me lembro de perguntar o que achava ser perguntas básicas sobre como fixamos determinados índices, a alocação de pessoas em projetos e os dados utilizados neles... Coisas que se resumiam efetivamente a desafios

---

[6] *Chief Community Officer* da Ironclad, plataforma de gerenciamento de ciclo de vida de contratos para empresas inovadoras. Antes da Ironclad, ela passou 13 anos como diretora de Operações Jurídicas no Google, onde construiu e gerenciou as operações do Departamento Jurídico, permitindo que a organização passasse de 200 para mais de 1.500 pessoas. Durante sua gestão no Google, Mary foi reconhecida pelo *Financial Times* (2019) como uma das principais intraempreendedoras jurídicas; pela American Bar Association, como '2018 Women of Legal Tech'; em 2016 como, "Legal Rebel", pela American Bar Association; e, também nesse ano, pela LegalTech News como diretora de *Legal Operations* de Departamento Jurídico do ano. Além disso, ela atuou como presidente do Corporate *Legal Operations* Consortium (CLOC). No início de sua carreira, ela atuou como gerente de rentabilidade da Orrick e foi banqueira de investimentos e consultora de gerenciamento estratégico. Mary também é uma líder apaixonada que promove tecnologias e processos disruptivos projetados para mudar o futuro do setor jurídico.

corporativos normais. E a resposta mais comum era "essa é a maneira como sempre fizemos". E olha que esse era um grande e respeitado escritório de advocacia!

Rapidamente aprendi que a minha firma não era a exceção. Essa era a mentalidade então tão prevalecente de todo um setor. Havia muita relutância em refletir, examinar e evoluir as nossas práticas, seja particularmente em termos do lado operacional quanto no lado empresarial de nossa indústria.

Por muito tempo, parecia que as coisas estavam mudando lentamente, se é que estavam mudando alguma coisa. Senti que tinha que trabalhar muito para convencer alguém, mesmo internamente no escritório, da necessidade de transformar, de crescer naquilo que é básico. Pressionar por qualquer tipo de inovação jurídica naquela época era como tentar rolar uma grande pedra morro acima.

Apesar disso, havia algo sobre o setor jurídico que mexia comigo. Concentrei toda a minha carreira em tentar contribuir com a evolução do mercado jurídico. Em primeiro lugar, com esse escritório; depois com o Google, onde assumi a primeira função de *Legal Ops* da empresa em 2008; e, finalmente, agora, com a Ironclad, fornecedora líder de soluções de contratação jurídica de última geração. Ao longo desse caminho, ajudei a iniciar e liderar uma organização global chamada Corporate *Legal Operations* Consortium (CLOC), guiada por membros e dedicada a tentar redefinir o Direito enquanto negócio.

Percorremos um longo caminho, mas ainda há muito a ser feito

Quando olho para o passado, é notável quanto progresso foi feito até agora. De fato, muita coisa mudou.

Hoje, vemos um clima completamente diferente em torno não apenas de *Legal Operations*, mas também da inovação jurídica em geral. Houve uma grande mudança em investimentos e adesão, com inúmeras empresas comprometendo recursos significativos em tecnologias, práticas e programas. Talvez o mais significativo de tudo isso seja a mudança de mentalidade e atitude. O que costumava ser descartado como desnecessário ou inverossímil agora é aceito como importante ou simplesmente como bom senso.

Hoje em dia, demonstrar à sua gestão sobre a necessidade de estabelecer uma função de *Legal Operations* não deveria ser mais algo difícil de vender. Você simplesmente precisa apontar para as organizações de tamanho similar, as tendências do setor e o consenso geral em todo o segmento econômico.

E, ao estabelecer essa nova função, você tem muito mais escolhas e possibilidades. Na verdade, a própria gama de possibilidades é um desafio atual. Costumávamos ter poucas opções; agora, de certa forma, temos muitas! Os recém-chegados são confrontados com tantas opções de soluções de tecnologia, práticas e possíveis áreas de investimento que pode ser assustador encontrar o melhor caminho a seguir.

Prefácio XV

Então, o que isso significa para o atual panorama de *Legal Ops*? Estamos no final de nosso estágio de inovação explosiva e rápido crescimento? Estamos entrando em um novo estado de maturidade, com o desenvolvimento futuro caracterizado por pequenos passos incrementais?

Para mim, a resposta é um contundente não. Pois mesmo que tenhamos chegado longe, há muito, muito mais para onde ir. Podemos não estar mais naquele primeiro estágio fundamental de nosso desenvolvimento, mas ainda estamos apenas arranhando a superfície em muitas áreas. Estamos apenas começando a aproveitar o poder da tecnologia e do processo para conectar e alinhar pessoas, melhorar a colaboração e o compartilhamento de informações e definir o contexto e a prioridade compartilhados.

Estamos apenas começando a ver uma mudança real em termos da dinâmica do setor, inclusive em áreas centrais como a forma como as empresas selecionam e fazem parceria com escritórios de advocacia e prestadores de serviços. E ainda há muitas partes de nosso setor, em todo o mundo, que ainda não implementaram elementos básicos de *Legal Operations*.

Portanto, apesar de toda a mudança e progresso, estamos apenas começando a ver as reais possibilidades e dimensões do movimento de *Legal Ops*. Acredito que estamos à beira de nosso estágio mais emocionante e transformador.

Realmente, todo o trabalho até este ponto, embora significativo, foi restrito pelas limitações de nosso segmento. O foco sempre foi: "Como podemos fazer esse sistema funcionar melhor?" Agora, finalmente, estamos começando a considerar mudanças mais fundamentais. Agora podemos começar a perguntar: "Como podemos redesenhar todo esse sistema?

Estamos preparados para uma revolução no Direito

Eu realmente acredito que o melhor e mais empolgante estágio da inovação jurídica está diante de nós. Acho que vamos experimentar uma mudança radical em termos de recursos e adesão. Finalmente, depois de tantos anos sem progresso ou progresso lento, o mundo jurídico está pronto para mudanças em grande escala.

Um dos mitos que as pessoas às vezes têm, acredito, é que a inovação é apenas o resultado do tempo. Essa é a ideia de que você só precisa esperar o tempo suficiente e alguém, em algum lugar, vai aparecer com uma maneira melhor de fazer algo. E realmente não é assim que funciona.

Na minha experiência, inovação e mudança são o resultado de condições que claramente existem agora e que acredito que continuarão a nos impulsionar.

A primeira dessas condições é a demanda não atendida. Nos primeiros dias, quando nos reuníamos no nosso pequeno "clube do livro", éramos todos unidos por um sentimento comum de necessidade. Todos nós tínhamos problemas que não podíamos resolver e então nos unimos para tentar chegar a algumas respostas comuns.

Agora, é claro, a paisagem parece totalmente diferente e nossas preocupações mudaram. Muitos dos problemas que enfrentávamos naquela época agora parecem bastante básicos. Alguns deles foram resolvidos, ou pelo menos radicalmente melhorados, por novas tecnologias ou práticas. Apesar de toda a mudança, no entanto, a necessidade central permanece. Ainda vemos uma imensa necessidade não atendida em todo o nosso setor.

Há mais urgência do que nunca para que os departamentos jurídicos, escritórios de advocacia, prestadores de serviços, faculdades de Direito e outros atores de nossa área se transformem e se modernizem. O mundo está se movendo rápido demais e se tornando competitivo demais para que eles fiquem parados.

A segunda condição que vejo no mercado e que acredito que possa nos impulsionar é a crescente popularidade das comunidades jurídicas. Não muito tempo atrás, se você enfrentasse algum desafio, muitas vezes tinha pouco ou nenhum acesso a outras pessoas que enfrentavam problemas semelhantes. Ou você poderia ter apenas um pequeno número mais íntimo de pessoas para trocar ideias ou obter conselhos.

Agora, você pode acessar facilmente pessoas e ideias de todo o mundo, provavelmente incluindo os principais especialistas na situação exata que você está enfrentando. Esteja você entrando em contato com uma organização formal orientada a seus membros, como o CLOC, ou uma comunidade menos definida nas mídias sociais, as informações e as pessoas estão disponíveis e acessíveis. A um clique de distância.

Essas comunidades estão ganhando força, acredito, porque pessoas realmente inteligentes reconhecem que não podem fazer tudo sozinhas. Eles apreciam a sabedoria e o poder da multidão e querem aproveitar as melhores ideias. E também vimos uma mudança na cultura do jurídico que tornou aceitável, ou mesmo desejável, buscar e oferecer ajuda nessas áreas. Nosso setor costumava ser dominado por uma mentalidade de privacidade e sigilo irracional. Tudo o que você disse ou fez publicamente era percebido como arriscado ou irresponsável. Agora, acho que muitas pessoas, se não a maioria, adotam uma abordagem muito mais progressiva e pragmática.

Qual é o perigo ou a desvantagem de compartilhar a melhor prática que você usou, digamos assim, para lançar uma nova solução de tecnologia de gestão do conhecimento? Ou para postar um resumo de como sua empresa projetou um programa de estágio bem-sucedido? Quando um número suficiente de pessoas percebe que o compartilhamento de informações não é uma ameaça, ao se conectar com outros profissionais, você pode obter uma comunidade ativa e engajada. E essa comunidade global tornará muito mais fácil que as melhores novas ideias se espalhem e evoluam rapidamente.

Prefácio

O que isso significa para você

É claro que é interessante refletir sobre o futuro de *Legal Operations* e de nosso setor, mas, no final das contas, cada um de nós tem suas próprias preocupações específicas. Se você é novo em *Legal Ops*, o que tudo isso significa para você? Como você inicia essa jornada de transformação e melhoria?

Recursos como este livro são um ótimo lugar para começar, mas ninguém pode lhe dar a resposta ou dizer que um caminho é assertivo. "Melhorar" e "inovar" significa algo diferente para cada organização, cada equipe. Contexto importa! O que funciona nos EUA pode não funcionar na África do Sul, no Brasil ou no Japão. O que funciona para uma equipe pequena não funcionará para uma grande empresa distribuída globalmente com um grande orçamento para contratação de fornecedores. Embora não tenhamos soluções fáceis, existem alguns princípios que encorajo você a seguir.

Em primeiro ligar: não se deixe intimidar! Muito do que existe por aí que parece complexo e difícil é, na verdade, um pouco mais simples após um exame mais aprofundado. Grande parte de como iniciar *Legal Ops* é simplesmente colocar o senso comum em movimento.

Segundo: aproveite os especialistas e as pessoas que estão por aí hoje, de fácil alcance. Nunca tivemos um momento melhor ou mais empolgante para começar uma nova iniciativa de *Legal Operations*. Há muito mais definição e clareza, muito mais recursos do que nunca. Você não precisa tentar fazer tudo sozinho.

Por fim: seja ambicioso! Às vezes, há a tentação de dar passos de bebê ao se aproximar de uma área nova e desconhecida, e isso é compreensível. A realidade, porém, é que o mundo ao nosso redor está mudando rápido demais para meias medidas. Não tenha medo de enfrentar grandes desafios, mesmo que signifique uma quantidade substancial de transformação e disrupção.

Este é um momento incrível para mergulhar na inovação jurídica! Desejo-lhe todo o sucesso e mal posso esperar para ver onde sua jornada o levará.

Boa leitura!

Nota dos Coordenadores

Legal Operations: como começar - um guia com insights e dicas práticas para suas operações legais é um livro que merece a atenção de todos os profissionais que sonham atuar na "nova" área mais evidente das equipes jurídicas, financeiras e comerciais da atualidade.

No passado, era chamada por alguns de *backoffice*. No presente, ainda é rotulada por outros como "controladoria" ou "administrativo". Nada disso. *Legal Operations* é *Legal Operations*, uma área altamente estratégica, que reúne as habilidades técnicas e comportamentais de pessoas de diferentes formações para tornar a atividade jurídica sinônimo de eficiência, eficácia, estratégia e excelência na execução.

Idealizado sob o formato de "obra coletiva", este livro se propõe a ser um verdadeiro manual de implementação tanto para empresas, quanto para escritórios ou *legaltechs* que desejam ter um núcleo de *Legal Ops* dedicado ao sucesso da operação jurídica.

É um desejo de todos aqueles que assinam esta obra que ela seja referenciada como um guia rápido para consulta, geração de *insights* e uma fonte de inspiração para os profissionais (graduados em Direito ou não) que acreditam ser possível transformar o ecossistema jurídico em um ambiente mais acolhedor, assertivo, tecnológico e orientado por dados.

Ao reunir dicas de especialistas que atuam na área e entusiastas do tema, aqui o leitor encontrará um roteiro prático para alcançar uma gestão jurídica com foco em resultados e otimização de processos, alicerçada nos pilares pessoas, processos e tecnologia.

Contendo opiniões diversas em seu sentido mais amplo, os autores e as autoras convidados a compartilhar seus conhecimentos neste livro são referência em suas áreas de atuação. Aqui, eles publicam capítulos curtos e informativos, divididos em 8 grandes eixos didáticos.

O Direito está caminhando para uma nova era colaborativa, multidisciplinar e inclusiva. E vai se transformar ainda mais rápido com o apoio de *Legal Operations*, a área considerada por muitos profissionais jurídicos... A porta de entrada para a inovação.

Guilherme Tocci
Paulo Samico
Tayná Carneiro
Victor Cabral Fonseca

Sumário

Carta de apresentação – Selo *Future Law* VII

Carta de apresentação – Selo CLOB IX

Prefácio – Mary O'Carroll XIII

Nota dos coordenadores XIX

Eixo I – Introdução à *Legal Ops*

1. *Legal Ops*: do surgimento da área ao conceito de "porta de entrada para a inovação"
    Paulo Samico 2

2. *Ops*: novidade apenas para *Legal*
    Guilherme Tocci 10

3. *Legal Operations* em escritórios de advocacia: evolução, visível e perceptível
    Victor Cabral Fonseca 15

4. Consultorias e sua relação com as áreas de *Legal Operations*
    Paulo Silva 23

5. Como se tornar um melhor parceiro do negócio por meio da área de *Legal Operations*
    Giovanna Tassi e Monica Escanho 29

Eixo II – Perfil Colaborativo e Interdisciplinar

6. *Legal Ops* e a diversidade: a importância de múltiplas visões e experiências de vida para o sucesso de uma área promissora para o Direito do futuro
    Ana Pellegrini e Fernando Fonseca 36

7. Um panorama sobre as *skills* necessárias para *Legal Ops*
    Breno Cunha 44

Eixo III – O Papel de um Boa Gestão de Projetos

8. Gestão de projetos: a chave mestra da caixa de ferramentas
    Vanessa Fortunato Zaccaria 52

9. As sete etapas da GMUD, a gestão da mudança aplicada a departamentos jurídicos
Thiago Luiz Ferreira 60

Eixo IV – Áreas para Atuar com *Legal Ops*

10. *Legal Ops* nascendo no contencioso e expandindo para outras áreas do Jurídico
Tamara Luísa Bardí e Yve Carpi de Souza 72

11. *Legal Ops* para consultivo: estratégia de impacto
Patricia Elias 79

12. Gestão de contratos em tempos de crise: desafios e oportunidades para empresas
Giulliana Canesin 88

13. *Legal Operations* e gestão do contencioso: uma jornada colaborativa
Gabriela Bratkowski Pereira e Guilherme Porcher 99

Eixo V – *Legal Ops*: Eficiência e Eficácia

14. A eficiência começa aqui
Felipe Coffone e Simone Minassian 107

15. Gestão financeira: desafios e estratégias para a gestão financeira eficiente em departamentos jurídicos e escritórios de advocacia
Guilherme Araújo e Meiriely Cortes Doro 116

16. Práticas para a gestão eficiente de fornecedores jurídicos
Fabiana Velasco 123

17. *Legal Design* é capital intelectual e estratégia jurídica
Aline Rodrigues e Steinwascher e Paula Cardoso 128

18. Tecnologia, uma grande aliada!
Fernanda de Figueiredo Funck 137

19. *Workspaces* e automações de processos operacionais: elevando o potencial do profissional jurídico nas organizações
Felipe Alvarez e Leon Hatori 143

Eixo VI – Inteligência Jurídico-Comercial como Real Parceira de Negócios

20. Alfabetização de dados no mundo jurídico: o início de uma jornada de análise de dados
Filipe Pacheco 155

Sumário

XXIII

21. Elaborando o planejamento estratégico da sua área de *Legal Operations*
   Rafael Soriano 165

22. Dominando a arte da medição: guia prático de indicadores, KPIs e OKRs
   Marcelo Cardoso e Lucas Pereira 173

23. Construindo equipes de alto desempenho: o equilíbrio entre saúde mental e resultados
   Leticia Becker Tavares 179

Eixo VII – Comunidades e Capacitação

24. CLOC e ACC ajudam a medir o nível de maturidade da área de *Legal Operations*
   Ana Beatriz Couto e Christiano Xavier 189

25. Trilhas de conhecimento e comunidades de prática: a profissão jurídica para além dos silos e da solidão
   Carolina Hannud Medeiros 201

26. *Legal Operations* e IA generativa: *lifelong learning* ao seu dispor
   Tayná Carneiro 208

Eixo VIII – O Que é Mais Importante: a Jornada ou o Destino?

27. *Legal Ops* e o entrosamento com *Legal*, *Finance* e *Business*
   Rodrigo Torregrosa Hong e Ricardo Gouveia Mota 219

28. O impacto de *Legal Ops* na estrutura das organizações
   Eduardo Sampaio da Silveira Gil e Simone Oliveira 227

29. Os efeitos positivos de *Legal Ops* nas demandas trabalhistas
   Marcel de Ávila Soares Marques 234

30. O futuro de *Legal Operations* é humano, horizontal e descentralizado
   Ricardo Winter 242

Posfácio – Stephanie Corey 253

EIXO I
INTRODUÇÃO À *LEGAL OPS*

1

LEGAL OPS: DO SURGIMENTO DA ÁREA AO CONCEITO DE "PORTA DE ENTRADA PARA A INOVAÇÃO"

Paulo Samico[1]

Estratégia. Os principais dicionários do país entram em consenso e definem essa palavra como "conjunto de métodos, medidas ou meios arquitetados de forma habilidosa para se obter o que pretende". Do grego *stratègós*[2] – junção das palavras *stratos* (exército) e *ago* (liderança), tem íntima ligação com o fato dos altos generais ficarem no alto das colinas observando o campo de batalha para estudar posições ou ações para vencer uma batalha. E é justamente essa palavra que buscamos para iniciar este capítulo: a área de *Legal Operations* é a materialização da estratégia de um Jurídico para a busca da eficiência de todas as áreas que o departamento contempla.

Ouso dizer que, ao buscar a eficiência de todas as áreas de um departamento jurídico – o que naturalmente deve ser feito estimulando as áreas a estarem alinhadas com as metas e os objetivos da organização – a área de *Legal Operations* ("*Legal Ops*") passa, naturalmente, a ser interpretada como uma área vital para toda a empresa. É ela que concentra as atividades não jurídicas que suportam os advogados para o exercício da advocacia. E funciona assim em escritórios também: a área de *Legal Ops* reúne indicadores, métricas e se responsabiliza por ferramentas, processos e procedimentos harmônicos que fazem o time atingir o alto rendimento e *performance*.

Para os ufanistas e críticos ao estrangeirismo, existe uma razão para chamarmos a área de *Legal Operations* assim. Essa razão guarda relação com os EUA, país onde esse

---

[1] Advogado. Bacharel em Direito pela Universidade Federal do Rio de Janeiro (UFRJ) e pós-graduado em Direito Processual e em Direito Regulatório pela Universidade do Estado do Rio de Janeiro (UERJ). Gerente Jurídico, *Legal Counsel Business Support* na Mondelēz International. Coordenador de Departamentos Jurídicos na Associação Brasileira de Lawtechs e LegalTechs (AB2L). Professor da Future Law. Autor de artigos jurídicos e coordenador da coluna "Legal & Business" no *JOTA*. Idealizador e coordenador da obra *Departamento Jurídico 4.0 e Legal Operations* (SaraivaJur).

[2] Definição extraída do site *Dicionário Etimológico*. Disponível em: https://www.dicionarioetimologico.com.br/estrategia/. Acesso em: 26 mar. 2023.

Eixo I — Introdução à *Legal Ops*

movimento de *Legal Ops* surgiu, em 2009. Duas executivas[3] do Vale do Silício – Connie Brenton e Stephanie Corey – lideravam encontros com aproximadamente 15 profissionais que tinham as mesmas dores relacionadas aos procedimentos jurídicos. A partir desses encontros, o número de interessados foi crescendo e, em 2010, o Corporate *Legal Operations* Consortium (CLOC) foi fundado.

O CLOC, portanto, **nasceu sob a liderança de duas mulheres**. Agora, fica fácil explicar porque a diversidade, equidade e inclusão (neste caso, a luta por mais exemplos de lideranças femininas em posições e cargos estratégicos) é um assunto recorrente nas rodas de conversa sobre *Legal Ops*. Esse movimento rapidamente ganha força nos EUA e vai se espalhando por todas as organizações de grande porte, uma vez que o CLOC se torna uma comunidade global de especialistas que focam na redefinição na forma de fazer negócios jurídicos. A comunidade vira uma espécie de apoio colaborativo aos profissionais de *Legal Ops* que se ajudam – independentemente do segmento econômico de suas organizações e inclui escritórios, prestadores de serviço de tecnologia e instituições de ensino. O CLOC trabalha para ajudar o mercado jurídico a criar padrões e melhores práticas para a profissão.

A missão do CLOC enquanto comunidade é a troca de informações, o exercício da prática da colaboração e a materialização da inovação ao tornar os valores dos serviços jurídicos mais inclusivos, transparentes e responsáveis. Ao incluir os cinco pilares de educação, otimização, transformação da indústria, conexão e *networking*, o CLOC direta e indiretamente faz com que a área, quando criada, também tenha os mesmos direcionamentos.

Para ajudar a disseminar esse espírito colaborativo, crítico, criativo e inovador, o CLOC criou a famosa mandala "*CLOC Core 12*"[4], que, uma vez observada, promete tornar a área de *Legal Ops* um sinônimo de eficiência. Assim, ao passo que em algumas empresas existe a função do *Legal Business Partner*, é natural compreendermos que ***Legal Ops*** é a área ***business partner* de toda a organização**.

Os 12 tópicos ou competências presentes na mandala são:

1) inteligência de negócios;

---

[3] Para mais detalhamentos, recomendamos checar as fontes nos sites *Josef Legal, Law* e *Yahoo!Finance*,, respectivamente disponíveis em: https://joseflegal.com/blog/steph-corey-founder-cloc/, https://lawvu.com/legal-operations/#:~:text=CLOC%20was%20launched%20in%202009,membership%20and%20influence%20are%20explodinge e https://finance.yahoo.com/news/cloc-founder-resigns-weeks-second-120043211.html?guccounter=1&guce_referrer=aHR0cHM6Ly93d3cuZ29vZ2xlLmNvbS8&guce_referrer_sig=AQAAACGm-FPbC0RevPKfScWqeNSp4d5WYMteblfGVmar76wuiEFj5ElvniMuiBPgSeK0oZGQRtyNmKV9LzkXvunU1o-YUc5MEZF0okH8LBJ5aMm5Ou3bYcDQjmZuT_jkFy4HR4ZyEicGZRkYVA6Ba4qQ_EhkzVcqs-S3Of0CRw1BaYHpViB.Acessos em: 26 mar. 2023.

[4] Mandala atualizada em 2020. Disponível em: https://cloc.org/what-is-legal-operations/. Acesso em: 26 mar. 2023.

2) gestão financeira;
3) gestão de parceiros[5] e fornecedores;
4) governança de informação;
5) gestão do conhecimento;
6) otimização e saúde da organização;
7) operações práticas;
8) gerenciamento de projetos/programas;
9) modelos de entrega de serviço;
10) planejamento estratégico;
11) tecnologia; e
12) treinamento e desenvolvimento.

Mandala elaborada pelo Corporate Legal Operations Consortium, Inc. em tradução livre especialmente para este livro. Todos os direitos do "CLOC Core 12" são reservados do CLOC, inc. A tradução foi feita neste capítulo apenas para fins didáticos e, se reproduzida, deverá mencionar expressamente esta publicação.

---

[5] No original em inglês, essa competência é escrita como "*Firm & Vendor Management*". Como a mandala foi originalmente desenvolvida para atender a empresas, ao aplicar em um e'scritório que não tem histórico de patrocinar ações em conjunto com outros escritórios de advocacia em uma possível atuação partilhada, recomenda-se a substituição por "parcerias", de modo a englobar o gerenciamento com associações, observância de *rankings* de desempenho profissional, publicações relevantes e demais organizações que possam ser parcerias da banca de advogados. Para fornecedores, naturalmente entram os prestadores de serviço que sustentam a operação em si, como contadores, especialistas técnicos, correspondentes etc.

Eixo I — Introdução à *Legal Ops*

Eles são mais bem explicados por autores referências no mercado na obra *Departamento Jurídico 4.0 e Legal Operations*[6]. Cada uma dessas competências, se desenvolvidas em conjunto, estruturam um caminho rumo à excelência operacional jurídica, tanto para dentro do departamento, quanto para fora. Uma operação eficiente, sinônimo de resultados, altamente estratégica e imprescindível em um mundo altamente digital e com decisões que devem ser embasadas por dados.

Ao observar a mandala, o CLOC também a divide essas doze competências em três níveis de maturidade de acordo com sua maturidade funcional (emergente, em desenvolvimento e líder). Em suas explicações, o CLOC sempre lembra que a excelência operacional é definida como a execução de uma estratégia de negócios com risco reduzido, custos operacionais equilibrados ante ao aumento de produtividade e receita, por meio de objetivos estratégicos e táticos previamente estabelecidos. Portanto, é extremamente natural que um departamento jurídico ou escritório não reúnam todas as 12 competências mencionadas anteriormente. **A aplicação integral da mandala dependerá, essencialmente, da maturidade (da organização, do departamento jurídico ou do escritório), do porte da operação ou de sua necessidade.**

Sempre gosto de reforçar o ponto da "necessidade". Existem departamentos jurídicos, por exemplo, que não possuem tantos desafios de contencioso a serem superados. Se a base de ações está controlada ou não é a principal área de oportunidade do time, não há razão para investimento em uma boa gestão financeira do passivo – o foco de *Legal Ops* pode ser outro. Se o desafio do time é o consultivo e/ou a elaboração de contratos[7], a energia de *Legal Ops* deve ser concentrada exatamente nisso, uma vez que o impacto do Jurídico interno na negociação de contratos empodera os times comerciais com soluções criativas e eficientes, traduzindo-se em resultados excepcionais.

O entendimento apresentado deve ser aplicado também para Escritórios. Felizmente, as grandes bancas do mercado já sedimentaram suas equipes com o olhar estratégico das equipes multidisciplinares de *Legal Ops*. Entenderam que é necessário o suporte de um núcleo responsável pela tecnologia, capacitação, gestão e guarda de indicadores e métricas. Aos poucos, *Legal Ops* vai inclusive fazendo presença nos escritórios de pequeno e médio portes. Inclusive já se torna uma prática comum e inovado-

---

[6]   A obra coletiva *Departamento Jurídico 4.0 e Legal Operations* possui uma estruturação dedicada a cada um dos 12 tópicos. Lançado pelo selo SaraivaJur, em 2022, possui ainda capítulos ligados à transformação de mentalidade e cultura dos times jurídicos corporativos, totalmente escritos por profissionais que defendem a importância de times aliados da tecnologia e da inovação. Recomendamos sua leitura na íntegra.

[7]   Recomendamos a leitura do artigo "O impacto do jurídico interno na negociação de contratos", de Guilherme Tocci e Simone Oliveira. Disponível na coluna "Legal & Business", do site *JOTA*, em https://www.jota.info/opiniao-e-analise/colunas/legal-business/o-impacto-do-juridico-interno-na-negociacao-de-contratos-2-19012023. Acesso em: 27 mar. 2023.

ra o oferecimento de *"Legal Operations as a service"* por *startups (legaltechs)*[8], escritórios de advocacia e Consultorias, que oferecem uma série de serviços de *Legal Ops* para empresas e departamentos jurídicos mais enxutos.

Por falar em soluções inovadoras, chegamos à inovação. A definição de inovação pode ser encontrada em muitas fontes, mas a mais simples é a da Lei n. 10.973/2004, a Lei da Inovação, que dispõe sobre incentivos à inovação, pesquisa científica e tecnológica no ambiente produtivo. Essa lei, em seu art. 2º, IV, define que inovação é a:

> introdução de novidade ou aperfeiçoamento no ambiente produtivo e social, resultando em novos produtos, serviços e processos que compreenda a agregação de novas funcionalidades ou características a produtos, serviços e processos já existentes, resultando em melhorias, efetivo ganho de qualidade ou desempenho.

Em suma, sem entrar nos detalhes dos tipos e modelos de inovação, é forçoso dizer que a inovação para fazer sentido precisa necessariamente gerar valor e não pode ser um fim – deve ser um meio para atender a uma necessidade real, sob a perspectiva prática. Inovação não é um robô ou uma tecnologia complexa. É cultura. É materialização de facilidade. É, sobretudo, gerar valor por meio do atendimento de certas necessidades, é explorar novas ideias e conectar *insights* até então vistos de forma isolada. É um canal, ou seja, é um processo consequencial da soma de todas as atitudes ditas neste parágrafo que buscam aumentar a competitividade.

Repito com certa frequência um velho mantra: "**Criatividade é comportamento... Inovação é processo**". Essas palavras ajudam a evitarmos a adoção da inovação como um vício, o ***inovício***[9], situação que pode prejudicar a saúde mental ao fomentar práticas inovadoras ineficazes. O mercado jurídico deve se atentar e observar práticas ou produtos vazios, que servem de argumento aos conservadores no incansável posicionamento de que o movimento que reúne Direito e tecnologia é uma onda passageira ou que não deve ser acompanhada de perto. Essas palavras lembram que a inovação é um meio e jamais pode ser tratada como uma finalidade.

A área de *Legal Ops* se assemelha a esse entendimento. É a porta de entrada da inovação – reforçamos: como um processo para os times jurídicos internos e externos. É *Legal Ops* que vai cooptar parceiros de tecnologia para apoiar os advogados em sua

---

[8] *Legaltechs* como o Sem Processo possuem uma cartela de serviços nesse sentido. Disponível em: https://www.semprocesso.com.br/post/operacoes-legal-operations-sem-processo. Acesso em: 27 mar. 2023.

[9] "Inovício" é um termo cunhado por Rodrigo Avila e Paulo Samico, no artigo "Inovício: como evitar o vício em inovação no mundo jurídico". Disponível em: https://www.jota.info/opiniao-e-analise/artigos/inovicio--como-evitar-o-vicio-em-inovacao-no-mundo-juridico-24022023. Acesso em: 27 mar. 2023.

Eixo I — Introdução à *Legal Ops* 7

missão de entregar o serviço essencialmente jurídico. É *Legal Ops* que vai aperfeiçoar o mecanismo de gestão de fornecedores, que vai tornar a gestão financeira mais eficiente utilizando soluções criativas. É *Legal Ops* que vai buscar as metodologias ágeis que mais se adequam ao time para intensificar a entrega de resultados. É *Legal Ops* que vai trazer a criatividade para os times de alta *performance* ao se responsabilizar pela capacitação e pelo treinamento de todos os profissionais que compõem a equipe.

Não há como falar em inovação sem menção à interdisciplinaridade e a necessidade de se apoiar, de forma irrestrita, o estímulo à colaboração, à diversidade e a troca de boas práticas.

A interdisciplinaridade é parte fundamental da inovação, porque as modernas soluções dependem da atuação integrada das diversas áreas do conhecimento para que os resultados sejam maximizados[10].

Habilidades e profissionais diferentes se complementam. Um advogado não consegue prestar um bom serviço sem o apoio de um bom contador ou profissional de TI. Para apresentar suas teses e torná-las didáticas e palatáveis aos olhos do receptor da mensagem, utilizar profissionais especializados em *design* é fundamental, daí o crescimento do *Legal Design* no Brasil e todas as iniciativas de *Visual Law*.

No que tange à diversidade, poderíamos gastar parágrafos explicando a importância de se observar equipes inclusivas, com olhares e visões de mundo que possam congregar pela sedimentação de estratégias mais eficientes. Como contra dados não há argumentos[11], para atingir o nível de uma gestão estratégica alinhada aos interesses do negócio, o Jurídico deve lastrear suas decisões por dados e indicadores de *performance*. E os dados também demonstram que times mais diversos têm 87% de chance[12] de tomar melhores decisões do que times não diversos. Portanto, investir na contratação de grupos minoritários em suas mais variadas frentes (pretos e pardos, pessoas com deficiência, LGBTQIA+, por exemplo) é o caminho para resultados ainda mais promissores.

Em relação à colaboração, economizaremos seu tempo de leitura. Caso não esteja participando de comunidades que fomentam a troca de conhecimento, como as exis-

---

[10] Este trecho foi extraído de um artigo elaborado para o curso de Engenharia Civil. E não poderia ser mais verdadeiro. Trecho extraído da *Revista Conhecimento & Diversidade*, Niterói, v. 13, n. 30, p. 45-63, maio/ago. 2021. Disponível em: Link indisponível. Acesso em: 27 mar. 2023.

[11] Recomendamos a leitura do artigo "Contra dados não há argumentos", de autoria de Guilherme Araújo, Guilherme Tocci e Paulo Samico. Disponível em: https://www.jota.info/opiniao-e-analise/artigos/contra-dados-nao-ha-argumentos-26092022. Acesso em: 27 mar. 2023.

[12] "Benefits of Diversity in the Workplace", em tradução livre: "3 benefícios da diversidade no ambiente de trabalho". De autoria de Ashley Stahl, está disponível em inglês em: https://www.forbes.com/sites/ashleystahl/2021/12/17/3-benefits-of-diversity-in-the-workplace/?sh=6724e31922ed. Acesso em: 28 mar. 2023.

tentes na Associação Brasileira de Lawtechs e Legaltechs (AB2L) e da Comunidade *Legal Operations* Brasil (CLOB), é importante começar já. O profissional que quer performar bem nesse novo contexto precisa aprender que o Direito vive uma nova era colaborativa, cocriando e conectando-se com as pessoas presentes nesses ambientes, pois estamos em meio a um cenário de mais incertezas do que certezas.

Observando a criação constante de novos produtos e serviços – sejam eles fruto de aperfeiçoamento de produtos ou serviços já existentes ou até mesmo modelos totalmente disruptivos –, hoje, o profissional jurídico precisa trocar conhecimento com outros profissionais de forma recorrente. Quem é egoísta em dividir o que sabe, perde a oportunidade de multiplicar conexões e aprender por meio de boas práticas que merecem ser seguidas ou melhoradas. É uma nova forma de enxergar a profissão: o apoio irrestrito à evolução contínua.

Evolução contínua. É providencial terminar este breve capítulo com essas duas palavras. Somente com o apoio de uma boa estratégia – a boa e velha palavra grega da qual já sabemos sua origem histórica – que uma equipe chega ao patamar de ser um time sinônimo de alto rendimento e *performance*. E o melhor caminho para se chegar a essa realidade é por meio de *Legal Ops*. Não importa se interno, externo, com equipe dedicada ou com o apoio de um parceiro externo. *Legal Ops* traduz eficiência e é a rota para sintonizar o mundo jurídico com as melhores práticas criativas e inspiradoras. *Legal Ops* é a porta de entrada para a inovação.

REFERÊNCIAS

ARAÚJO, Guilherme; TOCCI, Guilherme; SAMICO, Paulo. Contra dados não há argumentos. *JOTA*. Disponível em: https://www.jota.info/opiniao-e-analise/artigos/contra-dados-nao-ha-argumentos-26092022. Acesso em: 27 mar. 2023.

AVILA, Rodrigo; SAMICO, Paulo. Inovício: como evitar o vício em inovação no mundo jurídico. *JOTA*. Disponível em: https://www.jota.info/opiniao-e--analise/artigos/inovicio-como-evitar-o-vicio-em-inovacao-no-mundo-juridico-24022023. Acesso em: 27 mar. 2023.

FARIA, Alexandre Do Valle et al. Inovação e interdisciplinaridade: um estudo de caso no desenvolvimento de competências no curso de engenharia civil. *Revista Conhecimento & Diversidade*, v. 13, n. 30, Niterói, p. 45-63. maio/ago. 2021. Disponível em: Linl indisponível. Acesso em: 27 mar. 2023.

STAHL, Ashley. 3 Benefits of Diversity in the Workplace (em tradução livre: "3 benefícios da diversidade no ambiente de trabalho"). Disponível em:

https://www.forbes.com/sites/ashleystahl/2021/12/17/3-benefits-of-diversity-in-the-workplace/?sh=6724e31922ed. Acesso em: 27 mar. 2023.

TOCCI, Guilherme; OLIVEIRA, Simone. O impacto do jurídico interno na negociação de contratos. Legal & Business, *JOTA*. Disponível em: https://www.jota.info/opiniao-e-analise/colunas/legal-business/o-impacto-do-juridico-interno-na-negociacao-de-contratos-2-19012023. Acesso em: 27 mar. 2023.

2

OPS:
NOVIDADE APENAS PARA *LEGAL*

*Guilherme Tocci**

Uma das várias atribuições de *Legal Ops* pode ser "estabelecer processos comerciais que permitam ao departamento jurídico atender seus clientes de forma mais eficaz". Mas se retirarmos o "jurídico" da frase, parece como uma área de Operações comum, não é?

O que uma área de Operações geralmente faz em uma empresa? Garante que os processos serão iniciados e concluídos com sucesso, por meio de mapeamento de *workflows*, melhoria de processos, garantia de eficiência e eficácia... Pode ser considerada a espinha dorsal de uma empresa, garantindo que todos os fluxos estejam funcionando adequadamente para que a organização possa atender às demandas do mercado e manter-se competitiva.

É comum que uma área de Operações seja subdividida em atuações por projetos – como são os Centros de Serviços Compartilhados. Mas há também estruturas operacionais estratégicas que já nascem dentro de áreas primárias, com o objetivo de melhorar a gestão de processos, mudanças e resultados no detalhe e com maior contexto e imersão, como *Sales Ops*, *Procurement Ops*, *HR Ops*, *Compliance Ops*, *DevOps*, dentre outras. Essas áreas visam melhorar a produtividade dos processos em escopos específicos, gerando maior produtividade e reduzindo custos desnecessários.

Nesse sentido, *Sales Ops* é um bom exemplo e um caso interessante para ser brevemente analisado. Para encurtar a história, na década de 1970, a Xerox sentiu necessidade em criar um time de suporte para cuidar de operações e logísticas básicas para uma área comercial. A responsabilidade desse time seria o planejamento, provisionamento e mapeamento de oportunidades. O que imediatamente permitiu que os ven-

---

*   Ávido por inovação na prática do Direito, teve uma carreira não tradicional no mundo jurídico. É gerente sênior Global de *Legal Ops* na Gympass e cofundador da Comunidade Legal Operations Brasil (CLOB). Candidato ao MBA pela FGV e formado em Direito pelo Mackenzie. Trabalhou em *legaltech* e atuou em posição jurídica na Huawei e Demarest Advogados.

Eixo I — Introdução à *Legal Ops*

dedores tivessem: (1) foco total na atividade principal do seu trabalho (vendas); e (2) as melhores ferramentas e estratégias comerciais.

A primeira definição do escopo das atividades de *Sales Ops*, para seu criador J. Patrick Kelly era: "[realizar] todas as coisas desagradáveis que você não quer fazer, mas precisa fazer para ter uma excelente equipe de vendas"[1], o que não corresponde mais com a atual realidade de *Ops*, mas que muito lembra o início das atividades de *Legal Ops* em todas as estruturas jurídicas.

Inicialmente, tem um time "administrativo", de "*backoffice*" ou até mesmo de "controladoria" que realiza as demandas rotineiras do Jurídico interno da empresa ou do Escritório de Advocacia – como realizar:

1) os pagamentos (de faturas de prestadores de serviço e custas judiciais);

2) o controle do relacionamento com parceiros externos (escritórios de advocacia e correspondentes);

3) a contagem e gerenciamento de prazos; e

4) a elaboração de relatórios etc.

Seja em vendas, seja no jurídico... Uma provocação que pode ser feita é: preciso ter uma pessoa especialista executando tarefas que não sejam seu objetivo final ou sua área de *expertise*? Se sim, qual é a vantagem de ter esse profissional cuidando de temas paralelos? Uma pessoa experiente em melhoria de processos internos, gestão e operações não poderia trazer mais qualidade e eficiência do que vendedores e advogados? Calma, não precisa dar a resposta agora.

Seja na área que for, a parte de Operações muitas vezes é vista como algo óbvio e comum dentro de uma empresa, e isso pode levar a uma subvalorização da sua importância – muitas vezes relacionado a uma atividade distinta da estratégia. Por isso, a brincadeira "*Ops*: Novidade apenas para *Legal*" tem se tornado cada vez mais popular no mercado corporativo, especialmente entre os profissionais de Operações. É importante ressaltar que a área de Operações é fundamental para o sucesso de uma empresa, e investir nessa área pode trazer grandes benefícios para a organização.

Reforçando sempre a ideia de uma "nova era colaborativa e interdisciplinar orientada por dados"[2], *Legal Ops* precisa estar em sintonia com o Jurídico, é claro. Principalmente para entender as necessidades do departamento e desenvolver estraté-

---

[1] "All the nasty number things you don't want to do, but need to do to make a great sales force." Disponível em: https://www.salesforce.com/resources/articles/what-is-sales-operations/#:~:text=Patrick%20Kelly%20invented%20sales%20operations,to%20doing%20all%20the%20things. Acesso em: 1º maio 2023.

[2] Título do artigo publicado por Guilherme Tocci e Paulo Samico no "Guia de tendências do mercado jurídico em 2023". Disponível em: https://conteudo.agenciajavali.com.br/guia-tendencias-do-mercado-juridico para-2023. Acesso em: 25 abr. 2023.

gias para melhorar a *performance* e o foco da equipe. Mas não é apenas isso. É necessário que o time de Operações Legais entenda não somente da sua área "mãe", mas também dos principais clientes internos que essa área precisa atender. Como o Direito é naturalmente uma atividade "meio" (que deve levar do ponto A para o ponto B), *Legal Ops* não deve ter o corpo jurídico como seu único ponto de atenção – clientes internos como Comercial, Compras, Recursos Humanos e Financeiro também devem ser observados.

Mas o que seria, de fato, *Legal Ops*? Reforço o que disse no parágrafo inicial deste capítulo, que é: "estabelecer processos comerciais que permitam ao departamento jurídico atender seus clientes de forma mais eficaz". Mas, pelo atual estágio de maturidade do mercado brasileiro – muito fértil para a cocriação e colaboração de definições, boas práticas e entendimentos, sugiro utilizarmos a mandala de competências do CLOC[3] para termos inicialmente um norte. Divididas em níveis de gestão, apenas para melhor entendimento deste capítulo:

- **Gestão Operacional**
  1. Gestão Financeira
  2. Gestão de Parceiros e Fornecedores
  3. Governança da Informação
- **Gestão Estrutural**
  4. Gestão do Conhecimento
  5. Otimização e Saúde da Organização
  6. Operações Práticas
  7. Gerenciamento de Projetos/Programas
- **Gestão Estratégica**
  8. Modelos de Entrega de Serviço
  9. Planejamento Estratégico
  10. Tecnologia
  11. Treinamento e Desenvolvimento
  12. Inteligência (Jurídico) Comercial

Um breve *disclaimer* é que as competências listadas pelo CLOC possuem uma ótica do mercado estadunidense. Sempre devemos fazer uma leitura com a percepção do mercado jurídico e comercial brasileiro.

Apesar da criação de uma estrutura operacional-estratégica ser uma novidade para o mercado jurídico, é uma prática comum no mundo corporativo. Uma vez que há o en-

---

[3] Disponível em: https://cloc.org/what-is-legal-operations/. Acesso em: 1º maio 2023.

tendimento pacífico de que é possível ajudar a melhorar a colaboração entre os membros do time e outras áreas da empresa, permitindo uma melhor gestão e governança das informações – garantindo que seja fornecido um melhor serviço aos clientes e à empresa.

A área de *Legal Ops* é um exemplo de como as áreas operacionais podem ser estratégicas para uma empresa. Sua criação surgiu como uma forma de melhorar a eficiência do departamento jurídico de uma empresa. Essa área é responsável por gerenciar processos e projetos relacionados ao departamento jurídico (para dentro e para fora), além de cuidar da tecnologia e inovação na área. Isso permite que o departamento possa atuar de forma mais estratégica e integrada com os outros setores da empresa.

Apesar de o Jurídico ter a fama de sempre estar atrás em inovação, *Legal Ops* veio para mudar isso. Pensando na curva de adoção de inovação (tecnológica, no caso) de Rogers, fazia sentido encaixarmos o setor jurídico na curva tardia ou até mesmo nos retardatários.

Fonte: com base em: ROGERS, Everett. *Diffusion of innovations*. Free Press: Nova York, 1971, p. 205.

Mas inovação é processo. Cada vez mais as empresas adotam melhorias de processos e tecnologias por entrada no jurídico. Como dito antes, o Direito é meio, a tecnologia também. Por ser meio, o *Legal* tem uma função *cross*, que atravessa praticamente todas as discussões de uma companhia – tendo privilégio e responsabilidade de propor soluções criativas para otimizar os riscos jurídicos, comerciais e operacionais.

A área é uma das que mais crescem no mercado do Direito. Com a busca cada vez maior por eficiência e eficácia nas empresas, o departamento jurídico passou a ser visto como um setor estratégico para o sucesso de uma organização. Para o conceito não ficar muito abstrato, vale relembrar a ideia de eficiência e eficácia.

Eficiência é a capacidade de fazer algo utilizando os recursos disponíveis de maneira otimizada. Na área de *Legal Ops*, isso significa que o departamento jurídico deve ser capaz de realizar suas atividades com o menor custo possível, sem perder a qualidade e a precisão necessárias. **Eficácia** representa a capacidade de alcançar os objetivos traçados. Aqui entendendo como o departamento jurídico sendo capaz de atender às necessidades da empresa, garantindo a conformidade legal e prevenindo riscos para a organização.

Em um cenário empresarial cada vez mais competitivo e regulado, a área de *Legal Ops* se torna fundamental para garantir a conformidade e a segurança jurídica-comercial-operacional dos negócios. Como vimos, essa área tem papel crucial na gestão do departamento. Além de também pode trazer *insights* valiosos para a tomada de decisões estratégicas da empresa. Portanto, é essencial que as organizações comecem a valorizar e investir nessa área, garantindo que ela faça parte das estratégias corporativas de sucesso. *Ops*: novidade apenas para *Legal*? Não mais. É hora de dar a devida importância à área de *Legal Ops* e garantir que ela faça parte das estratégias e tomadas de decisão.

REFERÊNCIAS

ROGERS, Everett. *Diffusion of innovations*. Free Press: Nova York, 1971.

SALESFORCE. *What Is Sales Operations*? A Complete Guide. Disponível em: https://www.salesforce.com/resources/articles/what-is-sales-operations/#:~:text=Patrick%20Kelly%20invented%20sales%20operations,to%20doing%20all%20the%20things. Acesso em: 1º maio 2023.

TOCCI, Guilherme; SAMICO, Paulo. Uma nova era colaborativa e interdisciplinar orientada por dados. *Guia tendências do mercado para 2023*. São Paulo: Javali, 2023.

3

LEGAL OPERATIONS EM ESCRITÓRIOS DE ADVOCACIA: EVOLUÇÃO, VISÍVEL E PERCEPTÍVEL

*Victor Cabral Fonseca**

Estamos em 2023. A tarefa de escrever sobre iniciativas de *Legal Operations* em escritórios de advocacia há poucos anos seria praticamente impossível. Enquanto o tema florescia no contexto corporativo, com projetos e áreas de *Legal Operations* ganhando cada vez mais força em empresas e seus departamentos jurídicos, escritórios ainda eram vistos como o "outro lado da moeda", cujo modelo de negócios provavelmente iria contra a própria essência do conceito multidisciplinar de *Legal Operations*.

Até então, a justificativa para tal distanciamento se dava ao fato de que áreas de *Legal Operations* eram iniciativas corporativas cujo objetivo era aumentar eficiência e produtividade das operações dos respectivos departamentos jurídicos das empresas; seus debates então passavam, de certa forma, por temas como internalização do trabalho jurídico e relacionamento com fornecedores externos, como os próprios escritórios. Em toda conversa envolvendo *Legal Operations*, temas como produtividade de escritórios, qualidade do trabalho e até mes-

---

* *Head* do ThinkFuture e advogado sênior da área de Tecnologia & Inovação em TozziniFreire Advogados. É responsável por coordenar o primeiro programa de inovação estruturado por um escritório *full-service* brasileiro. Como advogado, atende clientes de base tecnológica, grandes empresas interessadas em *open innovation* e *startups*. É graduado em Direito pela Universidade de São Paulo (FDRP-SP), mestre em Direito dos Negócios e Desenvolvimento Econômico e Social pela FGV-SP, certificado em Inovação Exponencial pela Singularity University (EUA) e CSM® (*Certified ScrumMaster*), pela Scrum Alliance. Professor de Empreendedorismo e Inovação Jurídica na Universidade Presbiteriana Mackenzie (SP), é também convidado com frequência como professor em cursos de pós-graduação e educação executiva em diversas instituições, como Insper (SP), FBD (BA), IDP (DF), FACAMP (SP) e Future Law (SP). É autor de diversas publicações sobre Direito, inovação e tecnologia, dentre elas "Direito das Startups", primeiro livro-doutrina sobre o tema no Brasil, do qual é coautor. É cofundador e vice-presidente da Comunidade *Legal Operations* Brasil (CLOB). Foi mentor do Legal Geek (Reino Unido) e do programa Law Without Walls (University of Miami), e frequentemente participa de eventos e ministra palestras sobre inovação jurídica.

mo a substituição do *outsourcing* por trabalhos *in-house* eram corriqueiros. Pensava-se, portanto, que não fazia sentido trazer escritórios para discutir temas que poderiam afetar seus próprios negócios.

Não faltavam argumentos. Escritórios se organizam como fornecedores de serviços jurídicos para seus clientes. Muitas dessas organizações, principalmente as que atendiam o perfil de clientes que vinha desenvolvendo projetos de *Legal Operations* (entenda-se: grandes empresas), organizam seus modelos de negócio com base em honorários pagos em base horária e com diversificação de carteiras, garantindo atendimentos multidisciplinares e com alto grau complexidade e personalização. Operando em um formato bem-sucedido há décadas, questionava-se: como organizações assim teriam interesse em debater eficiência, tecnologia e novas formas de relacionamento com clientes?

Não por acaso, foi apenas em 2019 que o Corporate Legal Operations Consortium (CLOC) passou a aceitar como membros profissionais de escritórios de advocacia[1]. Enquanto a maior entidade representativa do setor realizava grandes eventos para discutir o impacto desses temas no dia a dia das empresas, foi somente 3 anos após a sua fundação que escritórios foram convidados à mesa. Contudo, a iniciativa do CLOC apenas comprovou que, mesmo em anos anteriores, os céticos estavam equivocados: escritórios de advocacia veem, sim, muita relevância em qualquer assunto que envolva *Legal Operations*.

1. DA DÚVIDA AOS DADOS

Dizer que escritórios seriam contrários a iniciativas de *Legal Operations*, pois supostamente eficiência iria contra seu modelo de negócios, é fazer uma análise muito superficial sobre o assunto. E, na tarefa de contestar esse viés, é possível trazer alguns argumentos bastante sólidos. O primeiro deles diz respeito especificamente à multidisciplinaridade: escritórios de advocacia, há bastante tempo, já possuem estruturas administrativas que comportam profissionais de outras áreas, como financeira, recursos humanos, comunicação e tecnologia.

Uma pesquisa realizada pela PwC[2] com escritórios globais sediados no Reino Unido mostra que, entre as maiores firmas entrevistadas, há quase tantos profis-

---

[1]   SPIEZIO, Caroline. Law Firm Staff Can Now Apply to CLOC. *Portal Law.com*. Disponível em: https://www.law.com/corpcounsel/2019/07/30/law-firm-staff-can-now-apply-to-cloc/?slreturn=20230301125348. Acesso em: 18 maio 2023.

[2]   Disponível em: https://www.pwc.co.uk/industries/legal-professional-business-support-services/law-firms-survey.html. Acesso em: 18 maio 2023.

Eixo I — Introdução à *Legal Ops* 17

sionais operacionais (*Business Services and Secretarial*) quanto profissionais como sócios, advogados e paralegais, que atuam diretamente com clientes (*Fee Earners*)[3]. Além disso, o relatório aponta que itens como aprimoramento no uso de tecnologia, padronização de processos, redução de riscos cibernéticos e uso de análise de dados fazem parte das prioridades máximas para os escritórios de advocacia consultados. Isso mostra que alguns temas-chave para projetos de *Legal Operations* já são vistos como investimentos prioritários para escritórios de advocacia que operam em nível global.

Adicionalmente, é impossível ignorar o impacto que áreas de *Legal Operations* podem ter no relacionamento firmado entre escritórios de advocacia e seus clientes. Mesmo que o modelo de negócio dos escritórios funcione há bastante tempo, é primordial que essas organizações acompanhem as maiores demandas do mercado para seguir atendendo clientes com o máximo de qualidade e excelência. Um estudo do CLOC[4] mostra que, em 2021, 27% dos departamentos jurídicos afirmam revisar a *performance* de escritórios de advocacia, enquanto 47% têm interesse em implementar rotinas de avaliação de *performance* em breve.

E as discussões não se encerram em avaliações de *performance*. No estudo de 2021 *Future Ready Lawyer*, produzido pela Wolters Kluwer[5], 91% dos departamentos jurídicos afirmam já questionar (52%) ou planejar questionar (39%) se seus escritórios utilizam tecnologias em suas práticas. Já a CLIO demonstra, em sua pesquisa anual de tendências[6], que a maioria dos clientes deseja formas alternativas de cobrança (conhecidas como *Alternative Fee Arrangements*), além das já tradicionais horas faturadas.

Esses são apenas alguns dados que mostram o quanto as expectativas de clientes em relação a escritórios mudaram nos últimos anos, especialmente após um alto grau de maturidade das áreas de *Legal Operations* nas empresas. Hoje, percebemos que é impossível imaginar que escritórios fechariam os olhos para essas transformações e deveriam ser mantidos de fora das discussões envolvendo inovação e *Legal Operations*, como outrora se pensava.

Assim como os dados comprovam as pressões, também demonstram as respostas oferecidas por escritórios nesse contexto de transformações. O mesmo rela-

---

[3] As "Top 10 Law Firms" entrevistadas têm uma média de 1.116 profissionais jurídicos e 956 não jurídicos.

[4] Disponível em: https://cloc.org/2021-state-of-industry-survey/. Acesso em: 18 maio 2023.

[5] Disponível em: https://www.wolterskluwer.com/en/know/future-ready-lawyer-2022. Acesso em: 18 maio 2023.

[6] Disponível em: https://www.clio.com/resources/legal-trends/2022-report/read-online/. Acesso em: 18 maio 2023.

tório da Wolters Kluwer citado anteriormente mostra que, entre outros temas, 74% dos escritórios investem em novas tecnologias para auxiliarem seus serviços para clientes, 42% já criaram funções dedicadas à inovação, 38% já realizam processos de melhoria operacional e 36% utilizam sistemas de relacionamento com cliente (CRM). Todos os itens tiveram um aumento considerável de investimento quando comparados ao ano de 2020.

Alguns temas bastante valiosos para o conceito de *Legal Operations*, como o uso de dados e *analytics* para tomada de decisões, também ganham destaque entre escritórios de advocacia. Uma pesquisa conduzida pela LexMachina[7] demonstrou que, em 2022, 68% dos profissionais de escritórios utilizam ferramentas de *analytics* em sua tomada de decisões, tanto para gestão operacional quanto para a prática da advocacia em si.

Em pesquisa publicada pela Fundação Getulio Vargas (FGV) em 2021[8] foram consultados profissionais responsáveis pelas iniciativas de inovação de 21 escritórios de advocacia brasileiros, que afirmaram já conduzir em suas organizações projetos concretos de ganho de eficiência, reorganização de fluxos, foco no cliente, transformação digital, resolução de problemas, entre outros.

Em síntese, é inegável que escritórios de advocacia não só devem saber a respeito de discussões relacionadas a *Legal Operations*, como também são importantes *players* do ecossistema jurídico impactados – e já oferecem suas próprias respostas – por essa infinidade de transformações. Como parte relevante do mercado, tais organizações têm agido rápida e criativamente para se adaptarem à nova realidade, tanto sob a perspectiva de organização interna quanto no relacionamento com clientes. Diante desse contexto, quais são, de fato, os impactos do conceito de *Legal Operations* para escritórios de advocacia?

2. EFEITO DUPLO

É possível responder a esta pergunta quando observamos a posição dos escritórios no mercado. Tais organizações são prestadoras de serviços jurídicos e, ao mesmo tempo, entidades profissionais por si só. Ainda que não sejam revestidos de *status* empresarial, escritórios possuem desafios operacionais comuns a qualquer agente que atue na economia prestando serviços, sendo necessário suprir necessidades e se atentar a problemas administrativos para garantir uma operação fluida e segura.

---

[7] Disponível em: https://lexmachina.com/blog/survey-of-legal-analytics-2022/. Acesso em: 18 maio 2023.

[8] Disponível em: https://direitosp.fgv.br/projetos-de-pesquisa/lideranca-inovacao-no-direito-emergencia-lideres-inovacao-juridica-um-setor-transformacao. Acesso em: 18 maio 2023.

Isso significa que o crescente uso do conceito de *Legal Operations* por empresas acaba por afetar escritórios de advocacia principalmente em duas perspectivas.

Em primeiro lugar, como já exposto, há uma significativa mudança nas expectativas de clientes. Isso se dá por diversos fatores, os quais exploraremos a seguir. Inicialmente, enquanto antes a relação entre escritório-empresa se dava majoritariamente entre dois profissionais jurídicos (advogados do escritório e da empresa), atualmente é possível encontrar pessoas de outras áreas atuando nesse contato[9], como uma equipe de Compras (*Procurement*), gestores de projeto ou até mesmo analistas de dados para avaliação de *performance*. Além disso, a disponibilidade de tecnologias no mercado aumenta a pressão por seu uso e, consequentemente, por uma maior eficiência na prestação dos serviços. Por fim, também podemos destacar a visão operacional de que há uma visão muito mais estratégica dos departamentos jurídicos nas empresas, que agora são vistos como verdadeiros parceiros das áreas de negócio – logo, demandam postura semelhante de seus fornecedores externos.

No *podcast Eficiência Jurídica*[10], conduzido pelo ThinkFuture, programa de inovação de TozziniFreire Advogados, os entrevistados – representantes de departamentos jurídicos de grandes empresas – sempre respondem a uma questão: "qual é o papel do departamento jurídico da atualidade?". Até o momento do fechamento desta obra, os 5 entrevistados do *podcast* afirmaram enxergar suas áreas como verdadeiros participantes do negócio da empresa, sendo que até pouco tempo atrás esses mesmos departamentos eram vistos como "centros de custos" para suas organizações.

Nesse primeiro contexto, assim, o tema *Legal Operations* pode ser visto por escritórios de advocacia como uma oportunidade para apoiarem seus clientes (departamentos jurídicos) em suas jornadas em busca de maior eficiência operacional, uso de tecnologias, comunicação com áreas de negócio e posicionamento estratégico perante as empresas. Não é por casualidade, desse modo, que alguns escritórios têm incorporado *Legal Operations* a seus produtos jurídicos, como as bancas Norton Rose Fulbright e Shearman Sterling, ambas do Reino Unido. No Brasil, o escritório *full-service* Tozzini-Freire Advogados opera um Núcleo de Soluções Avançadas no ThinkFuture, seu programa de inovação, que apesar de não ser uma iniciativa especificamente de *Legal Operations*, incorpora o conceito nas soluções jurídicas oferecidas pelo escritório[11].

---

[9] Vide a matriz de competências de uma área de *Legal Operations* proposta pelo CLOC, amplamente citada nesta obra e disponível em: https://cloc.org/what-is-legal-operations/. Acesso em: 18 maio 2023.

[10] Disponível em: https://anchor.fm/eficienciajuridica. Acesso em: 18 maio 2023.

[11] Nota: o programa ThinkFuture, de TozziniFreire Advogados, é coordenado pelo autor desse texto. Acesso em: 18 maio 2023.

Segundo, entender o conceito de *Legal Operations* pode ser importante para a própria gestão dos escritórios de advocacia. Afinal, no cotidiano dessas organizações, é possível aproveitar sobremaneira a ideia de que tarefas especializadas como gestão do conhecimento, gestão financeira, planejamento estratégico, compras e contratação de tecnologia, por exemplo, são necessárias. Além disso, perceber a multidisciplinaridade proposta pelo conceito de *Legal Operations* não necessariamente precisa ficar no nível de incorporar algumas tarefas à gestão do escritório, mas também na possibilidade de trazer profissionais de outros campos do conhecimento para contribuir com a execução dessas tarefas nas firmas.

Isso significa assumir que alguns assuntos podem ser delegados a profissionais especializados naquelas áreas, mesmo quando se trata de um escritório de advocacia. A gestão de tecnologia, por exemplo, pode ficar a cargo de um profissional com formação na área de TI, enquanto os advogados poderiam concentrar seu tempo em praticar o Direito, de acordo com seu conhecimento.

Além disso, os próprios sócios e advogados podem entender a necessidade de aprimorar sua eficiência operacional e impulsionar as mudanças propostas pelo conceito de *Legal Operations* em suas áreas de prática. Enquanto uma área de contencioso pode ativamente demandar o uso de análise de dados para previsão de contingências, por exemplo, práticas de Fusões e Aquisições tirariam um bom proveito de projetos de gestão do conhecimento para cláusulas de contratos[12]. O importante é entender que há sempre espaço para melhoria e que ideias frutíferas podem vir, sim, de outros campos do conhecimento.

CONCLUSÃO

Seja qual for a perspectiva adotada, é impossível entender o conceito de *Legal Operations* como uma realidade distante para escritórios de advocacia. Nessas organizações, o crescimento de práticas dessa natureza nas empresas não apenas traz uma série de impactos, como também permite o florescimento de um enorme campo de oportunidades.

Como explica o CLOC, iniciativas de *Legal Operations* evoluíram no ambiente corporativo em diferentes fases: inicialmente focadas em gerenciamento de riscos (pré-1990), depois como inteligência de negócios (1990 ~ primeira metade de 2000), passando por um papel de *business partners* (segunda metade de 2000 ~ 2019) e foca-

---

[12] Citando novamente o ThinkFuture, coordenado pelo autor deste texto, o Núcleo de Transformação & *Legal Ops* do programa oferece aos sócios e advogados do escritório suporte em projetos de melhoria operacional, tendo um time composto não apenas por profissionais do Direito, mas também com desenvolvedores, analistas de dados, gestores de projeto e *designer*s.

Eixo I — Introdução à *Legal Ops*

das em inovação para o Jurídico (atualmente). Falamos de décadas de experiência no assunto, mas foi somente nos últimos anos, com a rápida ascensão das empresas de tecnologia, que o tema ganhou uma evidência exponencial.

A própria história do CLOC nos evidencia essa rápida evolução recente. A entidade parte de um pequeno grupo de fundadores em 2016, que organizou um evento para 500 pessoas no mesmo ano, para uma organização global que, menos de 5 anos depois, pôde juntar 2.500 participantes em sua conferência anual realizada em Las Vegas. Tal espiral crescente evidencia que a ideia de um jurídico mais eficiente, produtivo e multidisciplinar proposta pelo conceito de *Legal Operations* é atrativa demais para ser ignorada por qualquer *player* do setor.

No evento AB2L LawTech Experience, realizado em 2022, o autor deste capítulo teve o prazer de compartilhar um painel com representantes de grandes empresas brasileiras e multinacionais, justamente para discutir a cooperação entre departamentos jurídicos e escritórios de advocacia. Não há nada mais característico dessa nova realidade – e mais próximo da ideia multidisciplinar de *Legal Operations* – do que observar essa colaboração aberta e em prol de uma nova mentalidade para a profissão jurídica.

É assim que o conceito de *Legal Ops*, como carinhosamente o chamamos no meio, deve ser percebido por escritórios de advocacia: uma grande chance de mudança e inovação. Sempre feita de forma colaborativa e orientada a um Direito mais tecnológico, acessível e dinâmico.

REFERÊNCIAS

2021 State of the Industry Report. *CLOC*. Disponível em: https://cloc.org/2021-state-of-industry-survey/. Acesso em: 29 mar. 2023.

2022 Legal Trends Report. *CLIO*. Disponível em: https://www.clio.com/resources/legal-trends/2022-report/read-online/. Acesso em: 29 mar. 2023.

ANNUAL Law Firms' Survey 2022: Agility through turbulent times. *PWC*. Disponível em: https://www.pwc.co.uk/industries/legal-professional-business-support-services/law-firms-survey.html. Acesso em: 29 mar. 2023.

FGV DIREITO SP. *Liderança e Inovação no Direito*: a emergência dos líderes de inovação jurídica em um setor em transformação. Disponível em: https://direitosp.fgv.br/projetos-de-pesquisa/lideranca-inovacao-no-direito-emergenciali-deres-inovacao-juridica-um-setor-transformacao. Acesso em: 29 mar. 2023.

HUANG, Gloria. Survey of Legal Analytics 2022. *Lex Machina*. Disponível em: https://lexmachina.com/blog/survey-of-legal-analytics-2022/. Acesso em: 29 mar. 2023.

SPIEZIO, Caroline. Law Firm Staff Can Now Apply to CLOC. *Portal Law.com.* Disponível em: https://www.law.com/corpcounsel/2019/07/30/law-firmstaff -can-now-apply-to-cloc/?slreturn=20230301125348. Acesso em: 29 mar. 2023.

THE Wolters Kluwer Future Ready Lawyer. *Leading Change.* Disponível em: https://www.wolterskluwer.com/en/know/future-ready-lawyer-2022. Acesso em: 29 mar. 2023.

THINKFUTURE. *Eficiência jurídica.* Disponível em: https://anchor.fm/efi -cienciajuridica. Acesso em: 29 mar. 2023.

WHAT is legal operations? *CLOC.* Disponível em: https://cloc.org/what-is-legal -operations/. Acesso em: 29 mar. 2023.

4

CONSULTORIAS E SUA RELAÇÃO COM AS ÁREAS DE *LEGAL OPERATIONS*

*Paulo Silva**

Um dos grandes desafios quando se contribui para uma obra que tem por objeto modelos e práticas de negócio é, de algum modo, buscar uma forma de que a abordagem dada não se torne obsoleta.

Não se trata de obsolescência quanto ao tema, mas, sim, da abordagem sobre este tema. Ou, de outra forma, não é "o que" que se torna obsoleto, mas, sim, o "como". Não é obsoleto tratar de gestão de pessoas, mas, sabidamente, muitas das abordagens sobre o tema hoje tem muito mais valor histórico do que prático.

Nesse sentido, a proposta deste breve capítulo não é tratar do tamanho que o mercado de *Legal Operations* representa para as consultorias (porque isso mudará) ou de ferramentas usadas por essas consultorias para direcionar as solicitações de seus clientes, (pois isso também mudará), mas, sim, trazer os aspectos que permitam, ao final, concluir se envolver uma consultoria em uma área de *Legal Operations*, independentemente do grau de maturidade desta área agrega valor ou não aos clientes.

Antes, porém, um breve histórico se faz necessário, e neste histórico algumas distinções se fazem igualmente necessárias, ainda que tais distinções possam se tornar obsoletas face o avanço do mercado jurídico e de como seus agentes interagem, criando modelos de negócios e abordagens novas a cada dia.

---

* Advogado especializado em Direito Civil e do Consumidor, com MBA em Gestão Empresarial pela FIA. É *controller* jurídico, com experiência em departamentos jurídicos, escritórios de advocacia e consultorias. Foi o coordenador do primeiro curso sobre *Legal Operations* no Brasil. Professor sobre o tema de Controladoria Jurídica e *Legal Operations* em pós-graduações e cursos livres, é um dos fundadores da Comunidade Legal Operations do Brasil (CLOB).

Não foi "efeito borboleta"[1]

Tradicionalmente, quando pensávamos em serviços jurídicos, os prestadores que a eles relacionávamos, por excelência, eram os escritórios ou bancas de advogados. Tais prestadores abarcavam todos os aspectos dos serviços jurídicos, ofertando não apenas o serviço técnico jurídico propriamente dito, mas todos os demais que "orbitavam" o entorno deles.

Como se sabe, isso encareceu demais o serviço prestado e, a partir das últimas décadas do século XX, esses escritórios se viram tremendamente pressionados por uma redução em seus honorários ou mesmo por uma revisão em seus modelos de contratação, para que fossem cada vez menos embasados em horas por outros com maior previsibilidade. Essa pressão, por sua vez, partia de seus clientes e departamentos jurídicos, que, igualmente, eram pressionados pelas áreas financeiras das empresas por redução de custos e maior previsibilidade em seus orçamentos.

E as consultorias tinham relação com isso.

Ainda que, naquele momento, as consultorias não se voltassem para os departamentos jurídicos propriamente, muitas delas foram chamadas a apoiar CEOs, *boards* e diretores na busca por maior eficiência financeira e operacional. Não foi necessário muito trabalho para se identificar que os departamentos jurídicos tinham muita imprevisibilidade quanto aos seus custos, além de alta ineficiência operacional e financeira. Chegar a essa conclusão não foi um acidente.

Assim, de maneira indireta, as consultorias contribuíram para que se iniciasse a era da gestão jurídica profissional.

A profissionalização da gestão jurídica, por sua vez, exigiu a construção de equipes dedicadas a ela e aos elementos que a compõem. Assim, gestão de pessoas, processos e tecnologias passou a ser uma necessidade e, a partir dessa necessidade, reconhece-se que existia uma "operação" em departamentos jurídicos. E aí temos as sementes daquilo que mais tarde constituiria as áreas de *Legal Operations*.

Os escritórios, igualmente, precisavam buscar ser mais eficientes e eficazes e iniciaram também seu movimento para criação de áreas mais voltadas à gestão ou à condução de rotinas operacionais. No Brasil, isso se deu com a criação das controladorias jurídicas.

Porém, a eficiência e a redução dos custos não seria obtida sem escala. E para que se tenha a escala, a tecnologia é um elemento-chave.

---

[1] Expressão relacionada com a teoria do caos, segundo a qual variações iniciais, mesmo que minúsculas, tornarão previsões impossíveis com o passar do tempo. Para mais detalhes, acessar: https://www1.folha.uol.com.br/ciencia/2021/12/entenda-a-teoria-do-caos-e-o-efeito-borboleta-que-ajudam-a-explicar-o-universo.shtml. Acesso em: 3 mar. 2023.

Eixo I — Introdução à *Legal Ops*

E, aqui, as consultorias com foco em tecnologia surgem na intenção de auxiliar departamentos jurídicos e empresas, oferecendo sistemas e ERPs (*enterprise resource planning* ou *planejamento de recursos empresariais*) abrangentes e que fariam frente a todas as necessidades de um departamento jurídico ou escritório.

Fato é que isso não aconteceu.

A necessidade de customizações e parametrizações, bem como uma demanda cada vez maior por automações e integrações com outros sistemas da empresa e do escritório, e, no mesmo sentido, a dificuldade que os fornecedores de ERPs tinham (e têm) em atender a essas necessidades sem perder a escala em seu produtos (não rara às vezes, descobre-se que o sistema usado por um departamento ou escritório está longe do produto original) acabaram por propiciar o surgimento das chamadas *Legaltechs*, empresas estruturadas dentro de uma ideia de *startups,* com foco em solucionar problemas muito específicos ou oferecer ferramentas para facilitar a prestação desses serviços.

Seja para realizar integrações ou para desenvolver RPAs (os famosos robôs) para realização de tarefas repetitivas, ou, ainda, criar ambientes on-line para resolução de disputas, as *lawtechs* passaram a integrar o mercado jurídico.

O uso de *lawtechs* no exterior, por sua vez, acabou por trazer ao mercado um outro tipo de empresa: as chamadas *Alternative Legal Service Providers ou simplesmente ALSPs.* Estes prestadores alternativos de serviços jurídicos, especializados em alguns segmentos desse mercado e usando as tecnologias desenvolvidas pelas *lawtechs* (isso quando, originalmente, não eram uma delas) passaram a oferecer serviços de apoio aos escritórios ou mesmo diretamente aos departamentos jurídicos, por exemplo, coleta de subsídios ou elaboração de relatórios.

No Brasil, o tema das ALSPs ainda precisa ser debatido, considerando o estatuto da Ordem dos Advogados do Brasil (OAB) e a definição do que seriam serviços privativos de advogados.

Diante desse cenário, as consultorias que antes assessoravam os CEOs passaram a ser buscadas por diretores jurídicos para que os auxiliassem no desafio de "mais e melhor com menos" e assim, iniciou-se a era das consultorias focadas em encontrar oportunidades em departamentos jurídicos especificamente.

Esse movimento, inclusive, não escapou, por exemplo, das chamadas "Big Fours" que, como empresas de consultoria e serviços profissionais, enxergaram mais oportunidades de negócios.

Com isso, podemos identificar e distinguir três importantes elementos nesse mercado: as consultorias, atuando em aconselhamento e desenho de estratégias; as *lawtechs*, oferecendo tecnologia direta ou indiretamente; e as ALSPs, oferecendo serviços usando muito da tecnologia desenvolvida pelas *lawtechs.*

Essa estrutura, porém, mostrou-se insuficiente para atender as demandas dos clientes.

A Assembleia dos Ratos e a dificuldade em escalar equipes jurídicas e de *Legal Operations*

Uma velha história fala sobre uma assembleia de ratos que tinha por objetivo resolver o problema de um gato extremamente sagaz que os perseguia impiedosamente. Após diversas deliberações, um rato, provavelmente classificado como "disruptivo", propôs que se colocasse um sino no pescoço do gato, de modo que, assim, sempre seria possível identificar quando ele se aproximasse.

Ideia ovacionada, aplaudida e aprovada, parecia ser a solução definitiva. Sabia-se claramente o que devia ser feito e os resultados esperados. Tudo seguia bem até que um rato, ao fundo, provavelmente "*old school*" lança uma questão relevante: quem colocaria o sino no pescoço do gato?

Responder a esta pergunta sempre foi um desafio para as consultorias. Muitos projetos não seguiram justamente porque, ainda que o trabalho desenvolvido apontasse claramente o caminho a seguir e o que deveria ser feito, não havia quem o percorresse ou o fizesse.

Os departamentos jurídicos e escritórios têm estruturas "enxutas" com todo o time extremamente envolvido em suas atividades diárias. Destacar pessoas dessa equipe para implementar um projeto proposto por uma consultoria sempre se mostrou desafiante, porque implicava em um aumento de carga de trabalho para aqueles que não estão envolvidos, gerando um círculo vicioso, no qual a equipe de implantação precisa dos demais, que, sobrecarregados, dão pouca atenção à equipe de implementação, que, por sua vez, demora na implementação, aumentando a sobrecarga de trabalho, gerando mais insatisfação e demora, o que, ao final, resultava na sensação de que o trabalho da consultoria não gerou benefícios.

Algo similar acontece na contratação de tecnologia, atribuindo-se à empresa fornecedora a responsabilidade por implementar a ferramenta, ainda que quem conheça a regra de negócio seja o departamento jurídico ou a área de *Legal Operations*. Quando a ferramenta selecionada não atinge os objetivos ou não entrega os resultados esperados, culpa-se a ferramenta. E isso se dá também porque a tecnologia precisa ser operada e nem sempre o departamento ou escritório consegue fazê-lo.

Isso ocorre porque, mesmo em empresas e escritórios em que existem estruturas de *Legal Operations*, não há *equipe disponível*. Sim, não há uma equipe totalmente disponível para implementar e operar as melhorias propostas, por mais que elas tragam ótimos resultados.

No final, não há quem coloque o sino no pescoço do gato... mas isso está mudando.

Ser "*end-to-end*"

As consultorias e firmas de serviços profissionais mais inovadoras têm percebido que não há como garantir o sucesso daquilo que se propõem a fazer sem que sejam

Eixo I — Introdução à *Legal Ops*

capazes de implementar as melhorias propostas, realizar a gestão da mudança e, em alguns casos, operar o que o cliente espera.

A partir da experiência identificada nas ALSPs, as consultorias passam a entender que o seu papel deve ser "*end-to-end*", não só oferecendo o aconselhamento quanto às melhorias, mas auxiliando empresas e escritórios na implementação dessas melhorias, seleção de ferramentas e, quando necessário, na operação delas.

Mesmo empresas e escritórios que possuem áreas de *Legal Operations* bem estruturadas precisam de apoio quando surge um novo projeto ou quando a demanda cotidiana escala por algum motivo. Nessas situações, ter o apoio de uma consultoria ou firma de serviços profissionais que possa apoiá-los é extremamente importante e, porque não, reconfortante, na medida em que se reconhece que é possível escalar o time e seu potencial de acordo com a demanda e sem onerar o custo de equipes.

Sim, ingressamos na era do *Legal Ops as a Service,* ou *Legal Operations* como serviço, e as consultorias e firmas de serviços profissionais que entenderem seu papel como sendo uma atuação do aconselhamento a operação terão atuação diferenciada.

Benefícios do *Legal Ops as a Service* prestado por consultorias e firmas de serviços profissionais

Contratar consultorias ou firmas de serviços profissionais com essa característica de atuação completa, de ponta a ponta, tem grandes benefícios.

Sobre certo aspecto, tais benefícios se relacionam principalmente com a escala do time, mas não somente com ela. Vejamos alguns deles:

• **Apoio estratégico:** tais consultorias atuarão como um apoio estratégico. Não se trata apenas de "operar", mas de entregar aos departamentos e escritórios um conjunto de profissionais que poderá auxiliar na elaboração, validação e execução dos objetivos estratégicos.

• **Ser multidisciplinar por demanda:** é extremamente importante que uma equipe de *Legal Operations* seja multidisciplinar, porém, é difícil construí-la dentro de uma estrutura de departamento jurídico ou escritório. Como justificar a necessidade de uma analista de processos ou mesmo projetos na área de *Legal Ops*, quando o Jurídico precisa de um advogado tributarista e é fato que este último será muito mais acionado? Contar com uma consultoria ou firma de serviços profissionais que lhe permite alocar rapidamente equipes com habilidades diferentes por um tempo determinado e a um custo previsível e que não será constante é extremamente valioso.

• **Foco:** as consultorias podem dar o foco necessário às operações, não só quanto à sua realização, mas quanto à implementação de um ciclo *efetivo de melhoria constante*.

• **Apoio com tecnologia:** auxiliar não só na seleção de tecnologias aderentes, mas realizar todo o trabalho que envolve essa seleção, desde de verificação dos requisitos de segurança quanto à adequação ao uso. Isso evita uma profusão de reuniões e permite uma análise mais efetiva quanto ao uso de novas tecnologias e contratação de *startups*.

• **Independência:** o serviço de *"Legal Ops as a Service"* oferecido por consultorias e firmas de serviços profissionais acaba por ser mais independente, principalmente quando, dentre esses serviços, há a avaliação de prestadores de serviços jurídicos. Já para o escritório, contar com essas empresas em sua área de operações traz maior tranquilidade quanto ao manuseio de dados de clientes.

• **Equipes vocacionadas e com carreiras definidas:** é muito difícil estruturar uma carreira de operações legais seja em departamentos, seja em escritório. Isso pode gerar frustrações e alta rotatividade nas equipes, gerando queda na qualidade das entregas. As consultorias e firmas de serviços profissionais estruturam equipes com foco em operações, mantendo os padrões de qualidade.

• **Contratação de serviços com base em KPIs e SLAs**: o serviço prestado é auferido por meio de indicadores claros e específicos.

• **Ampla *expertise*:** a atuação de consultorias e firmas de serviços profissionais nas mais diversas indústrias agrega uma visão mais ampla, trazendo soluções aplicadas em outras indústrias e que podem ser replicadas nas operações jurídicas.

• **Operação inteligente:** considerando que grande parte da rentabilidade das consultorias e firmas de serviços profissionais advém das melhorias implantadas com objetivo de melhorar a eficiência e reduzir o custo, contratá-las pode representar segurança quanto a um controle dos custos repassados aos departamentos e escritórios.

Ao final, podemos concluir que um modelo de *Legal Ops* como serviço oferecido por consultorias e firmas de serviços profissionais é de extrema valia e pode representar um diferencial no sucesso da implementação das estratégias de operações legais de departamentos jurídicos e empresas. Para tanto, deve-se buscar consultorias que tenham uma atuação ampla e que atuem em toda a esteira, não apenas no aconselhamento, mas na implementação e operação.

REFERÊNCIA

SERRANO, Carlos. Entenda a teoria do caos e o efeito borboleta, que ajudam a explicar o Universo. *Folha de S.Paulo*. Disponível em: https://www1.folha. uol.com.br/ciencia/2021/12/entenda-a-teoria-do-caos-e-o-efeito-borboleta-que-ajudam-a-explicar-o-universo.shtml. Acesso em: 3 mar. 2023.

5

COMO SE TORNAR UM MELHOR PARCEIRO DO NEGÓCIO POR MEIO DA ÁREA DE *LEGAL OPERATIONS*

Giovanna Tassi*
Monica Escanho**

A estruturação de uma nova área dentro de um departamento jurídico nem sempre é fácil, ainda mais considerando que essa nova área em nada se relaciona com a técnica ensinada nas faculdades de Direito e com o dia a dia habitual de um advogado.

Percebe-se que, em relação à área de *Legal Operations*, amigavelmente chamada de *Legal Ops*, dúvidas como "**De que forma devo começar a área?**", "**Como devo estruturá-la?**", "**Quais competências devo ter para organizá-la?**" são corriqueiras, e não foi diferente para a Heineken Brasil, por exemplo.

De início, identificou-se um movimento do Global da empresa na criação da área de *Legal Ops*, a qual passou a ser uma tendência não só no universo da Heineken, mas no mundo corporativo em geral. Com sua estruturação, essa área do Global passou a liderar projetos que são implementados em todas as operações mundiais, entretanto, verificou-se a necessidade de contar com núcleos individualizados nas principais localidades, com o intuito de focar nas demandas de seus respectivos departamentos jurídicos.

Sendo o guardião de uma das maiores operações da Heineken, o Jurídico brasileiro da empresa viu a necessidade de implementar a área de *Legal Ops* com o objetivo de centralizar e gerenciar, de forma adequada, as pessoas, os processos e as tecnologias que antes eram tratados de maneira individualizada e separados por área. Essa centralização visou, sobretudo, ao bem-estar dos colaboradores, à melhoria de fluxos

---

*   Advogada e apaixonada por temas que envolvem eficiência e inovação, atualmente ocupa a posição de Legal Ops na Heineken Brasil, onde busca trazer soluções inovadoras e criativas para atender às necessidades do Departamento Jurídico. Seu objetivo é tornar a advocacia mais eficiente, acessível e democrática, simplificando e tornando-a mais compreensível para todos.

** Tem mais de 20 anos de experiência advogando para a Heineken Brasil. Nesse tempo, teve a oportunidade de atuar em várias áreas do Direito (Cível, Trabalhista e Tributário), e agora, mais recentemente, está à frente deste novo desafio de gerenciamento da área de *Legal Ops*. É pós-graduada em Direito do Trabalho pela PUC e em Direito Civil pelo Mackenzie.

e processos internos, à adaptação às mudanças rápidas do mercado mundial e à eficiência das áreas a partir de uma *performance* mais estratégica do time.

Além de estar alinhada com alguns dos principais objetivos da empresa, especialmente aqueles relacionados à simplificação de processos e/ou atividades, cuidado com as pessoas e inovação, a liderança do departamento jurídico identificou em *Legal Ops* uma oportunidade de negócio, que traria alto valor agregado para a operação brasileira.

Ademais, foi possível identificar que *Legal Ops* poderia focar em uma ação de suma importância, a qual o departamento não tinha tanto tempo para se dedicar – a de conectar o Jurídico com as demais áreas da empresa, como Finanças, D&T[1] e com o próprio time Global, podendo ser, também, um influenciador junto ao negócio.

Apesar de o Departamento Jurídico da Heineken Brasil atuar, há tempos, em muitas competências previstas na mandala CLOC[2], sua forma de realização era descentralizada e independente, tanto em relação à implementação de tecnologias quanto na simplificação e governança dos processos e dos documentos.

No Departamento Jurídico não havia uma gestão adequada de ferramentas e iniciativas, tampouco um orçamento individualizado para tratar dessas frentes. A área também não possuía visibilidade suficiente para tornar viáveis e prioritários eventuais projetos junto à D&T e, por conta disso, todas as necessidades tecnológicas da equipe eram colocadas em segundo plano, uma vez que dependiam exclusivamente do tempo e da dedicação do time de tecnologia.

Nesse contexto, a estruturação da área de *Legal Ops* tornou-se fundamental, pois a partir dela seria possível gerenciar adequadamente o tempo e os custos envolvidos na atuação do Departamento Jurídico, possibilitando que os advogados se concentrassem estritamente em questões técnicas estratégicas e de alto valor agregado para a empresa, bem como focassem em ações preventivas com o objetivo de minimizar os riscos e reduzir os passivos.

Mais que isso, a criação de *Legal Ops* possibilitou a transferência de atividades administrativas, que antes eram conduzidas exclusivamente pelos advogados, para essa área especializada, contribuindo, assim, para a otimização e para o bem-estar da equipe, que passou a ter maior flexibilidade na gestão de seu tempo e no aumento de sua criatividade útil em diversas ações.

Apesar de a tecnologia ser uma ferramenta para auxiliar as pessoas e a eficiência dos processos, esta não deve ser vista como menos importante. A Heineken Brasil

---

[1] D&T é uma sigla para Digital & Technology, que é uma área da Heineken Brasil voltada para tecnologia da informação.

[2] Trata-se das 12 competências sugeridas pela Corporate Legal Operations Consortium (CLOC), com o objetivo de haver melhor eficiência na área de *Legal Ops*. Disponível em: https://cloc.org/wp-content/uploads/2018/12/CLOC_CCRM_2018.pdf. Acesso em: 26 mar. 2023.

Eixo I — Introdução à *Legal Ops*

busca constantemente, e agora de forma mais centralizada na área de Legal Ops, a implementação de ferramentas tecnológicas que visam atender as necessidades do Departamento Jurídico de forma a torná-lo mais ágil e estratégico.

Após algumas discussões, houve o consenso da liderança do Departamento Jurídico a respeito da criação dessa nova área. Nesse sentido, decidiu-se que *Legal Ops* ficaria abaixo da diretoria do time do contencioso, sendo essa a responsável por sua estruturação, implementação e gestão.

Com essa incumbência, iniciou-se a organização da nova área dentro da Heineken Brasil a partir de várias referências do mercado, verificadas por meio da realização de *benchmarking*[3], conexão mais próxima junto a instituições com foco exclusivo em *Legal Ops* (CLOC[4] e CLOB[5]) e associação voltada à inovação e tecnologia (AB2L[6]).

Além disso, após estudos a respeito das competências do CLOC e tendo em mente os três pilares de *Legal Ops*, a saber, pessoas, processos e tecnologia, estabeleceu-se um projeto para a criação da área, o qual previa:

1) Adequação e adaptação do time para a nova área: realização de treinamentos[7], adaptação dos colaboradores com a nova área e transição de carreira.

2) Realização de entrevistas com as áreas do departamento: entender, aplicando algumas metodologias[8], os principais problemas enfrentados e os *gaps*[9] existentes nas equipes, e mapear eventuais soluções e iniciativas a serem implementadas.

3) Análise e categorização: a partir dos pontos trazidos nas entrevistas, realizou-se a análise e a categorização considerando o orçamento, a complexidade e a necessidade do departamento.

---

[3] Processo de análise comparativa, que possui como escopo otimizar o desempenho de uma empresa com base nas melhores práticas do mercado em que ela está inserida.

[4] O Corporate Legal Operations Consortium (CLOC) é uma comunidade global de especialistas com foco na redefinição dos negócios jurídicos. A comunidade em questão tem o objetivo de guiar os profissionais da área jurídica na implementação da área de *Legal Operations*, seja em departamentos jurídicos ou em escritórios de advocacia. Disponível em: https://cloc.org/about-cloc/. Acesso em: 26 mar. 2023.

[5] A Comunidade de Legal Operations Brasil (CLOB) propõe a construção de uma cultura brasileira de *Legal Operations*, apropriando-se não só das boas práticas do CLOC e da Association of Corporate Counsel (ACC), mas também das dores trazidas pelas transformações do ecossistema jurídico às pessoas envolvidas nas entregas jurídicas, como escritórios, empresas, judiciário, *legaltechs*, advogados e não advogados. Disponível em: https://www.legaloperations.com.br/quem-somos. Acesso em: 26 mar. 2023.

[6] A Associação Brasileira de LawTechs e Legaltechs (AB2L) é um a associação sem fins lucrativos que atua na educação do mercado, organização e fomento do ecossistema e suporte na construção de um ambiente regulatório propício para a atuação das empresas em um sistema jurídico complexo como o do Brasil. Disponível em: https://ab2l.org.br/ecossistema/sobre/. Acesso em: 26 mar. 2023.

[7] Para a organização e estruturação da área de Legal Ops, a equipe realizou, até o momento, os cursos de *Design Thinking*, *Visual Law*, *Legal Operations Managment*, Gestão de Contencioso 4.0 e *Data Science*: Aplicações Jurídicas.

[8] Para a realização das entrevistas, foi utilizado o *Design Thinking*, análise SWOT e *Brainstorming*.

[9] Lacunas.

4) Reunião de alinhamento: após a análise e categorização dos temas, tomada de decisão pelos diretores e pela vice-presidente dos objetivos de *Legal Ops* para os próximos anos e das atividades que passarão a ser de responsabilidade exclusiva da nova área.

5) Implementação: iniciar os projetos definidos e passar a fazer a gestão do dia a dia das atividades relacionadas à *Legal Ops*.

Em paralelo ao projeto da criação da nova área, constatou-se que o Jurídico precisava também aumentar sua visibilidade dentro da empresa. Assim, a primeira tarefa desenvolvida por *Legal Ops* foi a criação de uma identidade visual exclusiva para o departamento, com um logotipo próprio para facilitar e unificar as comunicações, bem como para incentivar seu reconhecimento como influenciadora e *business partner*[10] dentro da Heineken Brasil.

Além dessa iniciativa, o Departamento Jurídico não possuía uma gestão adequada do conhecimento das informações, históricos e documentos gerados, que eram armazenados em diferentes locais e plataformas. Dessa forma, viu-se a necessidade de unificar os dados em um repositório específico e único, para que não houvesse a perda de informações relevantes pelo decurso do tempo e pelas movimentações das áreas[11].

Para garantir a efetividade da área, é fundamental o cruzamento de dados e o alinhamento de *Legal Ops* com o Departamento Jurídico e com outras áreas da empresa, fazendo com que as informações sejam consideradas nas decisões de cunho jurídico e que a área possa atuar de forma mais integrada e colaborativa com o negócio, passando a ser um gerador de receita.

A partir disso, considerando a descentralização generalizada do departamento e a necessidade do alinhamento da nova área com o Jurídico, o *Legal Ops* da Heineken Brasil resolveu criar um **Comitê de Inovação**[12], com reuniões mensais, o qual possui como principal escopo o compartilhamento de informações entre os times, a tomada de decisões em grupo e a transparência da nova área em relação à evolução de suas atividades.

O desafio final de *Legal Ops* na Heineken Brasil é fazer todo esse trabalho acontecer no dia a dia, criando as conexões necessárias e trazendo os resultados esperados.

Assim, o objetivo principal da estruturação da área de *Legal Ops* na Heineken Brasil é fazer com que o Jurídico seja visto e reconhecido como um grande parceiro de negócio na tomada de decisões, que gerencia de forma estruturada seus dados e docu-

---

[10]   Parceiro de negócio.

[11]   No Departamento Jurídico da Heineken Brasil é comum os colaboradores mudarem recorrentemente de área.

[12]   O Comitê de Inovação do jurídico da Heineken Brasil é formado por uma pessoa de cada equipe, a qual ficou *design*ada como responsável pelas tomadas de decisões e troca de informações. Além dessa pessoa responsável, também há a possibilidade de haver uma pessoa de cada área, que será ouvinte das discussões.

mentos sem deixar de pensar nas pessoas, e que alinha suas atividades aos pilares e objetivos da empresa, passando a entender melhor os problemas e sendo parte das soluções.

Um dos desejos do Jurídico da Heineken Brasil é ser visto como uma referência não só dentro da própria empresa, como também perante as demais companhias, para que se possa contribuir, de alguma forma, com as constantes mudanças no mercado. A partir das recorrentes trocas entre departamentos jurídicos e associações brasileiras, notou-se que a empresa já estava madura o suficiente para ser, de fato, uma influenciadora.

REFERÊNCIAS

ASSOCIAÇÃO BRASILEIRA DE *LAWTECHS* E *LEGALTECHS*. *AB2L*. Disponível em: https://ab2l.org.br/ecossistema/sobre/. Acesso em: 26 mar. 2023.

COMUNIDADE DE *LEGAL OPERATIONS* BRASIL (CLOB). *Quem somos*? Disponível em: https://www.legaloperations.com.br/quem-somos. Acesso em: 26 mar. 2023.

CORPORATE LEGAL OPERATIONS CONSORTIUM (CLOC). 12 Core Competencies Reference Model. Disponível em: https://cloc.org/wp-content/uploads/2018/12/CLOC_CCRM_2018.pdf. Acesso em: 26 mar. 2023.

CORPORATE LEGAL OPERATIONS CONSORTIUM (CLOC). *About us*. Disponível em: https://cloc.org/about-cloc/. Acesso em: 26 mar. 2023.

EIXO II
PERFIL COLABORATIVO E INTERDISCIPLINAR

6

LEGAL OPS E A DIVERSIDADE: A IMPORTÂNCIA DE MÚLTIPLAS VISÕES E EXPERIÊNCIAS DE VIDA PARA O SUCESSO DE UMA ÁREA PROMISSORA PARA O DIREITO DO FUTURO

*Ana Pellegrini**
*Fernando Fonseca***

Diversidade e Inclusão (D&I) são elementos de grande importância no universo jurídico e, cada dia mais, assumem o protagonismo na interpretação e aplicação das leis, uma vez que reforçam a relevância de valorizar as diferenças entre as características das pessoas, como gênero, etnia, regionalidade, orientação sexual, idade, religião, habilidades e outros aspectos pessoais, a fim de que seja garantida, de forma mais genuína, a expressão da Justiça.

É entendido como **diversidade** tudo aquilo que gera distinção entre os indivíduos, enquanto a **inclusão** possibilita que essas pessoas se sintam integradas aos grupos sociais e respeitadas nas características que as distinguem. Ocorre que, de forma cotidiana, por conta de inúmeros fatores culturais, políticos, econômicos e religiosos, um conjunto de características humanas são indevidamente mais valorizadas em comparação a outro conjunto, gerando, assim, ocasiões de injustiça e, em sua forma mais grave, execução de crimes hediondos contra determinados grupos minorizados.

Ao longo da história, entre momentos críticos de repressão e importantes revoluções sociais, observou-se o potente desenvolvimento e a definição dos direitos em proteção ao ser humano e suas subjetividades, dando origem aos tratados internacio-

---

* *General Counsel*/VP Jurídica e *Head* de Diversidade e Inclusão do QuintoAndar desde janeiro de 2021. Entre 2015 e 2020 foi diretora jurídica da Uber no Brasil e no Cone Sul e líder de diversidade e inclusão da Uber na América Latina. Formou-se em Direito pela PUC/SP em 2002. Fez mestrado com especialização em Direito de Tecnologia (LL.M.) na Berkeley University, na Califórnia (2013-2014). Fez também uma especialização em Liderança Executiva LGBTQIA+ na Stanford University, na Califórnia.

** Um jovem advogado apaixonado por facilidades tecnológicas, tem se dedicado à eficiência jurídica no QuintoAndar desde novembro de 2021, onde também é líder de Grupo de Afinidade para pessoas de origem periférica. Sua base inicial em Secretariado Executivo Trilíngue permitiu que, já no início da carreira jurídica, atuasse de forma holística em projetos de automação e melhoria contínua em escritórios de advocacia. Hoje, cursando MBA em Gestão de Projetos na USP, utiliza suas habilidades para incrementar os resultados em *Legal Ops* e Controladoria.

Eixo II — Perfil Colaborativo e Interdisciplinar

nais e consequente reflexo nas legislações dos países signatários. A Constituição da República Federativa do Brasil, de 1988, foi um marco nacional em diferentes assuntos, sobretudo nas garantias humanitárias, sendo seus princípios e suas normas fundamentais utilizadas como base e interpretação de todo o ordenamento jurídico e organização do Estado brasileiro. Nela, muito foi estabelecido, como a igualdade perante a lei, a liberdade de expressão, a liberdade religiosa, o acesso à saúde, educação e moradia, a inviolabilidade do domicílio, a proteção à vida, à integridade física e à dignidade da pessoa humana, entre outros.

Nesse contexto, os profissionais da área jurídica, antes de tudo, como cidadãos que conhecem e aplicam as leis, tornam-se peça-chave da construção de um ambiente no qual a diversidade seja valorizada, a inclusão seja garantida e as prerrogativas constitucionais protegidas, a fim de que todo cidadão possa exercer, com plenitude, seus direitos e liberdade. Esse compromisso constitucional em assegurar os direitos fundamentais na diversidade é um fator substancial no Código de Ética da Ordem dos Advogados do Brasil (OAB), que estabelece o advogado, logo em seu art. 1º, como imprescindível na administração da justiça e defensor do Estado Democrático de Direito, da cidadania, da moralidade pública, da Justiça e da paz social, condicionando o exercício da advocacia à ética profissional. A mesma espécie de compromisso em defesa da Pátria e das leis brasileiras pode ser observada nos juramentos professados por outras pessoas operadoras do Direito, como dos promotores de justiça, dos magistrados, oficiais das forças armadas etc.

Além do apelo ético e cívico, a diversidade e a inclusão são indispensáveis na interpretação legal e atuação jurídica, pela existência do princípio da igualdade, presente no *caput* do art. 5º da Constituição:

> **Art. 5º** Todos são iguais perante a lei, sem distinção de qualquer natureza, garantindo-se aos brasileiros e aos estrangeiros residentes no País a inviolabilidade do direito à vida, à liberdade, à igualdade, à segurança e à propriedade.

Tal premissa impele o operador jurídico, nas mais diversas esferas de atuação, a sempre interpretar e aplicar a lei de forma igualitária, sob o viés constitucional da proteção à dignidade da pessoa humana, valorização das diferenças e demais garantias fundamentais. Além disso, muito se aproveita da diversidade de ideias e perspectivas na análise e julgamentos de conflitos.

Quando se promove a cultura de diversidade, e uma equipe jurídica é constituída por pessoas com distintas características e experiências, cada uma delas se torna uma potente colaboradora na análise e resolução dos desafios, contribuindo de forma singular, com subsídios originais, que ampliam exponencialmente as alternativas e possibilidades, até então não imaginadas.

É na variedade e exposição de perspectivas e interpretações que novas informações são descobertas e o conhecimento se expande. O ambiente diverso evita o viés de confirmação, representado pela inclinação do indivíduo em patrocinar informações que favoreçam as próprias crenças e posicionamentos ideológicos, sob a tendência de rejeitar inconscientemente todas as ideias que o contradizem. Uma área jurídica com abundância de vieses possibilita que cada membro seja mais flexível e provocado a repensar sua própria opinião diante de novos cenários e possibilidades explorados pelo grupo, gerando um ecossistema mais completo, criativo e inovador.

Desafios e estratégias para promover a diversidade e inclusão

Ainda que seja atrativa a proposta de um ambiente inclusivo e potencialmente mais produtivo, no qual as diferenças são valorizadas e as vantagens operacionais são reveladas, na realidade, são muitos os desafios enfrentados na formatação desse cenário. A compreensão do departamento jurídico e da empresa sobre diversidade e inclusão pode ser desafiadora por diversos fatores, como a necessidade de uma mudança cultural significativa, pelas discriminações objetivas e estruturais, pelos cumulativos vieses e preconceitos inconscientes, pela falta de características diversas nas lideranças, pela dificuldade de qualificação e acesso a candidatos pertencentes a grupos minorizados em processos seletivos, pelos conflitos ideológicos e partidários, pela falta de alocação de recursos em políticas públicas de inclusão etc.

Uma pesquisa realizada pelo Centro de Estudos de Relação de Trabalho e Desigualdades (CEERT) revela que apenas 1% do corpo jurídico de grandes escritórios, no Brasil, é formado por profissionais negros, e que, apesar de emergirem das universidades como nunca na história, não conseguem se inserir no mercado de trabalho. Esse recorte é ainda mais grave quando orientado às pessoas negras periféricas, pessoas transgêneras, pessoas com deficiência, pessoas com 50 anos ou mais etc.

Uma publicação realizada pela Editora Análise, em 2022, aponta que, de 884 escritórios de advocacia entrevistados, 540 nunca realizaram alguma ação objetiva para a inclusão de pessoas negras (pretas e pardas), de pessoas com deficiência (PCD) e neurodiversas (ou neurodivergentes), de mulheres, de gerações depreciadas (jovens e idosos), de pessoas adeptas a religiões não predominantes e comunidade LGBTQIAP+.

Embora no Brasil não haja muitos estudos sobre as estatísticas de D&I focados ao universo jurídico, não é difícil perceber que, desde os corredores dos tribunais às mais altas salas espelhadas dos edifícios sedes de grandes escritórios, a diversidade racial e cultural brasileira, tão valorizada na literatura, músicas e poesias, não é refletida na composição de operações jurídicas.

Alguns aspectos sociais, econômicos e culturais podem ser opostos ao ingresso de pessoas diversas no universo jurídico e se faz necessário entendê-los para reduzir a distância desses profissionais ao acesso e exercício da profissão. Os estereótipos cultu-

Eixo II — Perfil Colaborativo e Interdisciplinar

rais, mantidos pela sociedade, em relação ao profissional do Direito, geralmente estão associados ao homem branco hetero cisgênero. Tal idealização no inconsciente coletivo gera exclusão e muitos prejuízos no tratamento e exercício da profissão por outros gêneros e grupos étnicos.

A inacessibilidade financeira é um segundo fator de atenção. O investimento para educação em Direito é muito alto se comparado a outras profissões, o que se torna um impedimento de acesso pelas pessoas de origem econômica e renda familiar baixa. Ainda que ações afirmativas, oriundas dos direitos fundamentais anteriormente citados, possam garantir cotas sociais e raciais em universidades públicas e privadas, restam como desafios a deficiência educacional para se conseguir uma bolsa de estudos dessa natureza e, caso a consiga, isso requer que muitos candidatos deixem suas cidades, transformando as despesas logísticas com moradia, transporte, alimentação, materiais etc. Outro recorte limitante contra um grupo específico é a falta de acessibilidade e infraestrutura no ambiente acadêmico para ingresso e permanência de alunos com deficiências.

Para garantir a mudança de cultura e a eficaz promoção da inclusão, é necessário conhecer a diversidade em números. Uma pesquisa ou censo de diversidade podem ser criados e aplicados na operação jurídica para identificar os marcadores sociais, étnicos, de gênero, orientação sexual, deficiência etc. O mapeamento e conhecimento desses resultados é o ponto de partida para definição de um plano de inclusão.

A partir do mapeamento de diversidade, é possível compreender quais oportunidades podem ser criadas ou transformadas, para que grupos minorizados tenham justo acesso e avaliações adequadas durante o processo seletivo, por meio de vagas afirmativas. Para tanto, o time de seleção precisa estar preparado para abordar aos candidatos, levando em consideração sua origem, cultura e trajetória, agindo sempre com muito respeito e empatia. Ocorre que a maioria das vagas em departamentos jurídicos parece ainda ser preenchida pela prática da indicação e influência.

A pesquisa do CEERT também revelou que a principal forma de um profissional branco tomar conhecimento de oportunidades de trabalho é por meio de indicação de amigos e parentes, enquanto 36% dos negros sabem de vagas de trabalho apenas pela internet. Outro fator é que candidatos de origem periférica e pertencentes a grupos sociais minorizados frequentemente apresentam um desenvolvimento educacional com poucas oportunidades de qualificação, sejam técnicas ou comportamentais, o que dificulta o avanço em processos seletivos, quando comparados a outros candidatos que foram expostos à melhores oportunidades de amadurecimento de competências laborais. Infelizmente, o mercado jurídico ainda prioriza e limita seus processos seletivos a um perfil específico de candidato, que apresenta, em sua trajetória educacional, a certificação em universidades mais caras e tradicionais.

Após a contratação, é necessário considerar sempre que, embora tenham apresentado as qualificações necessárias para avançar e serem aprovadas em processo seletivo, pessoas pertencentes a grupos minorizados podem ter enfrentado mais obstáculos no processo educacional ou carregam consigo alguma dificuldade relacionada ao tipo de deficiência ou neurodivergência que possuem. No entanto, ainda que possam viver desafios específicos no ambiente de trabalho, pessoas diversas, quando recebem tratamento equitativo e se sentem incluídas, acabam desenvolvendo talentos valiosos e contribuem muito em equipe. Parte das empresas e escritórios, embora se preocupem em garantir percentuais mínimos à diversidade para fins mercadológicos, não definem um plano específico para inclusão do profissional. É muito importante, para integração ao time jurídico, que empresa e lideranças conheçam e entendam as limitações de cada grupo a ser incluído e pensem em formas de auxiliar seus colaboradores a desenvolver ferramentas para ampliar suas capacidades.

Infelizmente, discriminação e violências no local de trabalho não são raras em empresas que não possuem firme posicionamento ideológico e cultural pró-diversidade e inclusão. Atos discriminatórios e violentos ocorrem quando: mulheres são desacreditadas sobre sua inteligência, qualidade de trabalho e potencial, são preteridas em oportunidades de crescimento em relação aos homens, têm salários inferiores ao de homens que ocupam a mesma função ou equivalente, são vítimas de assédio moral ou sexual por líderes ou colegas; pessoas negras, indígenas e LGBTQIAP+ são vítimas de comentários ou piadas racistas, xenofóbicas ou homotransfóbicas – direta ou indiretamente, são tratadas como subservientes por líderes ou colegas de trabalho, são vítimas de desconfiança ou sofrem acusações sobre erros ou atos criminosos que poderiam, igualmente, ser praticados por outros colaboradores brancos, não são acolhidas e integradas ao time da mesma forma que pessoas brancas o são; pessoas de idade mais avançada são inferiorizadas e desacreditadas de seu potencial, não recebem a mesma atenção que seus colegas recebem por parte da liderança para seu desenvolvimento, são ridicularizadas com piadas e comentários constantes sobre idade, são excluídas de oportunidades de promoção; pessoas com deficiência não recebem suporte logístico especializado e adaptações mínimas para que exerçam seu trabalho de forma adequada, não são consideradas a oportunidades e sofrem outros tipos de tratamento impróprio por causa da deficiência.

Atos discriminatórios e violentos a grupos minorizados, sobretudo em ambiente de trabalho, são inaceitáveis e devem ser combatidos ativamente, pois, além de impedirem que os colaboradores alcancem seu potencial profissional máximo, podendo afetar permanentemente sua saúde física e emocional, podendo a empresa pode ser

Eixo II — Perfil Colaborativo e Interdisciplinar

responsabilizada criminalmente pelos atos ilícitos praticados e por sua omissão. Para garantir um ambiente protegido contra formas de violência e discriminação, os departamentos jurídicos devem ser protagonistas na revisão e criação de políticas antidiscriminatória, que permitam conhecer a expectativa da organização em relação ao comportamento dos colaboradores.

Uma prática comum e muito efetiva é a disponibilização e publicidade de um Canal de Denúncias, no qual, de forma anônima, testemunhas ou possíveis vítimas possam denunciar práticas que firam os códigos estabelecidos ou, em casos mais graves, que possam configurar algum crime. Além de gerar confiança das pessoas empregadas sobre a postura da empresa, o que aumenta o engajamento, produtividade e retém bons colaboradores, as políticas antidiscriminatórias e de conduta, quando bem definidas, conferem no segmento uma reputação positiva, como uma empresa aliada, que prioriza e atua para que haja diversidade e inclusão, atraindo talentos, clientes e possíveis investidores.

Programas voltados à garantia de direitos dos grupos minorizados sempre necessitarão de apoio jurídico, e essas ações voluntárias de prestação de serviços legais, também chamadas *pro bono*, podem ser uma via eficiente para que grupos marginalizados tenham pleno acesso à justiça. Muito tem a ganhar os departamentos jurídicos em liderar ou dar suporte às iniciativas externas, em apoio à diversidade e à inclusão. Além de possibilitar e promover a diversidade na atuação jurídica, o *pro bono* permite que profissionais do Direito, ainda que de origens, áreas e conhecimentos distintos, tomem conhecimento das questões de vida e ajam com empatia no atendimento de pessoas vulnerabilizadas.

Por fim, pensar em diversidade é estar aberto às mudanças e adequações constantes, por isso é importante que as estratégias e definições de inclusão se mantenham sustentáveis e continuamente adaptadas aos objetivos e desafios do departamento jurídico, refletindo compromisso e consistência.

O papel dos líderes na promoção da diversidade e inclusão

Pessoas líderes de departamentos e operações jurídicas têm uma função fundamental na promoção da diversidade e inclusão, estruturando a composição e competências do time, estabelecendo metas claras, administrando o orçamento e alocando recursos para programas de diversidade e inclusão, integrando a diversidade e inclusão nas políticas e práticas da empresa, promovendo uma cultura inclusiva e monitorando o progresso da empresa.

Se o líder não entender a real importância da inclusão e como suas escolhas têm o poder de impactar vidas, os esforços para equidade na diversidade não serão efetivos. O líder deve ser o primeiro aliado de pessoas diversas. É imprescindível que pessoas em cargos de liderança se eduquem e busquem conhecimento sobre os conceitos de D&I, também sobre como os grupos marginalizados enfrentam os desafios cotidianos no local de trabalho. Para isso, além de provocar e ouvir o que pessoas de grupos minorizados tem a dizer, o líder precisa participar de treinamentos, *workshops* e seminários sobre D&I e ferramentas de gestão inclusiva, ou buscar mentoria e aconselhamento de especialistas, para si e outros membros do Departamento Jurídico, que queiram trabalhar ativamente como promotores de inclusão.

Além dos pontos já apresentados sobre como os objetivos de diversidade e inclusão auxiliam na definição de vagas, aplicação do processo seletivo, contratações, treinamento e retenções, é importante destacar que é o líder que tem a palavra final. Líderes têm que ter o olhar de D&I ao tomar decisões. Os princípios de diversidade e inclusão devem ser sempre uma lente para qualquer líder. Por exemplo, empresas de tecnologia têm passado por recentes *layoffs* (desligamentos em massa de empregados). A diretiva que motiva os *layoffs* é a redução de custo. Se não houver o olhar do líder sensibilizado com D&I, certamente a maioria das pessoas cortadas da empresa será representativa de grupos minorizados.

É sua responsabilidade definir a quantidade de vagas afirmativas, guiar e zelar que seus liderados sejam tratados de forma equânime, que recebam metas e oportunidades condizentes com suas capacidades, manter o mapeamento de diversidade de sua área atualizado, entender quais grupos minorizados ainda não estão representados para ativamente atraí-los com boas oportunidades, assegurar a integração, evolução de carreira e retenção de talentos diversos, proporcionar recorrentes letramentos sobre inclusão social e D&I a todos os liderados, oferecer sempre um ambiente seguro – seja em reuniões de grupo ou conversas pessoais – para que as pessoas exponham suas ideias e seus posicionamentos, providenciar que outros membros do time que desempenhem papéis de gestão estejam alinhados com os objetivos de diversidade e inclusão etc.

Por fim, os líderes jurídicos devem incentivar seu time a valorizar a diversidade e sempre trazer o assunto à pauta, incentivando que seus liderados promovam ações de acolhimento, equidade e inclusão.

Diversidade e inclusão no QuintoAndar

No QuintoAndar, a composição intencional do Departamento Jurídico diverso, embora em constante manutenção, é motivo de muita celebração. Hoje, 76% do time se identifica com algum grupo minorizado (mulheres, negros, PCD, LGBTQIAP+ etc). O protagonismo feminino, sobretudo em cargos de liderança, apresenta um cenário diferente daquele normativamente masculino, praticado no âmbito jurídico e corporativo das últimas décadas. Programas voltados às pessoas negras e em situação de vulnerabilidade social também auxiliam para que os índices de diversidade e perspectivas diversas estejam sempre presentes nas centenas de análises jurídicas produzidas pela

Eixo II — Perfil Colaborativo e Interdisciplinar

equipe, resolvendo desafios com muita criatividade, enriquecendo as orientações ao negócio e incrementando os resultados.

Outras políticas e programas, originadas pelo Departamento Jurídico do QuintoAndar, também demonstram aderência e o reflexo de um time que se preocupa com a diversidade e inclusão. Dois casos de sucesso, que nasceram organicamente no time jurídico e hoje atingem outras áreas da empresa, são as Pílulas de D&I – quando, por 5 minutos, nas reuniões semanais do time, conceitos de diversidade e inclusão são apresentados e discutidos; e o Programa Identidade – que orienta, cobre as despesas e auxilia o colaborador transgênero ou não binário no processo de retificação de prenome e marcador de gênero nos registros civis, com suporte jurídico interno para analisar e responder dúvidas sobre o procedimento, com a extração das diversas certidões para o ato de retificação e, se necessário, com o acompanhamento ao cartório, por nossos advogados ou correspondentes.

O desafio é grande e há muito a ser feito para que ações de diversidade e inclusão ultrapassem os limites de nossos departamentos jurídicos e tenham efetiva penetrabilidade social. Se cada um dos agentes, que protagonizam hoje a ascensão das operações jurídicas eficientes, praticar e promover boas práticas de diversidade, poderemos avançar de forma mais ágil e eficaz, juntos, em prol da inclusão e um ambiente muito mais inovador e justo.

7

UM PANORAMA SOBRE AS *SKILLS* NECESSÁRIAS PARA *LEGAL OPS*

*Breno Cunha**

Nosso plano de voo

Foi visto que *Legal Operations* (*Legal Ops*) é uma área que cada vez mais se consolida entre Jurídicos e escritórios de advocacia, constituindo um modelo de gestão que busca uma sincronia entre pessoas, processos e tecnologias, tendo como objetivo principal trazer mais eficiência para as operações. Portanto, *Legal Ops* está intrinsicamente relacionado à eficiência e ao ganho de produtividade em escala.

Sabemos que o Brasil buscou inspiração nas 12 competências do Corporate Legal Operations Consortium (CLOC)[1] para direcionar as discussões sobre a implantação do *Legal Ops* em âmbito nacional. O *Core 12*, como ficou conhecido, simboliza as frentes a serem fomentadas dentro do *Legal Ops* e são aplicáveis, em maior ou menor grau, à realidade brasileira.

Partindo dessa missão, resta desvendar quais são as competências necessárias aos profissionais que atuam na área. O que é exigido na prática e como podem se preparar para os desafios que enfrentarão no dia a dia, especialmente para avançarem no *Core 12*? É sobre tais habilidades que pretendemos discorrer neste capítulo, fornecendo elementos práticos visando contribuir com os profissionais que atuam ou pretendem atuar em *Legal Ops*, diante da sua crescente relevância para o mercado jurídico.

Sobrevoando pelas *skills*

Skills se referem ao conjunto de competências e habilidades necessárias para desempenhar determinada função. É a capacidade de realizar bem um trabalho, adicio-

---

* Advogado. Gerente Jurídico atualmente responsável pela área de *Legal Ops* do Grupo Magazine Luiza. Bacharel em Direito pela Universidade Estadual Paulista "Júlio de Mesquita Filho" (Unesp), beneficiado pelo intercâmbio anual da Universidade de São Paulo (USP). Pós-graduado em Direito Digital pela Escola Paulista de Direito (EPD), com extensão em Gestão Jurídica Estratégica pela Fundação Instituto de Administração (FIA).

[1] CLOC. What is Legal Ops. Disponível em: https://cloc.org/what-is-legal-ops/. Acesso em: 19 mar. 2023.

Eixo II — Perfil Colaborativo e Interdisciplinar

nando-lhe valor[2]. Daí podem ser desdobrados outros dois termos bastante difundidos: *hard skills e soft skills*.

As *hard skills* dizem respeito às competências técnicas reunidas por um profissional, fruto de uma dedicação acadêmica e geralmente simbolizada por diplomas ou certificações. São tangíveis e costumam ganhar mais espaço entre os currículos profissionais[3]. No meio jurídico, tradicionalista por excelência, as *hard skills* sempre foram as mais cobiçadas, sobretudo por conta de as contratações ocorrerem em grande parte para as áreas técnicas, como Tributário, Societário, Trabalhista e outras indispensáveis à prática jurídica.

Por sua vez, as *soft skills* estão associadas às habilidades comportamentais. São aptidões intangíveis, geralmente não certificadas ou demonstráveis por meio de diplomas acadêmicos ou cursos técnicos. Costumavam ser deixadas em segundo plano pelos candidatos em seus currículos, algo que vem mudando. Tamanha a importância dessas habilidades no mundo corporativo, são renomeadas como *Power Skills* por Dafna Blaschkauer, executiva global da área de administração, que atuou em grandes corporações como Nike, Apple e Microsoft[4].

Um estudo realizado pela consultoria de recrutamento *Page Personnel* revela que 90% das demissões e promoções de grandes corporações são baseadas nas *Power Skills*[5]. Em outras palavras, contrata-se pela técnica, mas as demissões e promoções são feitas pelo comportamento de um profissional. Dados como este vêm despertando atenção do mercado que, sem se descuidar dos requisitos técnicos indispensáveis para uma posição, passaram a inserir mecanismos para identificar habilidades comportamentais nos processos seletivos, garantindo mais assertividade para as companhias.

Assim, presenciamos uma valorização crescente das *soft (power) skills*, tanto nos processos de recrutamento, como nos planos internos de desenvolvimento profissional das organizações. No mundo jurídico, idem. Se a necessidade era por um advogado trabalhista, bastava buscar nos bancos de talentos pela referida especialidade, adicionando os requisitos complementares pretendidos. Hoje, os parâmetros de seleção são mais complexos, buscando suprir as necessidades técnicas, mas assegurando a aderência do profissional aos valores da companhia.

---

[2]   BLASCHKAUER, Dafna. *Power Skills:* as habilidades-chave para destravar seu potencial máximo. São Paulo: Editora Gente, 2022, p. 39.

[3]   *Ibid*, p. 41.

[4]   *Ibid*, p. 42.

[5]   ABRH BRASIL. *Profissionais são contratados pelo perfil técnico e demitidos pelo comportamento*. Disponível em: https://www.abrhbrasil.org.br/cms/90-dos-profissionais-sao-contratados-pelo-perfil-tecnico-e-demitidos-pelo-comportamental/. Acesso em: 25 mar. 2023.

Uma conexão em *Legal Ops*

Quando se fala em habilidades técnicas necessárias para *Legal Ops*, vale pensar na competência envolvida sob a perspectiva do *Core 12*. Como exemplo, nas empresas que o Jurídico se reporta ao CFO, é comum que se tenha um *Financial Management* bem desenvolvido, com desdobramentos fortes para controladoria jurídica e gestão orçamentária. Para essas atividades, um profissional com conhecimento na área contábil ou econômica, por certo, terá mais familiaridade com os números e formas de controle.

Situação diversa, porém, se a necessidade de atuação estiver voltada ao *Business Intelligence (BI)*, núcleo responsável pela estruturação de dados e mensuração dos resultados. É fato: o que não se mede, não se melhora. E uma análise de dados, isenta de vieses cognitivos, representa a melhor forma de medir os resultados e subsidiar planos de ação. Para tanto, o conhecimento detido por um cientista de dados ou um profissional com experiência em estatísticas certamente reunirá condições para fomentar a cultura *data driven* no Jurídico, de mãos dadas com outras instâncias da companhia.

Se, no entanto, os desafios residirem na otimização de fluxos, processos, implantação de ferramentas ou iniciativas de automatização, um profissional com bagagem em Gestão de Projetos terá grande valia. Será um facilitador para coordenar as atividades, definir prioridades, gerenciar *sprints*, interagir com outras áreas, tudo isso para garantir os entregáveis nos prazos estipulados.

Importante notar que em todas essas situações se valoriza o conhecimento mantido pelo profissional para executar os trabalhos em detrimento de sua formação de origem. Sabe-se que o conhecimento muitas vezes é uma decorrência natural da formação acadêmica, mas esta não é uma regra absoluta. Temos a felicidade de acompanhar exemplos concretos de pessoas que migraram de outras áreas do conhecimento para o meio jurídico e hoje discutem fluxos processuais com os advogados. É justamente nesse contexto que Jamie Dimon, CEO do JP Morgan, diz que o futuro profissional tem mais a ver com habilidades práticas, e não somente com diplomas[6].

Vale destacar também que o conhecimento puramente jurídico para *Legal Ops* já se mostrou insuficiente. A multidisciplinariedade, conquistada com a valiosa contribuição de profissionais de outras formações, será indispensável para a diversidade de perspectivas e de ideias. Somente assim a área poderá operar na sua máxima potência e apresentar os melhores resultados.

Em relação às *soft skills*, dedicamos especial atenção. Como visto, é uma área associada à eficiência com inúmeras oportunidades, para a qual são exigidas habilidades

---

[6] CHOWDHRY, Amit. Jamie Dimon: the future of work is skills, not the number of degrees. *Pulse 2.0*, 22 de dez. 2019. Disponível em: https://pulse2.com/jamie-dimon-future-of-work-skills/. Acesso em: 19 mar. 2023.

Eixo II — Perfil Colaborativo e Interdisciplinar

comportamentais diversas. Dentre tantas exigências, procuramos explorar aquelas que, a nosso ver, têm sido mais recorrentes na atual conjuntura. Você poderá notar que são competências aplicáveis para qualquer carreira de sucesso, mas em *Legal Ops* se tornam praticamente uma questão de sobrevivência. Nossa inclinação foi por competências atemporais, que poderão ser replicadas com o tempo.

A criatividade é a primeira delas. O profissional de *Legal Ops* é um fomentador da inovação no meio jurídico. E a inovação muitas vezes é associada (indevidamente) apenas à ferramentas tecnológicas. Por certo, a inovação pode passar pelo uso da tecnologia, mas não se limita a ela. Envolve também mudanças de abordagens, que podem ser traduzidas em impactos positivos para as operações. Além disso, importante lembrar que a simplificação constitui um instrumento poderoso de inovação.

Há muitas maneiras de inovar e, sem dúvida, a tecnologia costuma ser uma grande aliada nesse processo. No entanto, um ajuste certo no fluxo operacional pode ter aplicação imediata e trazer um ganho imenso na rotina dos envolvidos, podendo representar um degrau importante no processo de melhoria contínua. Com isso, para identificar todas as oportunidades é imprescindível que se cultive constantemente a criatividade, com cabeça de solução e uma visão programa para simplificação.

O senso crítico é outro fator importante. Um pensador crítico analisa as informações sob várias perspectivas e desenvolve uma compreensão ampla da situação, o que lhe permite mapear possíveis soluções baseadas em evidências e, posteriormente, formar sua convicção, menos influenciada por vieses e percepções[7]. Isso é fundamental para um profissional de *Legal Ops*, que precisa questionar constantemente as premissas existentes e instigar novas abordagens que tragam mais inteligência para os processos. Simboliza quase uma aversão ao "sempre fizemos assim", saindo do piloto automático ao desconsiderar respostas prontas e investigar a fundo qualquer questão. E o ponto-chave para isso é saber fazer as perguntas certas.

Sempre que alguém dá um passo atrás e questiona o motivo de estar fazendo algo daquela forma, abre um espaço imenso para novas ideias e possíveis soluções para os problemas existentes. Porém, nem sempre esse caminho é seguido. Não é raro ver provocações para *Legal Ops* com respostas prontas, envolvendo uma lógica que entendemos não ser a mais apropriada. Profissionais de *Legal Ops* devem participar dos questionamentos, da construção de ideias e do mapeamento de alternativas, da forma mais ativa possível. Com o envolvimento propositivo da área, fazendo as perguntas certas e aplicando o senso crítico, será possível traçar conjuntamente o melhor caminho.

---

[7] BLASCHKAUER, Dafna. *Power Skills:* as habilidades-chave para destravar seu potencial máximo. São Paulo: Editora Gente, 2022, p. 149-151.

Também destacamos a comunicação como ponto-chave para os profissionais. Segundo estudo do *Harvard Business Review*, a habilidade de se comunicar de forma eficaz é o principal critério para crescimento profissional[8]. Para *Legal Ops*, ela é aplicada da forma mais ampla possível, envolvendo todas as formas de comunicação como meio efetivo de se estabelecer conexões entre as pessoas, muito além dos limites da organização.

Uma comunicação adequada vai garantir que o receptor entenda a mensagem com clareza, evitando desencontros e ruídos. Esta deverá ser uma missão permanente dos profissionais da área, já que as interações tomarão grande parte do seu tempo. O próprio *Legal Design*, por exemplo, em alta nos fóruns jurídicos e uma das iniciativas fomentadas por *Legal Ops*, tem como essência a melhoria na comunicação. Assim, atuar em *Legal Ops* é ter interação incansável com a equipe, com outros núcleos da organização, com fornecedores, com o mercado jurídico, com profissionais de outras áreas e mais. Tudo em busca de melhoria, evolução e inovação.

Por falar em melhoria, evolução e inovação, o *mindset* de crescimento constitui outro requisito essencial para os profissionais em questão. Na consagrada obra de Carol S. Dweck, o *mindset* de crescimento pode ser entendido como um modelo mental configurado para o aprendizado constante. Nele, acredita-se que as habilidades e inteligência podem ser aprimoradas a partir do esforço traduzido em ações concretas. Com base nisso, os *feedbacks* são instrumentos poderosos para evolução profissional[9].

Em contrapartida, pessoas com *mindset* fixo acreditam que inteligência, habilidades e talentos são natos e não aprimoráveis. Geralmente ocultam suas fraquezas e evitam situação de exposição justamente para evitar possíveis fracassos. Não evoluem e tendem a desmerecer o esforço alheio, trazendo a constante necessidade de autoafirmação[10].

Fica nítido que a mentalidade de crescimento é o único caminho viável para os profissionais de *Legal Ops*. Diante da relação íntima com a inovação, haverá constante necessidade de aprendizado e durante esse processo os acertos serão muitos e os erros, inevitáveis. Os profissionais precisam ter ciência disso, extrair os aprendizados e trabalharem na evolução, sob o aspecto pessoal e profissional.

No livro *O poder da simplicidade no mundo ágil*[11], Susanne Andrade conta que no Vale do Silício, uma referência quando o assunto é inovação, existe uma forte cultura

---

[8] MAXWELL, John C. *Todos se comunicam, poucos se conectam*. 2. ed. São Paulo: Vida Melhor, 2015, p. 11-19.

[9] DWECK, Carol S. *Mindset:* a nova psicologia do sucesso. Rio de Janeiro: Objetiva, 2017, p. 23-48.

[10] *Ibid*, p. 49-80.

[11] ANDRADE, Susanne. *O poder da simplicidade no mundo ágil:* como desenvolver *soft skills* e aplicá-la com *Scrum* e *Design Thinking* para ter mais resultado com menos trabalho, em menor tempo. 2. ed. São Paulo: Editora Gente, 2018.

Eixo II — Perfil Colaborativo e Interdisciplinar

colaborativa, com *feedbacks* rápidos. Ousar, assumir risco, faz parte da cartilha de sobrevivência e as falhas significam apenas que se saltou de uma ideia para a próxima. Não há julgamentos; as mentalidades são programadas para o aprendizado. O tom do Vale do Silício deve permear nossas atividades, tornando o erro um caminho natural para se chegar ao acerto.

Por fim, enfatizamos o foco e a disciplina como atributos essenciais. São duas habilidades mais voltadas à execução que serão importantes para que toda engrenagem funcione bem. **Foco, pois nosso tempo é escasso e os recursos, finitos.** Será importante definir bem as iniciativas priorizadas. Diante de um mundo hiperconectado, somos instigados a fazer várias coisas ao mesmo tempo, quase como sinônimo de produtividade. Em *Legal Ops* não é diferente. Com diversas frentes, há uma tendência de se abrir muitas iniciativas simultaneamente, além da capacidade de entrega, o que pode impactar diretamente os resultados da área. Aqui, menos é mais e será fundamental fazer uma gestão de energia adequada. O foco ajudará os profissionais a garantirem efetividade para *Legal Ops*, de modo que esteja sempre associado a uma área de entregas e resultados.

A disciplina, por sua vez, é considerada a mãe de todas as *skills* por Dafna Blaschkauer[12]. Ter disciplina é fazer o que tem que ser feito, quando tem de ser feito, da melhor maneira possível. Ela é quem fornece constância, recorrência, a ponto de determinada ação virar realidade. Sua essencialidade também transcende os limites de *Legal Ops*, constituindo a chave do desenvolvimento para alcançar sua potência máxima enquanto profissional. A disciplina será um fator decisivo na criação de uma rotina ajustada para que todas as ideias e frentes priorizadas possam sair do papel com o sucesso que se espera.

Nosso destino e próximas paradas

Começamos a discutir melhor *Legal Ops* enquanto carreira independente das demais áreas técnicas do Direito e a consolidação disso parece ser questão de tempo. É possível perceber, desde já, que não há formação técnica ou habilidade comportamental única capaz de preparar um profissional para os desafios que virão. Pelo contrário, as necessidades forçam uma visão cada vez mais *cross*, multidisciplinar e *poliskills*. Somente assim as pessoas poderão sobrevoar pelo céu azul de oportunidades em busca dos melhores resultados para *Legal Ops*, seja dentro do *Core 12* ou de futuras competências que se consolidarem com o desenvolvimento da área.

Sobre as *skills*, entendemos que as habilidades comportamentais serão determinantes, bastando lembrar que a tecnologia tem avançado a passos largos, principal-

---

[12] BLASCHKAUER, Dafna. *Power Skills:* as habilidades-chave para destravar seu potencial máximo. São Paulo: Editora Gente, 2022, p. 49-50.

mente em relação ao conhecimento técnico. É para as habilidades ligadas ao comportamento que o diferencial parece apontar, especialmente quando consideramos nossa capacidade de adaptação, evolução e de fazer conexões. Em linha com esse pensamento é que Sussane Andrade[13] defende que há um tipo de trabalho que a tecnologia dificilmente alcançará. É aquele que envolve mais do que mãos e mentes, mas também o coração. O futuro que se previa para o meio jurídico é mais presente do que nunca, restando saber quando cada profissional assimilará esta realidade e agirá de acordo com ela.

REFERÊNCIAS

ABRH BRASIL. *Profissionais são contratados pelo perfil técnico e demitidos pelo comportamento.* Disponível em: https://www.abrhbrasil.org.br/cms/90 dos-profissionais-sao-contratados-pelo-perfil-tecnico-e-demitidos-pelo-comportamental/. Acesso em: 25 mar. 2023.

ANDRADE, Susanne. *O poder da simplicidade no mundo ágil*: como desenvolver *soft skills* e aplicá-la com *Scrum* e *Design Thinking* para ter mais resultado com menos trabalho, em menor tempo. 2. ed. São Paulo: Gente, 2018.

BLASCHKAUER, Dafna. *Power Skills*: as habilidades-chave para destravar seu potencial máximo. São Paulo: Gente, 2022.

CHOWDHRY, Amit. Jamie Dimon: the future of work is skills, not the number of degrees. *Pulse 2.0*, 22 de dezembro de 2019. Disponível em: https://pulse2.com/jamie-dimon-future-of-work-skills/. Acesso em: 19 mar. 2023.

CORPORATE LEGAL OPERATIONS CONSORTIUM (CLOC). What is *Legal Ops. CLOC*. Disponível em: https://cloc.org/what-is-legal-ops/. Acesso em: 19 mar. 2023.

DWECK, Carol S. *Mindset*: a nova psicologia do sucesso. Rio de Janeiro: Objetiva, 2017.

MAXWELL, John C. *Todos se comunicam, poucos se conectam*. 2. ed. São Paulo: Vida Melhor, 2015.

---

[13] ANDRADE, Susanne. *O poder da simplicidade no mundo ágil*: como desenvolver *soft skills* e aplicá-la com *Scrum* e *Design Thinking* para ter mais resultado com menos trabalho, em menor tempo. 2. ed. São Paulo: Editora Gente, 2018, p. 65.

EIXO III
O PAPEL DE UMA BOA GESTÃO DE PROJETOS

8

GESTÃO DE PROJETOS:
A CHAVE-MESTRA DA CAIXA DE FERRAMENTAS

Vanessa Fortunato Zaccaria[*]

"O que você faria se não tivesse medo?"
Sheryl Sandberg

A gestão de projetos é essencial em qualquer área de uma empresa, incluindo o departamento jurídico. Essa é uma realidade em crescente evolução nos departamentos, e ainda há oportunidade para maior adoção desta ferramenta no dia a dia das equipes jurídicas (de qualquer especialidade).

Pensar na gestão de projetos como uma ferramenta indispensável na caixa de ferramentas da equipe jurídica é uma boa analogia a se fazer. Se a gestão de projetos fosse uma ferramenta, talvez ela seria uma chave-mestre. A chave capaz de abrir e/ou destravar portas.

Essa ferramenta pode ajudar o departamento jurídico a alavancar a realização das suas atividades com maior eficiência, eficácia e qualidade, permitindo ainda que a equipe jurídica atinja seus objetivos com sucesso, maior impacto positivo para os negócios, seus clientes internos e/ou externos, dentro do prazo estimado para a entrega. Apesar da sua relevância para todas as áreas de uma empresa, destaco cinco principais razões pelas quais a gestão de projetos deve ser um tema presente no dia a dia de um departamento jurídico:

1) Planejamento eficiente: a gestão de projetos pode ajudar o departamento jurídico a planejar suas atividades de forma mais eficiente, determinando objetivos claros, prazos e recursos necessários para concluir cada projeto

---

[*] Advogada e pós-graduada em MBA Gestão de Negócios, Inovação e Empreendedorismo pela FIA (SP), *Leading in Global Business Enviroment* pela Bentley University (EUA), cocriadora da Comunidade de Legal Operations Brasil (CLOB), professora e palestrante. Atua há mais de 10 anos com o propósito de gerar transformação com foco em resultado em diferentes empresas e escritórios de advocacia no Brasil. Atualmente, atua na Suzano S.A. como gerente de *Legal Operations*.

Eixo III — O Papel de uma Boa Gestão de Projetos

2) Melhoria da comunicação: a gestão de projetos também pode melhorar a comunicação entre membros da equipe jurídica e outras áreas da empresa, garantindo que todas as partes envolvidas estejam cientes das atividades em andamento e possam colaborar para alcançar os objetivos do projeto.

3) Controle de custos: a gestão de projetos permite que o departamento jurídico acompanhe seus gastos e evite custos excessivos, garantindo que o projeto esteja dentro do orçamento.

4) Gerenciamento de riscos: a gestão de projetos pode ajudar o departamento jurídico a identificar e gerenciar possíveis riscos que possam afetar o sucesso do projeto, permitindo que a equipe jurídica adote medidas preventivas para minimizar ou eliminar esses riscos.

5) Melhoria da qualidade: a gestão de projetos pode ajudar o departamento jurídico a garantir a qualidade do trabalho realizado, por meio do estabelecimento de padrões claros de qualidade e a adoção de processos de controle de qualidade para garantir que o trabalho seja realizado de acordo com esses padrões.

Não existe apenas um caminho

Existem diversas metodologias para gestão de projetos disponíveis para uso e a escolha vai depender de qual melhor se adapta ao projeto, recurso ou pessoa que as utilizará, por exemplo. Usando a metodologia de projetos tradicional para estruturar projetos jurídicos, é importante seguir os passos indicados, na minha visão e experiência prática:

Definir o escopo do projeto	O primeiro passo é definir o escopo do projeto, que é o que o projeto deve entregar. No caso de projetos jurídicos, o escopo pode incluir a implantação de um *software* no departamento jurídico, mas não somente isso, como um projeto de M&A (Fusões e Aquisições), a migração de uma carteira de processos judiciais de um escritório para outro ou até mesmo a realização de uma auditoria.
Identificar os recursos necessários	É importante identificar os recursos necessários para executar o projeto, como equipe, orçamento, prestadores de serviço, *software* a ser utilizado, entre outros.
Estabelecer um cronograma	Com base no escopo do projeto e nos recursos necessários, é possível estabelecer um cronograma para o projeto. O cronograma deve incluir as principais etapas do projeto e as datas de entrega. O cronograma deverá garantir uma visão geral e macro das etapas principais e do prazo de entrega, mas também o detalhamento das tarefas que serão realizadas no decorrer do projeto, seus responsáveis, prazo de início e fim de cada tarefa, por exemplo.

Definir as atividades	Com base no escopo do projeto e no cronograma, é possível definir as atividades necessárias para atingir os objetivos do projeto. As atividades devem ser claramente definidas e atribuídas a membros da equipe, com seus respectivos prazos estimados de execução.
Alocar recursos	Com as atividades definidas, é possível alocar recursos para cada atividade, como equipe, prestadores de serviços e recursos financeiros (orçamento).
Monitorar o progresso do projeto	É importante monitorar o progresso do projeto para garantir que ele esteja dentro do cronograma e do orçamento. Isso pode ser feito por meio de relatórios de *status* regularmente programados e por meio de comunicação regular com a equipe. Reuniões de *touchpoint* semanais ou quinzenais são bons recursos de monitoramento do projeto, desde que sejam realizadas de forma objetiva, clara e sem consumo excessivo de horas da equipe.
Gerenciar riscos	Para minimizar riscos, é importante identificar potenciais problemas e definir planos de contingência caso algo saia do planejado.
Encerrar o projeto	Ao final do projeto, é importante avaliar os resultados e aprender com as experiências do projeto para melhorar processos futuros. Essa é uma etapa muito importante e garante a evolução e melhoria de qualidade das próximas entregas, além de desenvolver a equipe ou as pessoas envolvidas no projeto.

Os métodos ágeis e a metodologia tradicional têm abordagens diferentes para a gestão de projetos, e cada um tem suas próprias vantagens e desvantagens. Algumas das principais diferenças e vantagens dos métodos ágeis em comparação com a metodologia tradicional, podem guiar para a escolha e decisão de qual método será adotado:

• **Os métodos ágeis adotam uma abordagem iterativa e incremental**, Isso significa que o projeto é dividido em ciclos menores e mais gerenciáveis. Isso permite que a equipe jurídica trabalhe em partes menores do projeto em vez de tentar abordar tudo de uma só vez. Como resultado, os métodos ágeis podem fornecer resultados mais rápidos e um processo de desenvolvimento mais flexível.

• **Os métodos ágeis são mais flexíveis do que a metodologia tradicional**. Eles permitem mudanças de escopo e requisitos ao longo do caminho, o que é útil quando as necessidades do cliente mudam ou quando novos requisitos surgem. Isso também significa que os métodos ágeis são mais adequados para projetos onde a mudança é uma constante.

Eixo III — O Papel de uma Boa Gestão de Projetos

• **Os métodos ágeis incentivam a participação do cliente ao longo do processo de desenvolvimento**. Isso significa que o cliente pode fornecer *feedback* constante sobre o projeto e as mudanças necessárias. Isso ajuda a garantir que o produto atenda às expectativas do cliente e às necessidades do negócio.

• **Os métodos ágeis colocam as pessoas no centro do processo de desenvolvimento**. Eles incentivam a colaboração entre os membros da equipe e permitem que a equipe tome decisões em conjunto. Isso leva a uma melhor comunicação, trabalho em equipe e um ambiente de trabalho mais positivo.

• **Os métodos ágeis buscam entregar valor para o cliente continuamente, por meio de entregas frequentes e incrementais**. Isso significa que os clientes podem começar a usar o produto mais cedo e obter valor mais rapidamente. Além disso, o *feedback* do cliente pode ser incorporado rapidamente, permitindo que o produto final seja aprimorado de acordo com as necessidades do negócio.

• **Os métodos ágeis são mais adequados para projetos de alto risco ou potencialmente incertos**. Eles permitem que a equipe se concentre nas partes mais críticas do projeto primeiro e forneça *feedback* contínuo sobre o progresso do projeto. Isso ajuda a minimizar o risco de atrasos ou problemas no projeto.

Em resumo, os métodos ágeis são mais adequados para projetos complexos e dinâmicos, nos quais a mudança é uma constante. Eles oferecem mais flexibilidade, participação do cliente, colaboração entre a equipe, entrega contínua e controle de risco. A metodologia tradicional é mais adequada para projetos simples e bem definidos, nos quais os requisitos não mudam muito ao longo do tempo. Outro ponto importante é a observância à cultura da empresa em relação à metodologia ágil × tradicional. Se em ambiente que métodos ágeis não são culturalmente aceitos, será mais complexo trabalhar com essa metodologia nos projetos.

Outro ponto importante é quando você não tem times dedicados à gestão de projetos. Trabalhar com times não dedicados na gestão de projetos jurídicos em empresas pode apresentar diversos desafios, como:

• **Falta de comprometimento:** os membros da equipe podem não estar comprometidos com o projeto, o que pode levar a uma falta de motivação e engajamento, resultando em um desempenho abaixo do esperado.

• **Conflitos de prioridades:** membros da equipe não dedicados podem estar envolvidos em outras tarefas ou projetos, o que pode levar a conflitos de prioridades. Isso pode fazer com que eles não tenham tempo suficiente para dedicar ao projeto jurídico, resultando em atrasos ou comprometimento da qualidade.

• **Comunicação limitada:** membros da equipe não dedicados podem não estar totalmente atualizados com as informações e discussões do projeto, o que pode resultar em uma comunicação limitada ou desalinhada, levar a erros e mal-entendidos.

- **Falta de *expertise*:** membros da equipe não dedicados podem não ter a *expertise* necessária para lidar com questões específicas do projeto, o que pode levar a decisões inadequadas ou mesmo ações negativas para a empresa.

- **Gestão de tempo:** gerenciar um time não dedicado pode exigir mais tempo e esforço, já que é necessário coordenar e alinhar as atividades de diversas pessoas que podem ter agendas e compromissos distintos. Isso pode dificultar o controle de prazos e a gestão de riscos, podendo resultar em atrasos ou falhas no projeto.

Nem sempre o cenário é perfeito

A gestão de projetos jurídicos em empresas que contam com times não dedicados pode ser bastante desafiadora. É importante que os líderes de projeto estejam preparados para enfrentar esses desafios e adotem estratégias para minimizar os impactos negativos sobre o andamento e sucesso do projeto.

A melhor forma de vencer os desafios é ter clareza do cenário que pode ser experimentado para, de forma inteligente, buscar soluções criativas para o problema. Infelizmente não há fórmula mágica, pois cada desafio requer uma possível solução aplicável ao ambiente e seus recursos disponíveis.

Seria ineficaz, por exemplo, dizer que a solução para a falta de *expertise* é a contratação de um *expert*. E se falta o recurso financeiro para isso? O que fazer? É preciso buscar outras alternativas, por exemplo, há outros recursos na empresa que possam apoiar o projeto ainda que pontualmente? Há pessoas na empresa que podem oferecer uma mentoria? Existem muitas variáveis e múltiplos cenários a serem enfrentados.

Diversidade é uma oportunidade

Em relação às oportunidades, os departamentos jurídicos podem se beneficiar significativamente da participação de times diversos e multidisciplinares, na gestão de projetos jurídicos. Isso se deve ao fato de que os projetos jurídicos envolvem uma série de questões técnicas, legais e comerciais que podem requerer conhecimentos específicos em áreas distintas.

Um time diverso pode incluir membros com diferentes formações acadêmicas, habilidades e experiências profissionais. Por exemplo, um projeto que tem como escopo a implantação de *software* para gestão do ciclo de vida dos contratos (CLM ou *contract life management*) pode contar com a participação da área de compras das empresas (*Procurement, Supply Chain*/Suprimentos), riscos corporativos e *Compliance*. Participaria desse projeto, por exemplo, pessoas com formação acadêmica diversa, como advogados, economistas, contadores, gerentes de projetos e outros profissionais.

Ao reunir profissionais com diferentes especializações, é possível obter uma compreensão mais ampla e profunda dos desafios e oportunidades do projeto, bem como identificar possíveis soluções de forma mais eficiente. Além disso, a diversidade

Eixo III — O Papel de uma Boa Gestão de Projetos

de perspectivas pode ajudar a evitar o viés cognitivo e aprimorar a tomada de decisão.

Times multidisciplinares podem promover a inovação e a criatividade, trazendo novas ideias e abordagens para o projeto jurídico. Isso pode levar a soluções mais eficazes e eficientes, e potencialmente reduzir custos e tempo de execução do projeto.

A chave certa na mão do profissional certo

O time de *Legal Operations* tem o potencial de ser um recurso valioso para a gestão e entrega de projetos no departamento jurídico das empresas. Para a boa alocação do time de *Legal Operations* no projeto, é importante estabelecer uma estratégia clara. A equipe jurídica e a equipe de *Legal Operations* devem estar alinhadas com os objetivos do departamento jurídico e da empresa como um todo. Para isso, é necessário definir as prioridades para ambos os times.

Uma das principais funções do time de *Legal Operations* é automatizar processos para os tornar mais eficientes. A automação pode ser aplicada em tarefas como a revisão de contratos, gerenciamento de projetos, gestão de documentos e análise de dados. Essa *expertise* pode contribuir com a melhor estruturação dos projetos jurídicos.

O time de *Legal Operations* pode ser também um recurso importante para a implementação de tecnologias no departamento jurídico. Isso pode incluir o uso de *software* de gerenciamento de projetos, ferramentas de análise de dados, plataformas de colaboração e outras tecnologias que possam ajudar a melhorar a eficiência e a entrega dos projetos.

É importante que o time de *Legal Operations* trabalhe com métricas e KPIs (Indicadores-chave de desempenho) para avaliar a eficácia dos processos e tecnologias implementados. Isso ajudará a identificar áreas de melhoria e a avaliar o impacto do time na entrega dos projetos.

O time de *Legal Operations* também deve colaborar com outras áreas da empresa, como os departamentos de TI e de finanças, para garantir que processos e tecnologias implementados sejam alinhados com a estratégia da empresa e que haja uma cooperação eficaz. Esse time pode funcionar como um *hub de inovação e adoção de tecnologia* dentro do departamento jurídico.

Uma boa atuação para o time de *Legal Operations* é na capacitação da equipe jurídica em novas tecnologias e processos. Isso pode incluir treinamentos, *workshops* e outras iniciativas para garantir que a equipe esteja preparada para utilizar as ferramentas e tecnologias implementadas pelo time de *Legal Operations*.

Ao seguir essas sugestões, o time de *Legal Operations* pode se tornar um recurso valioso para a gestão e entrega de projetos jurídicos no departamento jurídico das empresas, garantindo maior eficiência, economia de tempo e redução de custos.

Tão importante quanto os times multidisciplinares e a participação do time *Legal Operations* nos projetos jurídicos em empresas, existem várias habilidades técnicas e comportamentais que um time de gestão de projetos deve ter para realizar entregas de máximo valor agregado. Abaixo estão algumas das principais:

Habilidades técnicas/ Hard skills	Habilidades comportamentais/ Soft skills
Gerenciamento de projetos: é importante que o time de gestão de projetos tenha um profundo conhecimento de metodologias de gerenciamento de projetos, como PMBOK, *Scrum*, *Kanban*, entre outras. Isso permitirá que o time planeje, monitore e controle o projeto de forma eficaz.	**Liderança:** o time de gestão de projetos deve ser capaz de liderar e motivar a equipe do projeto para alcançar os objetivos do projeto.
Compreensão do negócio: o time de gestão de projetos deve ter um entendimento do negócio e dos objetivos estratégicos da organização. Isso permitirá que o time alinhe o projeto com as metas da organização e entregue valor para o negócio.	**Trabalho em equipe:** é importante que o time de gestão de projetos seja capaz de trabalhar em equipe e colaborar com outras áreas da organização para alcançar os objetivos do projeto.
Gestão de riscos: o time de gestão de projetos deve ser capaz de identificar, avaliar e gerenciar riscos do projeto. Isso permitirá que o time tome ações preventivas e mitigadoras para evitar ou reduzir impactos negativos no projeto.	**Flexibilidade:** o time de gestão de projetos deve ser capaz de se adaptar às mudanças no projeto e tomar decisões rápidas e eficazes para lidar com elas.
Gerenciamento de mudanças: o time de gestão de projetos deve ser capaz de gerenciar mudanças no projeto e garantir que elas sejam implementadas de forma eficaz, sem prejudicar o escopo, prazo ou qualidade do projeto.	**Resolução de problemas:** o time de gestão de projetos deve ser capaz de identificar e resolver problemas no projeto de forma eficaz.
Comunicação: é importante que o time de gestão de projetos tenha habilidades de comunicação eficazes para se comunicar com a equipe do projeto, os *stakeholders* e outros membros da organização.	**Foco no cliente:** o time de gestão de projetos deve ter um foco no cliente e trabalhar para atender às necessidades do cliente e entregar valor para o negócio.

A tal da cultura

Desenvolver uma cultura de gestão de projetos em times jurídicos pode ser desafiador e é uma etapa importante para o sucesso dos projetos jurídicos. Oferecer treinamento em gestão de projetos para os membros da equipe jurídica, incluindo a introdu-

Eixo III — O Papel de uma Boa Gestão de Projetos

ção de conceitos básicos de gestão de projetos, bem como ferramentas e técnicas específicas para a área jurídica.

É importante também promover uma cultura de comunicação aberta e transparente, para que todos os membros da equipe possam se comunicar facilmente e se sentir à vontade para sugerir ideias, fazer perguntas e esclarecer dúvidas.

Não menos importante é o estabelecimento de metas claras e específicas para cada projeto, isso pode ajudar a manter o foco e aumentar a produtividade da equipe. É importante, ainda, reconhecer e celebrar as conquistas da equipe, para que eles se sintam motivados e reconhecidos pelo seu trabalho.

Quanto à relevância da cultura de colaboração para o sucesso dos projetos jurídicos, a colaboração é fundamental para alcançar os objetivos do projeto e entregar resultados de alta qualidade. A cultura de colaboração incentiva a comunicação aberta e o compartilhamento de ideias entre os membros da equipe, o que pode levar a soluções inovadoras e melhores resultados. Além disso, a colaboração pode ajudar a aumentar a eficiência da equipe, reduzir custos e melhorar a satisfação do cliente, além de melhorar a coesão da equipe, criando um ambiente de trabalho mais positivo e engajador.

Por fim, também não menos importante são as várias ferramentas disponíveis para gestão de projetos jurídicos que as empresas podem utilizar, algumas das mais comuns incluem: *software* de gestão de projetos – que permitem que os usuários criem projetos, atribuam tarefas, definam prazos e monitorem o progresso do projeto em tempo real; *software* de gerenciamento de documentos – que permitem que os usuários armazenem e gerenciem documentos importantes relacionados a um projeto em um único local, facilitando o acesso e a colaboração; *software* de gerenciamento de tempo – que permitem que o usuário gerencie seu tempo e definam prioridades de tarefas, evitando a sobrecarga e mantendo o projeto dentro dos prazos estabelecidos; *softwares* de análises e visualização de dados – são ferramentas ajudam a monitorar e medir o progresso do projeto em relação a metas e objetivos definidos.

Em conclusão, a gestão de projetos é fundamental para a efetividade do trabalho em equipe e alcance dos objetivos em projetos jurídicos. Para estruturar projetos jurídicos, é importante definir objetivos claros, estabelecer um plano de ação, definir as responsabilidades de cada membro da equipe, estabelecer prazos e monitorar o progresso do projeto. Além disso, é fundamental saber lidar com os desafios de trabalhar com times não dedicados e utilizar as principais ferramentas disponíveis para a gestão de projetos jurídicos.

9

AS SETE ETAPAS DA GMUD, A GESTÃO DA MUDANÇA APLICADA A DEPARTAMENTOS JURÍDICOS

*Thiago Luiz Ferreira**

Como dizia Heráclito: *nada é permanente, exceto a mudança*. De acordo com o filósofo grego, tudo está em constante mudança e essa mudança é essencial para o progresso e a evolução.

Ao que parece, já entre 535 e 475 a.C. Heráclito delimitou os contornos do que séculos depois seria denominado "mundo VUCA", caracterizado pela volatilidade (*Volatility*), incerteza (*Uncertainty*), complexidade (*Complexity*) e ambiguidade (*Ambiguity*). A grande questão é que, na história recente, pelos mais variados motivos, os ciclos de mudança são cada vez menores e as mudanças em si cada vez mais imprevisíveis e impactantes. Tanto é assim que, pelo menos desde 2018, já se fala em uma evolução do "mundo VUCA" para o "mundo BANI", marcado por extrema fragilidade (*Brittle*), constante ansiedade (*Anxious*), total imprevisibilidade (*Non-linear*) e absoluta incompreensibilidade (*Incomprehensible*)[1].

Nesse cenário de constante mudança, transformar-se é mais que recomendável – é necessário e urgente. Indivíduos e organizações devem desenvolver resiliência para se adaptar a mudanças cada vez mais extremas, rápidas e inesperadas. E o Jurídico definitivamente não foge dessa regra. Para acompanhar o movimento de transforma-

---

* *Senior Legal Manager* na Mondelez International, com passagens pela Souza Cruz (BAT Brasil) e pelo Lobo & Ibeas Advogados. Ao longo de sua trajetória profissional, acumulou experiências diversificadas na gestão estratégica de questões jurídico-corporativas. Lidera projetos de tecnologia e inovação jurídica com foco em gestão, eficiência, simplificação e identificação de oportunidades. É mentor e líder de equipes da alta *performance*, com experiência em processos de reestruturação organizacional, transformação cultural e gestão da mudança. Acredita na construção de ambientes de trabalho acolhedores e inclusivos para todos, e, nesse sentido, tem atuação firme na liderança de projetos de diversidade, equidade e inclusão. Possui pós-graduação em Direito Tributário pela PUC-Rio e MBA Executivo pela Fundação Dom Cabral. Recentemente, foi reconhecido na lista de executivos jurídicos da "The Legal 500 GC Powerlist".

1 O termo "mundo BANI" foi idealizado pelo antropólogo Jamais Cascio em 2018. Em 2020, a consultoria estratégica Gartner ampliou a popularidade do conceito ao adotá-lo em seu relatório anual *Tendências Estratégicas para 2021: Tecnologia para Reconstruir o Negócio*.

Eixo III — O Papel de uma Boa Gestão de Projetos

ção das organizações, que lutam para sobreviver em meio às inconstâncias do mundo VUCA ou BANI, os departamentos jurídicos devem necessariamente transformar o seu modo de atuação. A dinâmica do mundo moderno e os novos modelos de negócio demandam outras características e habilidades do advogado corporativo.

De fato, não existe mais espaço para o Jurídico "tradicional": reativo, avesso a riscos, limitado a questões funcionais e desconectado do negócio. Advogados corporativos devem ser mais que especialistas jurídicos capazes de interpretar a legislação, analisar contratos, conduzir processos judiciais etc. Para suportar – e alavancar – de forma efetiva o crescimento da organização, advogados corporativos devem se colocar na posição de líderes de negócio. O Jurídico deve, portanto, construir a sua agenda estratégica de forma absolutamente integrada aos objetivos do negócio, atuando de forma proativa e propositiva, influenciando *stakeholders* internos e externos, assumindo riscos calculados e identificando novas oportunidades.

E é exatamente por esse motivo que ao longo dos últimos anos muitos departamentos jurídicos têm passado por processos de transformação profundos e estruturantes, que não se limitam à implementação de tecnologia e novas metodologias de trabalho, mas alcançam, inclusive, o próprio âmago da função jurídica nas organizações – o seu *propósito*, a sua *razão de ser e existir*.

A constatação de que a mudança é necessária, no entanto, representa apenas o primeiro passo e traz consigo inúmeras questões da maior relevância: qual é a melhor forma de se conduzir esse tipo de processo de transformação? Como eliminar possíveis barreiras? Como identificar e engajar as pessoas? Como mapear os processos e fluxos que serão impactados? Como, no final das contas, garantir que a transformação seja efetiva e sustentável?

Tais questões são absolutamente pertinentes, já que a implementação de processos transformacionais em nível estrutural é complexa e multifacetada. Abandonar o conforto do que é conhecido e ultrapassar a resistência de um organismo já habituado a operar e se relacionar de determinada forma não é trivial e demanda foco e estratégia. Por isso mesmo, o processo de transformação deve ser acompanhado de um plano robusto de gestão da mudança (*change management*) – o acrônimo GMUD –, construído a partir de uma abordagem holística que considere fatores internos e externos.

É importante destacar, desde já, que, para fins deste capítulo, a gestão da mudança está sendo considerada sob um espectro amplo, abarcando, inclusive, o conceito de liderança para a mudança (*change leadership*), muito bem desenvolvido por John Kotter[2]. Vale, aqui, abrir parênteses para delinear as características fundamentais de

---

[2]   John P. Kotter é considerado um dos maiores especialistas do mundo em liderança e gestão da mudança. Kotter é professor emérito da *Harvard Business School* e autor de diversos livros sobre liderança, transformação organizacional e gerenciamento estratégico.

cada um desses conceitos, já que ambos são igualmente relevantes para a implementação de um processo de transformação organizacional bem-sucedido.

Em linhas gerais, a gestão da mudança se caracteriza como um conjunto de fluxos, ferramentas e mecanismos desenhados para garantir que o processo de implementação de mudanças organizacionais ocorra em um ambiente controlado e sem grandes disrupções (planejamento, orçamento, sistemas etc.). No entanto, a dinâmica do mundo moderno exige que as organizações sejam cada vez mais resilientes e adaptáveis, motivo pelo qual a liderança para a mudança tem assumido um papel de destaque crescente no processo de transformação organizacional, considerando a sua capacidade de torná-lo mais rápido, inteligente e eficiente a partir da articulação de uma forte visão de futuro e engajamento de um grande número de pessoas (motivação, inspiração, empoderamento etc.).

Enquanto a gestão da mudança garante uma estrutura de execução adequada para o processo de transformação, a liderança para a mudança tem o potencial de projetar uma visão inspiracional de futuro e engajar grandes grupos de pessoas, contribuindo diretamente, portanto, para o direcionamento e evolução da cultura organizacional no sentido da transformação.

Nesse contexto mais amplo da gestão da mudança, existem algumas etapas que devem ser necessariamente percorridas para implementação de um processo efetivo de transformação em departamentos jurídicos (ou em qualquer estrutura organizacional). São elas:

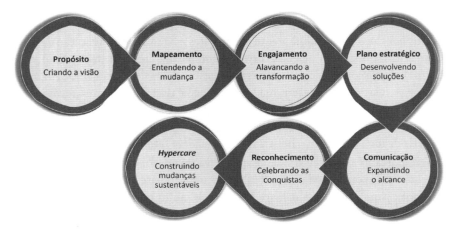

Fonte: Fluxograma elaborado pelo autor.

As etapas ilustradas no fluxograma são complementares entre si e cada uma delas apresenta relevância única dentro do processo de transformação, como se poderá

Eixo III — O Papel de uma Boa Gestão de Projetos

depreender da leitura dos parágrafos adiante. Vale ressaltar que os conceitos que constam deste capítulo foram construídos a partir de uma abordagem prática – e não teórica ou acadêmica – de processos de transformação, notadamente de processos de transformação levados a efeito em departamentos jurídicos.

1. PROPÓSITO: CRIANDO A VISÃO

É muito comum a analogia que equipara o propósito de uma organização com a bússola de um navio: mesmo quando os ventos mudam e as tempestades aparecem, todos sabem para onde seguir. Propósito é direção.

Não à toa, a construção do propósito está indicada como a primeira etapa de um processo de transformação. É impossível mudar sem saber para onde ir. A jornada de transformação, portanto, deve estar sempre alicerçada em uma visão de futuro clara e compartilhada entre todos os membros daquele grupo. Essa visão de futuro deve contemplar não apenas qual é a nova missão ou o grande objetivo do grupo, mas também explorar o porquê a mudança deve ocorrer e, ainda, o que ela pode trazer de valor concreto para a organização e seus indivíduos.

No que tange especificamente a departamentos jurídicos, é importante que o propósito seja construído com fundamento nas seguintes premissas (dentre outras que, eventualmente, façam sentido diante das circunstâncias específicas do caso concreto):

• **O Jurídico deve ser mais que uma mera função suporte**. Ao contrário, advogados corporativos devem se colocar como líderes de negócio, que assumem riscos calculados e identificam novas oportunidades de alavancar os objetivos da organização.

• **O Jurídico deve ser proativo e propositivo**, buscando se antecipar às demandas do negócio para mitigar/eliminar riscos e apresentar novas oportunidades.

• **O Jurídico deve ser flexível e resiliente** para atender de forma efetiva às demandas do negócio, que é volátil, dinâmico e, muitas vezes, imprevisível.

• **O Jurídico deve construir relacionamentos sustentáveis dentro do próprio time**, com as áreas de negócio e com o mundo exterior, alavancando a colaboração e a diversidade como verdadeiros diferenciais estratégicos.

• **O Jurídico deve buscar novas formas de trabalho e tecnologia** com o objetivo de explorar sinergias, aumentar eficiências e buscar oportunidades de crescimento para a organização.

Uma vez definidos o novo propósito e a visão de futuro, deve-se investir algum tempo em entender a mudança e os seus efeitos. Essa próxima fase do processo é fundamental para garantir a efetividade da transformação.

2. MAPEAMENTO: ENTENDENDO A MUDANÇA

A segunda etapa do processo de transformação consiste em mapeamento e avaliação de todos os elementos que apresentam algum potencial de impactar a mudança – seja positiva, seja negativamente. Se realizado da forma adequada, esse exercício pode alavancar a estratégia de transformação e garantir o seu sucesso. Infelizmente, o inverso também é verdadeiro.

Isso acontece porque a fase de mapeamento direcionará todas as ações futuramente desenhadas para a implementação da mudança. Em outras palavras, o plano de transformação deve ser customizado a partir das conclusões obtidas no exercício de mapeamento e avaliação. Exemplificando: é possível que a liderança sênior de determinada organização não esteja engajada com o novo propósito do Jurídico, o que demandaria a construção de uma estratégia de engajamento exclusiva e específica para esse público dentro do plano de transformação. A mesma estratégia, entretanto, não faria sentido no caso de outra organização cuja liderança sênior esteja efetivamente engajada e suportando o processo.

A estratégia de transformação é, portanto, única e deve ser traçada a partir do mapeamento e avaliação dos seguintes elementos:

• **Stakeholders-chave:** pessoas ou grupos de pessoas diretamente relacionados com o processo de transformação, de forma ativa (influenciando a mudança) ou passiva (sofrendo o impacto da mudança). No caso de transformação em departamentos jurídicos, por exemplo, são *stakeholders*-chave o próprio Jurídico, os clientes internos, os executivos *C-Level*, dentre outros. O objetivo é identificar esses *stakeholders* e avaliar o papel e relevância de cada um deles na implementação do plano de transformação (*stakeholder* positivo/negativo, crítico/não crítico etc.).

• **Impactos:** o escopo da avaliação de impacto é identificar, quantificar e analisar os possíveis efeitos ou consequências associados ao processo de transformação, sejam eles positivos ou negativos. Esse exercício torna possível antever impactos e, com isso, direcionar o plano de mudança de modo a garantir a sua maior efetividade. Alguns exemplos de impactos que poderiam surgir no caso de transformação de departamentos jurídicos são: revisão da estrutura organizacional, redefinição de papéis e responsabilidades, novas formas de trabalho, redesenho de fluxos e processos, necessidade de desenvolvimento de novas habilidades ou competências dentro do time, restrições orçamentárias etc.

• **Barreiras e oportunidades:** a partir do mapeamento e avaliação de *stakeholders*-chave e impactos, é possível conceber potenciais barreiras e/ou oportunidades que poderiam, respectivamente, colocar em risco ou potencializar os efeitos do processo de transformação. Cada barreira ou oportunidade identificada nessa etapa deve ser considerada durante a construção e execução do plano de mudança. Com isso, as chances de sucesso da transformação são muito maiores.

Eixo III — O Papel de uma Boa Gestão de Projetos

O mapeamento e avaliação dos *stakeholders*-chave, dos impactos e das barreiras e oportunidades inerentes ao processo fornece os fundamentos necessários para avançar no fluxo de gestão da mudança, mais especificamente para a etapa de engajamento.

3. ENGAJAMENTO: ALAVANCANDO A TRANSFORMAÇÃO

Nenhum indivíduo isoladamente é capaz de desenvolver uma visão de futuro forte e inspiracional, comunicá-la efetivamente a todas as pessoas envolvidas no processo, eliminar eventuais obstáculos, gerenciar dezenas de projetos de mudança, garantir resultados positivos e, ainda, enraizar as novas abordagens na cultura da organização. A implementação de transformações significativas depende do suporte de outros atores organizacionais – daí a relevância da etapa de engajamento.

O propósito da mudança, desenvolvido na primeira etapa do processo de transformação, deve ser abraçado pelos *stakeholders*-chave, já mapeados durante a segunda etapa. Como muito bem colocado por John Kotter, uma visão de futuro poderosa e inspiradora atende a três objetivos importantes: em primeiro lugar, esclarece a direção geral da transformação; em segundo lugar, motiva as pessoas a adotar as medidas corretas e adequadas dentro do plano de mudança; e em terceiro lugar, ajuda a coordenar as ações das diversas pessoas, até mesmo de milhares de indivíduos, de forma rápida e eficiente[3].

É absolutamente essencial, portanto, gerar engajamento nas pessoas e grupos de pessoas que tenham o poder de influenciar outros ou desempenham qualquer tipo de papel estrategicamente mapeado como relevante para o sucesso da transformação. No caso de departamentos jurídicos, é recomendável obter o apoio de *sponsors* ou aliados em cada área de negócio – Operações, Marketing, Vendas etc. –, notadamente em posições de liderança, além do próprio *Chief Executive Officer* (CEO). Esses *stakeholders* poderão reverberar o novo propósito do Jurídico junto aos seus respectivos times, promover integração/colaboração, inspirar a organização em todos os seus níveis e, assim, facilitar a transição para o novo modelo.

4. PLANO ESTRATÉGICO: DESENVOLVENDO SOLUÇÕES

A próxima etapa do processo corresponde ao desenho e execução do plano estratégico de transformação. Cada uma das etapas anteriores contribuiu de forma única para a construção do plano: o *propósito* fornecendo a visão de futuro e a direção; o *mapeamento* indicando os *stakeholders*-chave, impactos, barreiras e oportunidades; e o *engajamento* garantindo motivação e suporte das pessoas e grupos de pessoas relevantes.

---

[3] KOTTER, John P. *Liderando mudanças:* transformando empresas com a força das emoções. 2. ed. Rio de Janeiro: Alta Books, 2017.

Para ser efetivo, o plano de transformação deve levar em consideração todos esses aspectos e, a partir deles, desenvolver soluções adequadas de forma integrada e coordenada. Alguns pontos pertinentes que devem estar necessariamente contemplados no planejamento e estratégia de execução do plano (além de outros que se justifiquem pelas circunstâncias particulares do caso concreto):

- Ações, responsáveis e prazos devem estar sempre muito bem definidos.
- Papéis e responsabilidades devem ser formalizados. É muito importante que todos os envolvidos no processo tenham clareza absoluta das suas responsabilidades e do que se espera deles.
- O processo deve estar envelopado por um modelo de governança robusto, que contemple uma estrutura de gerenciamento, coordenação e integração dos projetos de transformação (comitês, grupos de trabalho etc.). Dependendo da magnitude da transformação, pode ser necessário definir políticas e diretrizes para os envolvidos no processo. Além disso, é indispensável desenhar a forma por meio da qual será realizada a gestão do plano estratégico, incluindo reuniões periódicas para acompanhamento e gerenciamento do escopo, cronograma, recursos, riscos etc., bem como outras reuniões periódicas com a liderança e *stakeholders* relevantes para fins de reporte e alinhamento.
- A efetividade do plano deve ser medida e acompanhada, o que depende da definição prévia de métricas e KPIs (*Key Performance Indicators* ou indicadores-chaves de *performance*), os quais podem ter natureza quantitativa ou qualitativa. Inúmeros KPIs podem ser adotados para medir a efetividade de um processo de transformação em departamentos jurídicos, a depender do contexto fático e dos objetivos estratégicos daquela organização em específico, por exemplo, número de processos judiciais em andamento ou encerrados, taxa de sucesso em julgamentos, impacto positivo em resultado (P&L) ou outra métrica financeira, prazo de resposta na avaliação de contratos ou consultoria (SLAs), taxa de satisfação de clientes internos (NPS), dentre muitos outros.

Um plano estratégico bem desenhado garante a estrutura de execução necessária para a implementação concreta do processo de transformação. No entanto, esse plano deve estar necessariamente suportado por uma estratégia de comunicação robusta, cuja função primordial é amplificar os efeitos da mudança para toda a organização.

5. COMUNICAÇÃO: EXPANDINDO O ALCANCE

A comunicação constitui uma ferramenta poderosa no contexto organizacional e, especificamente no que tange a processos de gestão da mudança, ela pode – e deve – ser explorada com o objetivo de consolidar o novo propósito, viabilizar o conhecimento acerca de novos fluxos e processos e engajar pessoas.

Eixo III — O Papel de uma Boa Gestão de Projetos

A estratégia de comunicação deve ser estruturada de forma exclusiva para cada processo de transformação, considerando toda a multiplicidade de canais e fóruns inerentes à organização, as oportunidades e os obstáculos específicos levantados durante a fase de mapeamento e as etapas que compõem aquele plano de mudança em particular. Há, todavia, alguns elementos que são comuns e, portanto, devem suportar toda e qualquer estratégia de comunicação:

- **A comunicação deve ser simples**. Todos, independentemente do seu nível na organização, devem conseguir entender as principais mensagens e a direção da transformação. Metáforas, analogias e exemplos são ótimas ferramentas para ampliar o alcance da comunicação.

- A comunicação deve ser distribuída na medida certa. É importante garantir uma comunicação contínua, porém sem saturar o público-alvo – o que poderia até mesmo criar uma resistência à transformação.

- A comunicação deve ser customizada para cada pessoa ou grupo de pessoas que tenham relação com o processo de mudança.

- A comunicação deve explorar todos os canais e fóruns disponíveis na organização: e-mails, TVs corporativas, palestras, reuniões e conferências, redes sociais, eventos etc. Também é válido lançar mão de algumas estratégias divertidas para alavancar o engajamento da comunicação, como concursos, brindes, gamificação e outros.

- A comunicação deve abordar de forma muito direta os principais benefícios da mudança, assim como endereçar eventuais inconsistências ou outras barreiras previamente mapeadas com muita transparência. A transparência gera confiança e traz credibilidade para o processo.

- A comunicação deve ser uma via de mão-dupla, abrindo espaço para que as pessoas sejam ouvidas durante toda a jornada de mudança.

- A estratégia de comunicação deve contemplar uma agenda de treinamentos para os públicos impactados pela transformação com o objetivo de gerar engajamento e garantir conhecimento acerca dos novos fluxos, processos, políticas etc.

Para processos de transformação em departamentos jurídicos, é recomendável conduzir uma rodada de alinhamento e engajamento com cada área interna da organização – primeiro com a liderança, depois com o restante dos times. Eleger e capacitar *sponsors* dentro de cada uma dessas áreas pode ser um excelente caminho para ampliar a efetividade da comunicação.

6. RECONHECIMENTO: CELEBRANDO AS CONQUISTAS

Grandes transformações no contexto organizacional demandam tempo, motivo pelo qual é muito comum observar algum nível de queda na motivação, engajamento e produtividade das pessoas envolvidas ao longo do fluxo de gestão da mudança. Existe uma estratégia simples e efetiva para endereçar esse fenômeno: reconhecer e celebrar as conquistas obtidas.

O reconhecimento e a celebração das conquistas contribuem para o fortalecimento do novo propósito e da estratégia, impulsionando, assim, toda a organização na direção da mudança. Ao mesmo tempo, fomentam motivação, transformando pessoas neutras em verdadeiros aliados da transformação. O ato de reconhecer e legitimar os agentes (positivos) da mudança gera engajamento para toda a organização e, ao mesmo tempo, elimina possíveis resistências ao desestimular aqueles que são céticos ao processo de mudança e atuam como elemento detrator.

Além disso, a etapa de reconhecimento fornece para os executivos que ocupam cargos mais elevados da hierarquia – e que, portanto, detêm o poder decisório – evidências de que os resultados obtidos justificam eventuais custos envolvidos no curto prazo e de que a organização está no caminho certo da transformação.

Importante ressaltar que o reconhecimento e a celebração de conquistas não devem ocorrer apenas ao final do plano de transformação. Ao contrário, devem ser contínuos e permear todo o processo. Qualquer conquista relevante, tangível e significativa deve ser celebrada e reconhecida, por exemplo, processos melhorados, lições aprendidas, novos comportamentos demonstrados etc.

7. *HYPERCARE*: CONSTRUINDO MUDANÇAS SUSTENTÁVEIS

A resistência à mudança é uma característica intrínseca da natureza humana e, por isso mesmo, é extremamente tentador rejeitar o novo modelo para retornar aos processos, arquétipos e raízes da cultura anterior.

Assim, todo processo de gestão da mudança deve contemplar um plano de *hypercare* ou de sustentação, que, basicamente, consiste em um período intensivo de suporte e outras ações desenvolvidas por parte do time responsável pela transformação após a sua implementação, com o objetivo de reduzir impactos negativos e garantir a efetividade e sustentabilidade da nova cultura.

Dentre as inúmeras medidas que podem fazer parte do *hypercare*, vale destacar:

• Consolidação das lições aprendidas junto aos *stakeholders*-chave, como forma de ajustar novas formas de trabalho e garantir que o novo propósito seja incorporado na cultura da organização.

• Monitoramento contínuo das métricas e KPIs apontados no plano de transformação, com a finalidade de garantir a sua viabilidade no longo prazo.

• Sessões de treinamentos adicionais junto às pessoas e aos grupos de pessoas relevantes para fins de reforço da transformação e da nova cultura.

• Plano de comunicação reforçando as principais mensagens da mudança e os benefícios obtidos com a implementação do plano.

Eixo III — O Papel de uma Boa Gestão de Projetos

• Ativação contínua da rede de transformação construída ao longo do processo, incluindo *sponsors*, *stakeholders*-chave, aliados etc.

Como explorado ao longo deste capítulo, a dinâmica de mudanças cada vez mais extremas e imprevisíveis da nossa realidade, concretizadas nos conceitos de "mundo VUCA" e "mundo BANI", demanda das organizações e dos seus indivíduos a habilidade de se transformar a todo momento. No entanto, processos de transformação estruturais são complexos e sua implementação envolve uma infinidade de fatores internos e outras externalidades.

Essa realidade pode ser ainda mais emaranhada para o Jurídico, historicamente reconhecido como função meramente suporte, sem impacto direto para o negócio e, por isso mesmo, relegado a segundo plano dentro do contexto organizacional. Diante de um cenário tão inóspito, o sucesso de processos de transformação em departamentos jurídicos depende necessariamente da execução concomitante de um plano robusto de gestão da mudança.

O plano de gestão da mudança deve contemplar sete etapas que são complementares entre si, todas devidamente detalhadas nos itens anteriores: em primeiro lugar, a definição do *propósito*, que é a visão de futuro (a bússola, a direção); depois, o *mapeamento* dos potenciais *stakeholders*-chave, impactos, obstáculos e oportunidades; em terceiro, o *engajamento* das pessoas e grupos de pessoas com o potencial de influenciar ou que sejam impactados pela mudança; a partir daí, a construção e execução do *plano estratégico* de transformação; a quinta etapa consiste na *comunicação*, que deve permear todo o processo com o objetivo de expandir o alcance da mudança; as conquistas decorrentes da implementação do plano devem, então, ser objeto de *reconhecimento* (inclusive as conquistas de curto prazo); e, por fim, o processo deve ser suportado por um plano consistente de *hypercare*.

Toda jornada de transformação é árdua. O processo de lidar com o desconhecido, assumir novos riscos, mudar hábitos e comportamentos arraigados e encarar o medo de fracassar passa por um exercício interno – e muitas vezes custoso – de desconstruir estruturas basilares e muito bem sedimentadas. Por outro lado, a transformação é pressuposto da evolução, do crescimento, do desenvolvimento e do progresso. Por isso, é preciso ter coragem e determinação para mudar – às vezes, ou muitas vezes, será necessário dar um salto de fé e acreditar no melhor.

Afinal de contas, como dizia Heráclito: *nada é permanente, exceto a mudança*.

REFERÊNCIA

KOTTER, John P. *Liderando mudanças*: transformando empresas com a força das emoções. 2. ed. Rio de Janeiro: Alta Books, 2017.

EIXO IV
ÁREAS PARA ATUAR COM *LEGAL OPS*

10

LEGAL OPS NASCENDO NO CONTENCIOSO E EXPANDINDO PARA OUTRAS ÁREAS DO JURÍDICO

Tamara Luísa Bardí*
Yve Carpi de Souza**

Quando recebemos o convite para escrever o capítulo deste livro, pensamos numa forma diferente de trazer nossa experiência para leitores. A primeira parte do texto foi escrita pela Yve e trata dos motivos que impulsionaram a criação da célula de *Legal Ops* na Raízen e como foi a concepção da área. A segunda parte, escrita pela Tamara, descreve como foi a recepção dessa ideia, pelo time jurídico da Raízen, bem como o processo de implementação do Projeto. Ao final, trouxemos um diálogo entre nós, sobre desafios, engajamento da liderança e conselhos. Esperamos que gostem!

Nossa história com *Legal Ops* começou em 2014, muito antes desse conceito ser divulgado globalmente.

Dois mil e quatorze foi o ano em que eu assumi a maior carteira de processos cíveis da Raízen, e junto com a responsabilidade veio também o incômodo sobre como fazíamos a gestão do contencioso até aquele momento.

Não utilizávamos dados para tomar decisões e trabalhávamos de forma muito manual. O sistema de gestão da época era muito criticado pelos usuários e também

---

* Gerente jurídica de Resolução de Conflitos da Raízen. Advogada com sólida experiência em departamentos jurídicos de empresas e escritório de advocacia (Contencioso). Mestranda e pós-graduada em Direito Empresarial, Econômico e Social pelo Centro de Estudos de Direito Econômico e Social (CEDES) e graduada pela Faculdades Metropolitanas Unidas (UniFMU) em São Paulo. Ampla experiência em Resolução de Conflitos e Contratos Corporativos, principalmente nos mercados de Combustíveis, Agronegócio e Energia. Liderança de grandes equipes jurídicas, além de ser aprendiz e entusiasta de tecnologia e inovação aplicadas ao Contencioso.

** Diretora Jurídica de *Downstream & Trading*. Profissional com sólida atuação em departamentos jurídicos. Graduada pela Universidade Federal do Estado do Rio de Janeiro (UFRJ), com especializações em Direito Empresarial, MBA e pós-MBA em Gestão de Negócios, e cursando LLM em Competition Law na Universidade de Bruxelas. Ampla experiência na liderança de equipes jurídicas, com atuação em matérias relacionadas ao universo corporativo, como contratos, societário, processo civil e concorrencial. Entusiasta da aplicação da tecnologia aos processos e gestão de departamentos jurídicos e *sponsor* da frente de equidade de gênero na Raízen

Eixo IV — Áreas para atuar com *Legal Ops*

não agíamos sobre isso. Os indicadores de *performance* da equipe não incentivavam um compromisso com o resultado-final, com o impacto positivo no negócio e isso, além de me incomodar, criava um conflito com as áreas de negócio.

Nesse contexto, e tendo o benefício de ser uma novata no contencioso, comecei a questionar nossa forma de trabalhar, a forma de premiar o time e a forma como estávamos contribuindo para a empresa. Foi nesse momento que começamos um movimento de transformação da gestão do Departamento Jurídico que nos levou ao *Legal Ops*, alguns anos depois.

Principais mudanças

A primeira mudança: análise de dados. De forma precária e ainda muito manual, começamos a implementar análise estatística aos dados disponíveis da carteira de processos e, com isso, começamos a ser mais assertivos na tomada de decisão sobre quando fazer um acordo, sobre o tipo de ação a ajuizar etc.

Em seguida, começamos a discutir os indicadores de *performance* (KPIs) dos advogados. Nosso objetivo era criar um compromisso do time com o resultado do seu trabalho diretamente no negócio. Desde então, as advogadas e os advogados que atuam nessa área são medidos por volume de combustíveis e valores recuperados em ações judiciais, entre outros indicadores.

Mais à frente, com as dificuldades enfrentadas para fazer uma boa análise dos dados, iniciamos a busca por um novo sistema de gestão. Tarefa dificílima e que implementamos anos depois do início da nossa jornada.

Ao organizar o nosso *data lake*, criamos a condição perfeita para usar jurimetria em larga escala e, assim, estudar a causa raiz da nossa maior carteira de processos: a carteira trabalhista. Nesse projeto, as informações estatísticas do portfólio de ações judiciais passaram a alimentar processos de melhoria contínua das nossas operações.

E, por fim, no ano seguinte, embarquei para Nova York para participar da *Legal Week*. Durante toda a semana, as palestras mais disputadas eram sobre *Legal Operations*. Essa nova organização estava se espalhando nos jurídicos corporativos mundo afora, e depois de ouvir e estudar sobre o tema, voltei para o Brasil convicta de que aquele seria o próximo passo da nossa jornada rumo à inovação no Jurídico.

Vimos até aqui quais eram as principais dores do Jurídico e os motivos que levaram a Yve a pensar na implantação de uma célula de *Legal Operations* na Raízen. Agora, a Tamara trará a visão de quem recebeu a ideia e apoiou a Yve na implantação do *LOPS*.

O começo

Estava lá eu, acompanhando pelo WhatsApp, as ideias e inovações que a Yve estava trazendo de Nova York, quando algo chamou minha atenção: *Legal Operations*. Logo na sua chegada, ela nos contou o que era e como "isso" estava mudando os departamentos jurídicos das empresas norte-americanas e europeias.

Começamos então a pesquisar sobre o assunto, se era apenas uma modinha ou se, de fato, poderia transformar nossa forma de trabalhar e nos estruturar como Departamento Jurídico. Nunca tinha ouvido falar da mandala da CLOC, mas aquele desenho fez meus olhos brilharem. Para quem busca eficiência, gestão de conhecimento e estruturação de fluxos, curte automação, indicadores, *dashboards*, e valoriza a governança, é um prato cheio!

LOPS como parceiro estratégico

Nesse momento, estava plantada a semente da célula de *Legal Ops* na cabeça de alguns líderes do Jurídico da Raízen e do Núcleo Administrativo (NADM). Destaco aqui o primeiro ponto de transformação: nós, do Jurídico, víamos o NADM como prestadores de serviços operacionais, como pagamentos, cadastro de processos, emissão de relatórios, dentre outras atividades. Mas *LOPS* era muito diferente do universo que conhecíamos, era muito amplo, inovador e estratégico. E essa visão (àquela época, ainda turva) das diferenças entre o nosso NADM e o futuro *LOPS* começou a ficar um pouco mais límpida.

Virar essa chave quanto à visão de *Legal Operations* (DE: prestador de serviços PARA: parceiro estratégico) não foi um processo rápido e simples. Em primeiro lugar, porque o conceito de *LOPS* era novo para nós; segundo, porque tínhamos sido criados no modelo de ter uma "Controladoria Jurídica", prestando serviços de forma distante e pouco sinérgica; e, terceiro, porque tudo que é novo pode causar estranheza e resistência. Mas estava absolutamente convencida, como advogada e líder da área de Resolução de Conflitos, que ter uma célula de *Legal Operations* trabalhando conosco, com foco total em eficiência, simplificação, assertividade e agilidade, trazendo indicadores, dados, números, automações, *workflows* estruturados, gestão de ferramentas de inovação, sistemas e *softwares* era um dos *drivers* de direcionamento da nossa área de *Litigation* e do próprio Departamento Jurídico da Raízen.

Quem seriam as pessoas a nos ajudar no projeto

Começamos então uma jornada dentro e fora da Raízen para que pudéssemos implementar a célula de *LOPS*. Fizemos *benchmarking* com diversas empresas que (em tese) já tinham um time de *LOPS* trabalhando de vento em popa. Descobrimos uma realidade bem diversa nas várias conversas que tivemos, mas três papos me marcaram bastante e me fizeram entender que tínhamos um caminho legal a trilhar na Raízen: com os times da Suzano, do Mercado Livre e do Itaú, ouvimos bastante como tinham iniciado suas jornadas de transformação, quais eram os principais erros e acertos, quais

Eixo IV — Áreas para atuar com *Legal Ops*

eram as dicas e sugestões que eles poderiam nos dar para colocarmos a mão na massa.

Internamente, iniciamos a prospecção dos agentes e embaixadores dessa mudança e identificamos algumas pessoas com perfil que entendíamos adequado para embarcar nessa aventura conosco. Mayara Madureira, hoje gerente de *Legal Operations* da Raízen, foi uma das escolhas acertadas que fizemos. Logo de cara, nós, do Jurídico, sentimos a empolgação e, ao mesmo tempo, a seriedade com que ela aceitou o desafio de liderar, pelo Central de Serviços Compartilhados (CSC) da Raízen, o Projeto de *Legal Ops*. Ao longo dos meses, foram contratadas pessoas com perfis e experiências diferentes, advogados, bacharéis em Direito, engenheiros, trazendo uma diversidade cognitiva interessante e valiosa.

Mão na massa

Com a receita do bolo em mãos – que tínhamos construído com as empresas com as quais fizemos *benchmarking* e com o time interno da Raízen, além da estruturação com base na mandala da CLOC –, começamos a trabalhar efetivamente no desenho do projeto. Antes mesmo de botar a massa no liquidificador, a receita pareceu não ter "liga" com a realidade Raízen... É isso mesmo, não existe receita pronta para implementar um projeto como esse. É preciso vivenciar a experiência, errar e acertar, ouvir as pessoas, ter diferentes visões (mas não democratizar demais, para não travar os passos) e começar a fazer.

Começamos pela gestão dos cálculos trabalhistas, que era uma grande dor de *Litigation*. Tema espinhoso para começar um projeto inovador e *cool*, né? Sim, verdade; mas precisávamos provar (para nós mesmos) que a *expertise* do time de *LOPS* em estabelecer fluxos, rotinas, gerir informações, construir indicadores, estabelecer SLAs, medir *performance* etc. era um caminho que tornaria o Jurídico de *Litigation* mais estratégico. Deu tudo certo nesse início? Não! Até hoje, 2 anos depois, nossos times (*Legal Ops* e Jurídico) precisam fazer ajustes nesse fluxo dos cálculos trabalhistas: Mas isso que torna o processo mais eficiente, que gera mais resultado, mais desafiador e, por que não dizer, mais divertido e satisfatório.

A cada dia, mais pessoas foram sendo engajadas no projeto e tivemos condições de fazer o *roadmap* das atividades que entendíamos que deveriam ser geridas e conduzidas pelo time de *LOPS*. Para mim, uma das partes mais bacanas dessa aventura: um departamento jurídico com mais de 100 pessoas tem muitos desejos e anseios; estar na *Squad* (salvo engano, no início, éramos 4 ou 5 pessoas) que liderou a elaboração desse *roadmap*, que ouviu os times, que engajou pessoas, que fez inúmeras revisões na vasta lista de atividades e, principalmente, nas priorizações, é um imenso orgulho para mim. Ter a visão holística da companhia, estar conectada com a Liderança (*Steering Committee*) e participar ativamente do processo decisório do mapa de onde queremos e podemos chegar com esse projeto é um grande presente.

Listamos inicialmente 95 atividades, dentro de 4 grupos – "Otimização e *Performance*", "Controladoria Jurídica", "Suporte Operacional" e "Contencioso Não-estratégico", que foram distribuídas em 6 fases. Para cada atividade a ser migrada, fazemos um *work paper* do *as is* (como a atividade é feita hoje) e do *to be* (como a atividade deveria ser feita no futuro, de forma mais eficiente).

Novamente um ponto interessante que vale compartilhar com vocês: para cada *work paper*, envolvemos as pessoas impactadas para nos contarem o que, como e em quanto tempo faziam aquela determinada atividade. Enfrentamos certa dificuldade em convencer algumas pessoas do time a se "desapegarem" de suas rotinas, entender o nível de complexidade e o tempo real que gastavam nela. A comunicação nesse processo de mudança é fundamental; necessário deixar claro o motivo da mudança, seus benefícios e criar uma motivação para engajar as pessoas impactadas. Feito o *work paper*, o time de *LOPS* prepara o *business case* e o cronograma de migração, que é discutido com o *Squad* e depois aprovado no *Steering Committee*. Fazemos esse ciclo para cada atividade a ser migrada do Jurídico para *Legal Ops*, mantendo a governança de todo o processo do início ao fim.

O que já fizemos

Quando olho no retrovisor, dá um orgulho imenso do trabalho de excelência que os times de *Legal Operations* e do Jurídico fizeram até aqui. Estamos na fase 4 do projeto e, hoje, *Legal Ops* é responsável pela gestão de importantes ferramentas e parceiros estratégicos; processos de circularização, *due diligences* e auditorias; cálculos trabalhistas; rotinas, legislação e organogramas societários; emissão de certidões forenses; e processos trabalhistas de baixa complexidade (Projeto ALL IN, sobre o qual falarei com um pouquinho mais de detalhes agora).

O Projeto ALL IN foi um desafio e tanto! Yve me chamou, em meados de 2021, para falar sobre um novo projeto que ela tinha criado, em alguma viagem de avião. Vamos abrir parênteses: tenho uma teoria de que a pressurização do avião deixa a criatividade da Yve (ainda mais) aguçada e depois de certas viagens ela volta com várias novas ideias no papel ou guardanapo (literalmente) ou no Ipad! Quando ela me contou o que era o ALL IN, pensei: "ela não tem limites, ficou doida de vez". E explico: o ALL IN tem como objetivos a simplificação da gestão do Contencioso, governança corporativa e otimização de custo.

Até aí, parece um projeto normal como tantos outros, mas não... O desafio lançado era maior: "Tamara, vamos migrar para *LOPS* a condução dos processos trabalhistas de baixa complexidade, automatizar as peças de defesa com os pedidos mais recorrentes, remunerar os escritórios externos pela *performance* e ter indicadores robustos

Eixo IV — Áreas para atuar com *Legal Ops*

e eficazes desse portfólio, para que seu time de advogados esteja focado em questões mais estratégicas". Eu costumo demorar, em média, de 24 a 48 horas para assimilar esses grandes desafios lançados!

E dessa vez não foi diferente: voltei para a próxima reunião muito empolgada com o que estava por vir. Foram meses para selecionar o time que estaria dedicado ao ALL IN, o parceiro externo, o sistema de automação das peças, estabelecer os critérios de classificação de um processo de baixa complexidade, automatizar as defesas, desenhar a remuneração por *performance* etc. Foram muitos aprendizados, erros e acertos até aqui, mas estamos no caminho certo e implementamos com sucesso o ALL IN. Hoje, o *Legal Ops* faz a gestão de mais de 3.000 processos trabalhistas. Temos vários ajustes e melhorias a serem feitos e isso faz parte de todo processo de inovação: ser tolerante ao erro, dar alguns passos para trás para depois avançar tantos outros, escolher as pessoas certas e, principalmente, começar a fazer.

Mas obviamente essa história teve seus altos e baixos, alguns fracassos e grandes vitórias. A partir de agora, conheça a visão das duas executivas sobre a jornada.

Qual foi o maior desafio?

Yve: Convencer a equipe de que esse era o caminho certo. A cada ideia que eu trazia, eu via em seus rostos um olhar cético, pois, acima de tudo, implementamos uma grande mudança de cultura. Mas hoje eu acho que nenhum de nós lembra como era trabalhar no modelo antigo.

Tamara: Fazer o time enxergar a célula de *Legal Operations* como um parceiro estratégico do Departamento Jurídico, que trabalha em total sinergia conosco, e não como nosso prestador de serviços operacionais e transacionais.

Como você obteve apoio da organização para investir em Legal Ops?

Yve: Na medida em que avançávamos com cada projeto, provávamos para a organização o valor das iniciativas. Então, foi um caminho construído ao longo de 5 anos. Hoje, temos a confiança de toda a companhia em nossas iniciativas.

Tamara: Mostrando os resultados a cada etapa.

O que foi chave para o sucesso?

Yve: A minha equipe. Se eles não superassem o ceticismo inicial e se engajassem, nada teria acontecido. Eles são a melhor parte do projeto.

Tamara: A liderança engajada nas iniciativas e confiando ao time a missão de executá-las.

Quais características um departamento jurídico deve ter para implementar esse tipo de transformação?

Yve: Curiosidade e tolerância a erro.

Tamara: Ser resiliente e controlar a ansiedade.

Um conselho para quem está começando...

Yve: Comece pequeno. Prove sua tese, mostre o resultado e ganhe a confiança de todos. A confiança da equipe e da organização garante o engajamento e o investimento necessários para levar seu projeto adiante. Boa sorte!

Tamara: Desapegue de rotinas e crenças limitantes e aja, ainda que não tenha o plano perfeito em mãos, orçamento suficiente e engajamento de todas as pessoas. A jornada é incrível e vale a pena!

11

LEGAL OPS PARA CONSULTIVO – ESTRATÉGIA DE IMPACTO

*Patricia Elias**

Em primeiro lugar, a leitura deste capítulo deve ser pautada na busca da consciência de que a pessoa que atua no ecossistema jurídico – profissionais multidisciplinares de qualquer segmento e formação – deve necessariamente entender que é um agente de negócio, que deve ter compreensão ampla e profunda dos objetivos e desafios enfrentados pela atividade-fim da organização. E não apenas ter conhecimento das leis, regulamentos, cálculos ou processos aplicados ao negócio... mas também entender a dinâmica do mercado, as estratégias de negócio, as tendências do setor e as necessidades dos clientes.

Legal Ops, como qualquer área, precisa estar alinhado com a estratégia da organização, missão e valores, e fornecer a direção e o propósito geral para todas as suas atividades. É importante que as práticas de Operações Jurídicas sejam projetadas para sustentar essas metas e valores, em vez de serem desenvolvidas separadamente.

Ainda na premissa do setor jurídico como *"legal business partner"*, é importante que a equipe de *Legal Ops* esteja em contato próximo com outras áreas da organização, de modo a colocar o cliente no centro e estar em constante busca para entender melhor as necessidades e os desafios do negócio, para poder oferecer soluções jurídicas alcançáveis com as metas gerais.

Implementar uma gestão jurídica ainda mais eficiente requer um planejamento cuidadoso e uma abordagem estratégica, e *Legal Ops* é a área que leva uma metodologia que visa melhorar a eficiência e a eficácia das operações jurídicas, utilizando técnicas e tecnologias modernas de gestão de projetos e processos.

Então, pela premissa de que:

---

* Advogada, com longa experiência jurídica e operacional jurídica, pesquisadora e líder de *Legal Operations* na C&A Modas. Pós-graduada em Direitos Humanos e Responsabilidade Social pela Pontifícia Universidade Católica do Rio Grande do Sul (PUC-RS), e pós-graduanda em Gestão de Negócio, Tecnologia e Transformação Digital pela Fundação Instituto de Administração (FIA-USP).

SE, operações jurídicas, busca maximizar a eficiência e eficácia do ecossistema jurídico, reduzindo custos e aumentando a qualidade dos serviços prestados

LOGO, a área consultiva pode se beneficiar significativamente da implementação dessa técnica emergente.

Entre tantas vantagens, podemos elencar algumas e aplicá-las em um cenário prático, como:

Processos mais eficientes	Gestão de orçamento
Ferramentas de tecnologia	Gestão de risco
Análise de dados	Gestão de produtividade
Parceria estratégica	Gestão da informação
Treinamento e desenvolvimento	

Este capítulo tratará especificamente da aplicação e do impacto que o *Legal Ops* pode exercer sobre a área consultiva de todas as organizações, geração de valor e resultados. E, de forma prática, compartilhar ideias e experiências que se traduzem em motivação para a jornada rumo à gestão jurídica eficiente.

O começo

A área consultiva tem muita sinergia e até certa semelhança com *Legal Ops*; é necessário saber utilizá-la de forma estratégica e principalmente gerar resultados tangíveis e que transcendam o departamento jurídico, seja de empresa ou o departamento consultivo de um escritório de advocacia. É nesse momento que o *Legal Ops* entra em cena!

Embora haja uma quantidade limitada de materiais e estudos específicos sobre a aplicação de Operações Jurídicas na área consultiva, existem algumas fontes disponíveis que podem ajudar:

• Eventos e conferências do setor jurídico;

• Livros e artigos sobre a gestão de departamentos jurídico e escritórios de advocacia;

• *Podcasts* e artigos jurídicos;

• Cursos para departamentos jurídicos de *EdTechs* de renome;

• Grupos de boas práticas (participar desses grupos pode ser uma ótima maneira de aprender mais sobre como aplicar *Legal Ops* na área consultiva e trocar informações com outros profissionais).

No entanto, em um contexto geral, há poucos materiais específicos para esse tema e, por isso, a grande importância desta obra, que trará visibilidade e, por conse-

Eixo IV — Áreas para atuar com *Legal Ops* 81

quência, fomentará a pesquisa de mais profissionais que atuam na prática do *Legal Ops* a compartilhar por meio de literatura, materiais riquíssimos para benefício de todo ecossistema jurídico.

É importante lembrar que a aplicação de *Legal Ops* na área consultiva pode ser adaptada às necessidades específicas do departamento jurídico ou do escritório de advocacia, e que é possível desenvolver práticas personalizadas que sejam adequadas para sua organização.

Para este capítulo, foram muitas pesquisas, inclusive, todos os tópicos mencionados anteriormente, experiência própria e de colegas da área, bem como de muitos profissionais que compartilharam sua jornada. Agradecimentos renovados!

Paulo Samico, gerente jurídico de uma multinacional, no episódio 124, do *Podcast* "Juridcast", falou sobre a necessidade do consultivo jurídico ser reconhecido como protagonista, *"legal business partner"* e valorização do cliente interno sob a ótica da comunicação jurídica, para atender com mais assertividade a realidade fática e finalmente trabalhar em conjunto para os próximos passos. E, para tanto, usar a gestão orientada a dados, desenvolver métricas de acompanhamento e demonstrar resultado e valor agregado. Ainda, pontua sobre a figura do consultivo no ESG, e a importância de ser um promotor dessa pauta cada vez mais importante.

Adiante, vamos detalhar as vantagens de traduzir o *Legal Ops* como ferramenta de eficácia para a área consultiva e como iniciar o planejamento estratégico e identificação de oportunidades.

Mandala CLOC: 12 Competências?

A famosa mandala CLOC nos fornece uma ótima e completa fonte e diretriz das demandas que a atividade da área de *Legal Ops* pode atacar, mas a questão é; realmente precisamos desenvolver as 12 competências?

A resposta é simples: NÃO! A identificação das demandas objeto das otimizações, melhorias e automações devem obedecer ao binômio necessidade *versus* aderência. Cada organização tem especificidades diferentes de acordo com o negócio, e muitas ferramentas e processos que funcionam para uma podem não funcionar para outras. E é aí que *Ops* entra mais uma vez em cena.

O início, como todo bom planejamento, é mapear a área baseando-se nas etapas **diagnóstico**, **definição de objetivos** e **execução**. Estes itens devem ser informados e validados junto à liderança.

• **Identificar os principais tipos de consultas que o departamento recebe:** é importante entender qual é a natureza das consultas que o departamento jurídico recebe com mais frequência.

• **Entrevistar os membros da equipe:** realizar entrevistas com os membros da equipe do departamento jurídico para identificar quais são as principais dificuldades que eles enfrentam no dia a dia, bem como quais são as principais demandas que recebem dos clientes internos. Ou, ainda, por meio de *benchmarking*.

• **Analisar dados históricos:** analisar dados históricos para entender quais foram os principais desafios enfrentados pelo departamento jurídico ao longo do tempo, bem como quais foram as soluções adotadas para superá-los.

• **Realizar uma pesquisa de satisfação:** realizar uma pesquisa de satisfação com os clientes internos para entender como eles avaliam o desempenho do departamento jurídico e quais são as principais melhorias que eles gostariam de ver.

• **Priorizar as dores identificadas:** com base nas informações coletadas, é importante priorizar as dores identificadas para que o departamento possa focar seus esforços em solucionar os principais problemas que impactam a eficiência e o êxito do departamento jurídico.

Após análise do diagnóstico, consegue-se extrair as necessidades e os movimentos necessários para executar todo planejamento estratégico. Podemos encontrar necessidades de processos mais eficientes, análise de dados e uso de ferramentas de tecnologia, ausência de comunicação com outras áreas, possibilidades de mais assertividades em treinamentos, oportunidades de redução de custos, redução de riscos, mapear e reduzir gastos com fornecedor, aumentar a produtividade e gerir a informação e conhecimento da área.

Processos ineficientes e melhorias

Trata-se de identificar melhorias em processos e procedimentos e eliminar gargalos no trabalho da área consultiva.

Mapeada a área, precisa-se de uma **análise dos processos** e identificação dos gargalos, que podem ser via análise de dados. Caso não haja dados estruturados a serem analisados, é possível por meio de *feedback* dos clientes internos ou observação direta dos processos. A partir da **análise das causas** subjacentes a esses gargalos, o cenário fica claro para o **desenvolvimento de soluções**.

Exemplo: A área consultiva usa apenas e-mail, ligação e WhatsApp, sem quaisquer indicadores. Contrate uma *startup* que oferece serviços de gestão do consultivo; caso não haja *budget* para automação, utilize-se de recursos internos fluxos automatizados, e-mail/ligação/WhatsApp + *Forms* + Excel + Drive. Com as informações em planilhas, tem-se ótimos indicadores e, com isso, pode se entender as principais demandas, analisar sobrecarga, habilidades, produtividade, necessidade de treinamento mais adequado, entre outras possibilidades.

Para tanto, e antes da implementação, é **necessário testar as soluções**; deve ser

Eixo IV — Áreas para atuar com *Legal Ops* 83

feito em ambiente controlado para garantir que funcione adequadamente e que não cause outros problemas. Após testar as soluções e fazer as alterações necessárias, é hora de **implementá-las nos processos da área consultiva**. Certifique-se de que toda a equipe esteja ciente das mudanças e de que tenham sido treinados adequadamente. Principalmente, **monitore os resultados** para garantir que sejam eficazes e tangíveis.

Lembre-se de que a eliminação de gargalos é um processo contínuo e que é preciso estar sempre atento a possíveis problemas que possam surgir. Continuar a monitorar os processos e fazer melhorias contínuas é fundamental para manter a eficiência da área consultiva.

Análise do processo	Análise das causas	Desenvolver solução	Testar solução	Implementação e monitoramento

Tarefas que podem ser otimizadas e automatizadas

Existem diversas tarefas e processos que podem ser automatizados na área consultiva, permitindo que os envolvidos possam se concentrar em tarefas mais estratégicas e de alto valor para os seus clientes.

Uma ótima ferramenta para análise de dados é o ***Business Intelligence***, que viabiliza a análise de dados de mercado, financeiros e de desempenho da área, permitindo que os profissionais do departamento possam focar em interpretar e aplicar esses dados para gerar *insights* e recomendações para seus clientes.

A **geração de relatórios e utilização de plataformas de gestão do consultivo** e *software* de geração automática de relatórios para criar documentos personalizados e visualmente atraentes para apresentações, reuniões ou mesmo relatórios de progresso de projetos.

Não podemos esquecer uma das principais ferramentas, a **automação de processos internos**, como *workflow* e automação de processos, e tarefas administrativas e operacionais, como envio de e-mails, agendamento de reuniões e gerenciamento de documentos, permitindo que os consultores possam se concentrar nas atividades principais, conforme mencionado no tópico anterior.

Outra ferramenta que pode ser desenvolvida pelo Departamento de TI interno ou de mercado são os ***chatbots* ou assistentes virtuais** para atendimento ao cliente em plataformas digitais, permitindo que os consultores possam se concentrar em demandas mais complexas e de alto valor.

É importante lembrar que a automação não deve ser vista como uma substituição ao trabalho humano, mas como uma ferramenta para aumentar a eficiência e permitir que os profissionais possam se concentrar em tarefas que agreguem mais valor aos seus clientes.

Parceria estratégica: comunicação

Comunicação jurídica é um assunto muito atual e a parceria estratégica com outras áreas pode ser altamente benéfica para o consultivo jurídico, ajudando a melhorar sua eficácia e eficiência em várias áreas-chave. O consultivo jurídico pode obter uma compreensão mais profunda do negócio e das operações do negócio ao trabalhar em estreita colaboração com outras áreas da organização. Isso permite que os advogados ofereçam conselhos jurídicos mais personalizados e relevantes, que abordem as necessidades específicas da empresa, o *Legal Ops* pode apoiar a **melhoria dessa comunicação** permitindo que informações relevantes sejam compartilhadas de forma eficaz. Isso pode ajudar a evitar mal-entendidos e a tomar decisões mais informadas.

A parceria estratégica com outras áreas pode ajudar a **melhorar a eficiência do consultivo jurídico**. Por exemplo, a colaboração estreita com a equipe de RH pode ajudar a garantir que as políticas e os procedimentos da empresa estejam em conformidade com as leis trabalhistas e de recursos humanos. Isso pode ajudar a evitar litígios desnecessários e economizar tempo e recursos. **A colaboração estreita** com outras áreas da empresa também pode ajudar o consultivo jurídico a identificar potenciais problemas legais antecipadamente.

Por exemplo, a equipe de finanças pode identificar problemas de contabilidade que possam resultar em litígios futuros. O consultivo jurídico corporativo pode trabalhar em conjunto com a equipe de finanças para resolver esses problemas antes que se tornem um problema maior.

Em suma, a parceria estratégica com outras áreas pode ser altamente benéfica para o consultivo jurídico, permitindo que os advogados prestem serviços mais eficazes e eficientes.

Análise de dados

A tomada de decisão orientada a dados não é mais um diferencial, é uma obrigação de qualquer área, e no consultivo jurídico não seria diferente. Existem muitas formas de análise de dados para ajudar na tomada de decisões e estratégias de negócios.

- **Análise de tendências legais**; em litígios, regulações e leis que podem afetar a empresa. Isso pode ajudar o consultivo jurídico a aconselhar a empresa sobre possíveis riscos legais e tomar medidas preventivas para evitá-los.

- **Análise de contratos**; na identificação de cláusulas comuns e padrões em contratos que a organização está envolvida. Isso pode ajudar a empresa a entender melhor as implicações legais de cada contrato e evitar cláusulas arriscadas.

- **Análise de processos judiciais**; pode ajudar a empresa a entender melhor as tendências em litígios que envolvem a empresa e seus concorrentes. Isso pode ajudar a empresa a tomar medidas preventivas para evitar possíveis litígios futuros.

Eixo IV — Áreas para atuar com *Legal Ops*

Essas são apenas algumas das análises de dados que podem ser úteis para o consultivo jurídico. A gestão do consultivo por *Legal Ops* permite o entendimento de muitas variáveis e KPIs que serão explorados adiante.

Gerenciamento de riscos

O gerenciamento de risco é uma prática que pode ajudar a organização a identificar, avaliar e gerenciar potenciais riscos que podem afetar o negócio. Na área consultiva jurídica, o gerenciamento de risco desempenha papel fundamental em ajudar a prevenir problemas legais e a proteger a empresa de possíveis litígios. *Legal Ops* poderá atuar como desenvolvedor de políticas e procedimentos eficazes em conjunto com a área de negócio de forma a se utilizar de técnicas como o *Visual Law*, além de treinamento para funcionários, políticas de conformidade com regulamentações e contratos bem elaborados garantidos por uma plataforma de gestão de contratos.

É possível a redução de custo por consequência de uma boa gestão desses riscos. Isso ocorre porque a empresa estará mais preparada para lidar com questões legais e poderá evitar situações que possam levar a litígios, bem como proteger a reputação da empresa.

Em resumo, o gerenciamento de risco é uma prática essencial para a área consultiva jurídica, e *Legal Ops* pode ajudar a prevenir problemas legais, reduzir custos, proteger a reputação da empresa e manter a conformidade com as regulamentações.

Gestão orçamentária

A gestão de orçamento é fundamental para o consultivo corporativo, pois ajuda a garantir que as empresas possam utilizar seus recursos de maneira eficiente e eficaz.

A aplicação de todos os recursos nos tópicos anteriores, principalmente gestão orientada a dados, planejamento estratégico e orçamento automatizado pela área de *Legal Ops* contribui para análise das atividades futuras com base em seus recursos financeiros disponíveis. Isso permite que as organizações definam seus objetivos e prioridades, além de garantir que os investimentos sejam feitos de maneira estratégica e planejada, além da identificação dos riscos financeiros e tomar medidas preventivas para minimizá-los. Ainda, *Legal Ops* pode contribuir inclusive para o controle de despesas e a redução dos gastos desnecessários.

Assim, *Legal Ops* pode apoiar na gestão de orçamento e viabilizar tomada de decisões mais informadas e estratégicas, identificar e mitigar riscos financeiros, melhorar a transparência e a comunicação, e controlar as despesas.

Treinamento e desenvolvimento

O treinamento e desenvolvimento podem ser muito úteis para aumentar a eficiência na realização de tarefas diárias. Treinamentos em *softwares* de automação jurídica e outras ferramentas podem ajudar a aumentar a eficiência do trabalho da equipe. Desenvolver habilidades de comunicação pode ajudar a equipe jurídica a explicar conceitos jurídicos complexos de uma maneira fácil de entender, utilizando-se, como mencionado anteriormente, do *Legal Design* e *Visual Law*.

Melhorar a prestação de serviços por meio de treinamentos e desenvolvimento que ajudam a equipe a entender melhor as necessidades dos clientes internos, bem como as melhores práticas para atendê-los, por meio da gestão dos indicadores de área.

Logo, uma gestão do consultivo pode construir um termômetro dos principais problemas e deficiência de comunicação, e traduzi-los em treinamento e desenvolvimento, de modo a sanar as dúvidas e reduzir os ruídos.

Gestão da informação

A gestão da informação feita pelo time de *Legal Ops* pode desempenhar um papel fundamental, uma vez que permite que os profissionais do consultivo tomem decisões mais informadas e fundamentadas, e que essas decisões cheguem de forma clara aos receptores:

- Coleta e disponibilização de informações relevantes;
- Compartilhamento de informações e tomada de decisões assertivas;
- Consultivo eficiente e colaborativo;
- Dados disponíveis e acessíveis.

A gestão da informação pode ajudar o consultivo a se tornar mais eficiente, colaborativo e orientado a dados, o que pode levar a melhores resultados de negócios, e a fazer a gestão do conhecimento de toda a área por meio de apenas um canal.

Métricas e KPIs

As métricas e KPIs para a área consultiva jurídica podem variar de acordo com o objetivo da organização ou escritório de advocacia. No entanto, existem obstáculos para construir indicadores precisos pela variedade de matérias, formato de trabalho, negócio e quantidade. É possível mensurar de forma simples muitos dados da área consultiva, mas, muitas vezes, nos deparamos com a impossibilidade operacional de construir métricas focadas em resultados.

Segundo o advogado e palestrante Luis Gustavo Potrick Duarte, para as métricas não mensuráveis e necessária a criação de uma metodologia que permita objetivar e trazer números para análise do resultado do consultivo, com a criação de uma metodologia escalonada de avaliação.

Para tangibilizar KPIs de acompanhamento, podemos elencar alguns, lembrando que métricas são específicas para cada negócio e devem ser definidas em conjunto com a pessoa gestora e de acordo com os objetivos definidos pela organização:

Eixo IV — Áreas para atuar com *Legal Ops*

1) Tempo médio de resposta: mede o tempo que leva para o advogado responder a um pedido de consulta ou a uma pergunta de um cliente. O objetivo é reduzir o tempo de resposta para aumentar a satisfação do cliente.

2) Satisfação do cliente: importante avaliar a satisfação dos clientes após cada serviço prestado ou consulta para entender se as expectativas foram atendidas e se há espaço para melhorias.

3) Taxa de sucesso: essa métrica mede a taxa de sucesso da equipe jurídica ao resolver casos ou processos. O objetivo é aumentar a taxa de sucesso, fornecendo melhor consultoria e suporte jurídico.

4) Tempo de ciclo de atendimento (SLAs): essa métrica mede o tempo que leva para concluir uma tarefa ou processo desde o momento em que é iniciado até a conclusão. O objetivo é reduzir o tempo do ciclo de atendimento para aumentar a eficiência da equipe de consultoria jurídica.

5) Produtividade: essa métrica mede a quantidade de horas que cada advogado ou membro da equipe está dedicando a cada tarefa ou caso. O objetivo é aumentar a eficiência e a produtividade da equipe de consultoria jurídica, otimizando o tempo e dispensando o desperdício.

O uso de *Legal Ops* na área consultiva jurídica é cada vez mais comum e vem ganhando destaque no mercado jurídico. Essa abordagem consiste na aplicação de princípios e metodologias de gestão empresarial na gestão de departamentos jurídicos e escritório de advocacia, permitindo a otimização de processos, a redução de custos, o aumento da eficiência e a melhoria da qualidade dos serviços prestados.

A implementação de *Legal Ops* na área consultiva jurídica pode trazer muitos benefícios, como a adoção de tecnologias para automatização de tarefas repetitivas e de baixo valor agregado, a análise de dados para tomada de decisões estratégicas, a gestão de projetos para garantir prazos e resultados e melhoria da comunicação e do relacionamento com clientes internos e externos.

Além disso, o uso do *Legal Ops* pode permitir maior transparência e prestação de contas, uma vez que possibilita a medição e o monitoramento dos resultados alcançados, bem como a identificação de problemas e falhas nos processos, permitindo sua correção.

Portanto, conclui-se que o uso de Operações Jurídicas na área consultiva jurídica é uma tendência importante e que pode trazer muitos benefícios para empresas, advogados e clientes, tornando a prestação de serviços jurídicos mais eficiente, eficaz e alinhada às necessidades do mercado.

12

GESTÃO DE CONTRATOS EM TEMPOS DE CRISE: DESAFIOS E OPORTUNIDADES PARA EMPRESAS

*Giulliana Canesin**

Este capítulo tem como objetivo abordar a importância e as diversas nuances da gestão estratégica de contratos, bem como as oportunidades proporcionadas para a empresa, sobretudo em tempos de crise, por conta dos riscos que a falta de uma gestão eficiente pode trazer, como perda financeira, desgastes com fornecedores e possíveis ações judiciais, gerando danos financeiros e até reputacionais.

Antes de adentrar ao tema em específico, é importante ressaltar a relevância da área de *Legal Operations* nesse processo, uma vez que sua função estratégica tem como objetivo fornecer suporte operacional e gerenciamento eficiente para o departamento jurídico de uma empresa.

A área de *Legal Operations* teve início nos EUA em meados dos anos 2000 e contava somente com empresas de tecnologia liderando essa novidade, a qual teve sua expansão para outras indústrias e países ao redor do mundo, incluindo o Brasil. Enquanto que nos EUA a área de *Legal Operations* era mais consolidada e as empresas entendiam o papel estratégico desse time dedicado a busca e adoção de novas tecnologias, implementação de soluções jurídicas cada vez mais inovadoras, melhorias de processos e eficiência contínuos, no Brasil, a área de *Legal Operations* começou a ter visibilidade por volta da segunda metade da década de 2010, quando as empresas perceberam a importância de se adotar uma área dedicada a gerenciar as operações jurídicas.

Com a crescente prática de gestão empresarial baseada em dados e processos mais eficientes, as empresas brasileiras iniciaram suas operações jurídicas com foco em soluções de curto prazo, aprimoramento de processos manuais, redução de custos e negociações de contratos. Atualmente, as soluções devem ser escaláveis, a fim de antecipar possíveis riscos, crises, expansão do negócio e, por fim, atender clientes in-

---

* Advogada apaixonada por projetos e gerenciamento jurídico, pós-graduada em Direito Empresarial pelo Insper, com MBA em Gestão de Negócios pelo IBMEC. Adora inovar e trabalhar em equipe, atuando em *Legal Operations* e instituições financeiras há alguns anos.

Eixo IV — Áreas para atuar com *Legal Ops*

ternos e externos da melhor maneira possível, garantindo conformidade regulatória e refreamento do litígio.

Entre os desafios enfrentados pelas empresas na busca por eficiência estão a revisão e adaptação de contratos existentes a novas demandas e necessidades do mercado, a renegociação de termos e condições, a identificação de oportunidades de redução de custos e a mitigação de riscos contratuais. Para que isso seja atingível em larga escala, de forma ordenada, consistente e automatizada, é primordial considerar as possibilidades de inovação do negócio, do processo e até da cultura da empresa.

Nesse contexto, a adoção de um sistema de CLM (*Contract Lifecycle Management*) pode ser especialmente importante, permitindo a centralização e a automatização de processos relacionados à gestão de contratos, bem como a análise de dados e indicadores relevantes para a tomada de decisão. Isso vai ao encontro da importância da transparência na gestão de contratos em tempos de crise, pois, ao garantir maior clareza e objetividade nas relações contratuais, é possível minimizar possíveis conflitos e garantir o cumprimento de obrigações por todas as partes envolvidas.

Por fim, é fundamental destacar a importância da parceria entre as áreas Comerciais, de *Compliance* e *Privacy*, de Compras, Jurídico, *Legal Operations* e outras na gestão eficiente de contratos comerciais, pois a colaboração e a integração entre áreas podem ser determinantes para o sucesso empresarial e para a mitigação de riscos contratuais em momentos de incerteza e instabilidade econômica.

Legal Operations e gestão de contratos

A área de *Legal Operations* tem se mostrado cada vez mais importante em assegurar uma gestão adequada de contratos, pois a área é responsável por viabilizar que todos os processos e tecnologias usados pelo departamento jurídico tragam ganhos, especialmente em eficiência.

As boas práticas fomentadas por essa área também são perceptíveis a partir de uma gestão integrada e colaborativa com outras áreas como Compras, Financeiro, Recursos Humanos, Jurídico e TI, possibilitando a promoção da transparência e conformidade dos contratos, uma vez que monitora e garante a adesão a leis e regulamentos, bem como políticas e procedimentos internos da empresa.

Com isso, a área de *Legal Operations* irá assegurar que a concepção da ideia de gestão de contratos esteja alinhada com a estratégia da empresa. O fluxo de trabalho (*workflow*) terá sua construção baseada nas políticas internas, nos requisitos mínimos exigidos pela área de TI em questão de segurança e funcionalidade, na conformidade de leis e regulamentos, mas, acima de tudo, no melhor fluxo interno, possibilitando que as partes usuárias estejam confortáveis e os administradores tenham total visibilidade e rastreamento do processo *end-to-end* (de ponta a ponta). Não somente a concepção e implementação, mas a área de *Legal Operations* também assegurará o pós-implementação, os ajustes, a usabilidade e a melhoria contínua desta ferramenta, a fim de sempre atender aos interesses da empresa, de seus usuários e principalmente, do negócio.

Por conta disso, a área de *Legal Operations* tem papel fundamental na gestão de contratos dentro de uma empresa, sendo responsável por coordenar e otimizar as atividades relacionadas aos contratos, desde a elaboração até a execução, o arquivamento, o encerramento e o monitoramento, por meio do uso de diferentes ferramentas e metodologias no gerenciamento contratual, contribuindo para a redução de riscos, aumentando a eficiência, assegurando resultados eficientes e estratégicos, e, assim, gerando vantagem competitiva para a empresa por meio da transparência e da conformidade.

Legal Operations e demais partes envolvidas na gestão contratual

Conforme mencionado, a gestão de contratos demanda a colaboração de diferentes áreas dentro de uma empresa (ou um grupo de empresas), e essa interação se dá na busca pelo melhor interesse da empresa, mantendo todos a par do que está sendo objetivado com as ações tomadas ou planejadas. Assim vale reforçar o papel de cada um e a atuação de *Legal Operations* nessa convergência:

1) Jurídico (*Legal*): departamento responsável por garantir que todos os contratos sejam legalmente válidos, em cumprimento às leis e aos regulamentos aplicáveis, bem como políticas internas da empresa, de forma clara e sem ambiguidades (leia-se riscos). A área de *Legal Operations* poderá fornecer suporte operacional e gerenciamento eficiente, permitindo que o departamento jurídico se concentre em questões legais e de alto valor para a empresa, como o gerenciamento de quaisquer disputas ou litígios que possam surgir ao longo da vida útil do contrato. Vale mencionar que, dependendo da estrutura organizacional, a área de *Legal Operations* poderá ser uma área pertencente ao departamento jurídico ou apartada.

2) Compras (*Procurement*): departamento responsável por negociar os termos e condições dos contratos com fornecedores, parceiros e outros prestadores de serviços, além de monitorar a execução dos contratos e garantir que todas as entregas de produtos ou serviços sejam realizadas conforme acordado. A área de *Legal Operations* poderá suportar a operacionalização da negociação e da gestão de contratos com fornecedores e prestadores de serviços, seguindo as recomendações do departamento jurídico quanto à validade legal e proteção da empresa em caso de disputas.

3) Financeiro (*Finance*): departamento responsável por garantir que os termos financeiros dos contratos, bem como custos e despesas, sejam gerenciados de forma correta. Isso inclui a gestão de pagamentos, recebimentos, faturas e outros aspectos financeiros dos contratos. A área de *Legal Operations* pode fornecer relatórios e análises de desempenho do departamento jurídico e dos contratos, auxiliando no controle de orçamento e gastos relacionados a disputas e litígios da área jurídica, por exemplo.

4) Recursos Humanos (RH ou *HR*): departamento responsável por todo o gerenciamento de pessoas da empresa ,em todos os níveis. A área de *Legal Operations* pode fornecer suporte na criação e gestão de contratos de trabalho, na conformidade com as leis trabalhistas aplicáveis e sua operacionalização dentro da empresa, pois a partir da leitura de dados históricos e previsões futuras é possível entender quais são os problemas trabalhistas que devem ser revisados e mitigados, a fim de fornecer maior qualidade de trabalho sem renunciar a segurança jurídica.

5) Tecnologia da Informação (TI ou *IT*): departamento responsável por toda a infraestrutura, tecnologia e segurança da empresa. A área de *Legal Operations* fornece suporte na implementação e gestão de sistemas de gerenciamento de contratos e a área de tecnologia garante que as necessidades da área e do negócio sejam devidamente reproduzidas na implementação. Portanto, essa interação possibilitará que novas tecnologias utilizadas sejam eficientes e atendam às necessidades da empresa de forma segura.

6) Alta gestão (*C levels* ou *M team*): "C" refere-se aos cargos mais altos da companhia, os *Chiefs*, e M são os *Managers* e, portanto, todos aqueles que denotam alguma responsabilidade com gestão. Esses executivos são cargos estratégicos e se interessam por informações relevantes, aquelas que "podem mudar o negócio" para melhor ou para pior. Essa informação indica que um dos grandes objetivos (e escopo) da área de *Legal Operations* é ser um *data driven*, ou seja, orientada por dados, possibilitando o fornecimento de relatórios e análises que auxiliem na tomada de decisões estratégicas, no planejamento orçamentário relacionado não somente ao departamento jurídico, mas a todas as áreas afetadas pelo gerenciamento de contratos. Isso poderá influenciar diretamente as decisões da alta gestão e, consequentemente, a operação inteira.

A colaboração recíproca permite que todas as fases do processo estejam interligadas e gere uma cadeia de valor entre áreas, demonstrando a importância de cada área ou time em cada fase deste processo. Esse direcionamento e integração estratégicos reforçam também as melhores práticas de *Environmental, Social, and Corporate Governance* (ESG) e *Compliance*. Caso contrário, as empresas poderão enfrentar multas e sanções, além de danos à reputação.

Desse modo, percebe-se que o Jurídico deixa de ser "um mal necessário" e passa a compor uma área estratégica, com o apoio de *Legal Operations*, que atua como um elo que fornece suporte para diversas áreas da empresa, auxilia na gestão de contratos e na conformidade com as leis e regulamentações aplicáveis, e passa a não mais somente ser "a área que gasta muito", mas também a incorporar possíveis ganhos diretos (como os ganhos provenientes de uma multa em uma ação por descumprimento contratual) e indiretos (como uma recomendação jurídica que trará algum benefício em caso de revisão contratual ou contratação de outro fornecedor).

Legal Operations

Logo, a melhor forma de unir esses times e manter a gestão desses contratos de forma efetiva é por meio de um CLM. Essa ferramenta tem por objetivo impactar positivamente a eficiência, a produtividade e o desempenho geral da empresa com a possível minimização de riscos.

Gestão contratual por meio de CLM

Uma das ferramentas mais utilizadas para a gestão eficiente é o *Contract Lifecycle Management* (CLM), que se concentra no gerenciamento, em larga escala, de todas as fases do ciclo de vida dos contratos, proporcionando unicidade, padronização e automatização de processos relacionados à gestão de contratos, bem como o faseamento do ciclo de vida de um contrato desde a sua intenção (negociação) até o seu encerramento.

Com isso, a ferramenta deverá contar com a imputação dos dados necessários para preencher os dados do contrato, a revisão e aprovação de cláusulas, a assinatura e o arquivamento do contrato. Ademais, a ferramenta permitirá de forma simples e assertiva (ainda que por meio de planilhas) a análise de dados e indicadores relevantes para a tomada de decisão. Todas as fases e ações tomadas dentro da ferramenta devem ser passíveis de rastreamento.

Essas funcionalidades que a ferramenta disponibiliza (ou deveria disponibilizar) são os meios pelos quais o time de *Legal Operations* (ou outros em conjunto) poderá compartilhar informações com transparência, clareza e objetividade a fim de minimizar possíveis conflitos e garantir o cumprimento de obrigações por todas as partes envolvidas.

Um exemplo prático disso pode ser resumido na premissa de quem (ou quais times) poderia ter acesso a um processo contratual encerrado, ou seja, quem poderá ter acesso aos termos contratuais de determinado contrato que esteja ou não em vigência. Certamente não será disponibilizado a toda a empresa, mas somente àqueles que o de alguma forma, precisam ter acesso ao contrato, seja pela necessidade de gestão, operacionalização ou revisão.

Segundo o Corporate Legal Operations Consortium (CLOC)[1], são definidas as 12 competências[2] essenciais recomendadas para a constituição de uma de área de *Legal Operations*, que são:

1) Gestão financeira;

---

[1] A Corporate Legal Operations Consortium (CLOC), é uma associação profissional sem fins lucrativos pioneira em compartilhamento e aprimoramento das práticas de *Legal Operations*. Disponível em: https://cloc. org/about-cloc/.

[2] CORPORATE LEGAL OPERATIONS CONSORTIUM (CLOC). *What is Legal Operations?* Disponível em: https://cloc.org/what-is-legal-operations/.

2) Gestão de firmas e fornecedores;

3) Tecnologia;

4) Gerenciamento de projetos;

5) Operações práticas;

6) Governança de informação;

7) Planejamento estratégico;

8) Modelos de entrega de serviço;

9) Gestão do conhecimento;

10) *Business Intelligence*;

11) Otimização e saúde da organização;

12) Treinamento e desenvolvimento.

Mencionar somente algumas dessas competências neste capítulo não descreve com precisão como uma das atividades mais importantes de *Legal Operations* poderia afetar estrategicamente uma empresa – a gestão eficiente de contratos –, a qual pode ser determinante para o sucesso empresarial.

Por meio do uso de tecnologias de CLM, a área de *Legal Operations* possui clareza dos dados qualitativos e quantitativos dessa operação, agregando benefícios da implementação da ferramenta.

Os benefícios quantitativos incluem redução de custos, aumento da eficiência e redução do tempo de ciclo. Por exemplo, o uso de sistemas de gerenciamento de contratos pode ajudar a reduzir o tempo necessário para criar e gerenciar contratos, o que pode levar a uma redução no tempo do ciclo de vendas. Além disso, esses sistemas podem ajudar a reduzir custos administrativos, como o tempo e o dinheiro gastos na revisão manual de contratos.

Os benefícios qualitativos do gerenciamento de contratos por sistemas incluem melhor visibilidade e controle, maior conformidade e maior transparência. Por exemplo, os sistemas de gerenciamento de contratos podem fornecer uma visão clara dos riscos associados a determinados contratos, permitindo que as empresas tomem decisões mais informadas sobre quais contratos aceitar ou negociar.

Conforme exemplos a seguir, os quais não estão sendo exaustivamente explorados, dentro das 12 competências do CLOC, é possível:

1) Realizar a gestão financeira dos contratos, prever o impacto do montante de contratos em determinado período, valores envolvidos em caso de descumprimento contratual ou ganho financeiro sob determinada condição.

2) Realizar a conferência das partes envolvidas no contrato, bem como seus respectivos representantes e poderes para contratar tais obrigações.

3) Fazer uso da ferramenta CLM para todo o processo contratual, desde a sua intenção e negociação até a sua assinatura, renovação e/ou encerramento.

4) Acompanhar todo o projeto e seus processos relacionados a gestão de contratos (envolvimento das áreas relacionadas, definição de políticas, responsabilidades e prazos, fases de implementação e uso, modo de operacionalização etc.).

5) Garantir que toda a operação esteja coberta pelo fluxo definido.

6) Garantir que todas as decisões estejam compatíveis com os níveis de segurança adotados pela empresa, bem como todo o trajeto e ações tomadas durante o processo contratual estejam devidamente arquivados para possível auditoria.

7) Garantir que os fluxos estejam desenhados em conformidade com a estratégia de negócios.

8) Garantir que os métodos e processos adotados sejam replicáveis e padronizados.

9) Garantir que manuais, vídeos de instrução e demais documentos inerentes às regras contratuais e de utilização do sistema estejam disponíveis e acessíveis a todos os usuários.

10) Haver a extração de relatórios com os dados para o devido desenvolvimento de informações e métricas necessárias ao bom acompanhamento e desenvolvimento da área e dos negócios da empresa.

11) Garantir que o uso da ferramenta facilite o dia a dia dos colaboradores em suas operações refletindo facilidade e acuracidade aos seus clientes.

12) Garantir que todos os usuários tenham treinamento adequado ao bom uso da plataforma, bem como a própria ferramenta disponibiliza de canais, atalhos e outras ferramentas para fazer o melhor uso possível.

Implementação de uma ferramenta CLM

Apesar da ferramenta de CLM ser "A" solução dos problemas para as áreas participantes da esteira de contratos, se não bem implementada, poderá se tornar "O" problema diário de muitas pessoas.

Quando da implementação de um CLM é de extrema importância que seja definido o que se pretende atingir com a nova ferramenta, tanto em termos práticos (Ex. Assinar um contrato de forma fácil eletronicamente), quanto em termos quantitativos (Ex. Assinar um contrato de forma fácil eletronicamente em até 1 hora) e qualitativos (Ex. Assinar um contrato de forma fácil eletronicamente em até 1 hora por meio da ferramenta de assinatura eletrônica *"Sign"*, que atende aos requisitos legais e regulatórios e de segurança da empresa). Isso possibilitará que as expectativas estejam alinhadas e os responsáveis pela implementação estejam cientes quanto ao que é preciso se atentar e despender esforços.

Além disso, a ferramenta precisa ser escalável, personalizável e integrável com outros sistemas. A escolha poderá se dar por um *software* pronto no mercado ou pode-

Eixo IV — Áreas para atuar com *Legal Ops* 95

rá se dar pelo desenvolvimento interno desta plataforma. Ambos os formatos apresentam prós e contras.

Em caso de aquisição de um *software* de mercado, há a vantagem de um produto único, exclusivamente desenvolvido para a gestão de contratos, que disponibiliza uma área de suporte e atendimento 24×7[3], com abas personalizáveis e possibilidade de extração de relatórios e gráficos. Contudo, é possível que haja uma má experiência ao perceber que durante ou após a implementação esse *software* poderá não atender às expectativas, ser inflexível nos ajustes e não fornecer um bom suporte.

Por outro lado, caso haja o desenvolvimento interno de uma ferramenta, ela poderá demandar um planejamento, gerar custos altíssimos para empresa, estagnação caso o responsável pela ferramenta saia da empresa, falta de recursos financeiros para o projeto. Contudo, a ferramenta poderá suportar 100% das necessidades delimitadas pelos times, ter suporte interno e direto e não demandar custos adicionais em caso de ajustes.

Independentemente da escolha, a implementação deverá ser bem planejada e preferencialmente em etapas, a fim de minimizar interrupções nos processos existentes. Uma das práticas mais utilizadas é a homologação da ferramenta em ambiente de testes, garantindo que a ferramenta esteja funcionando corretamente antes de passar para a próxima etapa, como a implementação em ambiente de produção. Ainda, a equipe à frente da implementação precisa ter amplo conhecimento sobre o uso da ferramenta e os demais usuários adequadamente treinados sobre a usabilidade e a importância de seguir o novo fluxo que garantirá benefícios para a empresa. Essa missão pode não ser tão simples já que "sempre foi feito assim" e isso demandará esforços para aprendizado e adequação da nova ferramenta.

Mesmo após a implementação, os fluxos e processos devem ser continuamente revisados e aprimorados, sempre atendendo às dores dos clientes internos ou externos, refinando os processos atuais. Somente o uso adequado e aperfeiçoado da ferramenta promoverão a eficácia e eficiência pretendidas.

Os principais pontos a serem observados no processo de elaboração e gestão de contratos são:

1) Identificação da necessidade do contrato;

2) Solicitação de elaboração do contrato;

3) Elaboração do contrato;

4) Revisão e negociação;

---

[3]   24×7 é uma expressão resumida que geralmente refere-se a atendimentos disponíveis por 24 horas do dia durante 7 dias na semana. Portanto, é um atendimento disponibilizado em tempo integral.

5) Aprovação do contrato;

6) Assinatura do contrato;

7) Armazenamento do contrato;

8) Acompanhamento do contrato;

9) Execução do contrato;

10) Gerenciamento de mudanças;

11) Encerramento do contrato.

A implementação de um CLM efetivo pode ter impactos significativos na eficiência, produtividade e desempenho geral da empresa. Com objetivos claros, a ferramenta certa, treinamento e suporte adequados, implementação em etapas, monitoramento e análise contínuos, a gestão efetiva de contratos pode ser alcançada por meio de um CLM efetivo. A implementação desse sistema pode trazer benefícios significativos para a empresa, como redução de riscos, melhoria da eficiência, aumento da transparência e melhoria do desempenho geral.

É importante lembrar que o CLM é uma ferramenta que deve ser integrada com outras áreas da empresa, como *Legal Operations* e *Compliance*, para garantir que os contratos estejam em conformidade com as regulamentações e políticas internas da empresa. Com uma implementação cuidadosa e um compromisso contínuo com a melhoria, as empresas podem colher os benefícios de um CLM efetivo.

Contudo, o conselho da autora para o leitor na implementação eficiente e alocação de esforços seria na base de dados, pois a ferramenta pode ser a melhor implementada, a mais segura e mais cara do mercado, mas nada disso importará se a base de dados não estiver acurada. Os eventuais ajustes necessários na ferramenta já implementada são mais complexos, a redefinição da base poderá alterar as informações de forma inesperada e, portanto, os dados não refletirão a realidade dos contratos atuais e futuros, impactando a tomada assertiva de decisões. Ao fim, a ferramenta torna-se apenas um repositório de contratos com assinatura eletrônica.

Gestão de contratos em tempos de crise

Conforme exposto ao longo deste texto, resta explícito como uma gestão eficiente e transparente traz diversos benefícios para a empresa. Portanto, será que a gestão eficiente deve ser considerada somente em momentos de crise?

O gerenciamento de contratos é um grande pilar de uma companhia e não deve ser negligenciado, pois a falta de controle com relação às obrigações contraídas podem afetar o resultado da empresa.

Reconhece-se, assim, que a gestão de contratos deve existir independentemente do momento em que a empresa se encontra, uma vez que proporcionará maior segurança jurídica e adoção de medidas estratégicas para o negócio. Contudo, para tomada de decisão, deverá haver acurácia na análise de dados, transparência nas informações e eficiência na operação, o que influenciará diariamente o desempenho estratégico da empresa.

O foco deve se dar na forma de como essa implementação, manutenção e gestão de contratos será conduzida. Por isso, fazer um gerenciamento de contratos é entender quais deles são importantes e quais devem cair em desuso, permitindo à empresa focar seus esforços e recursos naqueles que realmente importam.

A avaliação sobre quais contratos realmente importam segue inúmeras premissas, mas as mais comumente utilizadas são a classificação de contratos por tipo (Ex. prestação de serviços, contratos de fornecimento, contratos de locação, entre outros) a fim de identificar os mais utilizados, entender a relevância estratégica daquele contratos para a empresa (Ex. montante de valores de contratos do tipo X, ou quantidade de contratos de fornecedores com atuação mais extensa ou em maior quantidade, tempo médio de vigência etc.), analisar se de fato o objeto do contrato está sendo útil (Ex. a contratação de um *software* que somente uma pessoa usa e há outros similares), analisar se o fornecedor segue as normas de compliance ou o contrato é extremamente oneroso para a empresa, oferecendo riscos financeiros e reputacionais; analisar se o tempo de duração do contrato é razoável, conforme as políticas internas de revisão e auditoria da empresa.

Dentre os desafios e as atividades elencados no texto, a implementação de um CLM deverá ser planejada em conjunto com diferentes áreas e de fácil acesso e entendimento dos usuários. A área de *Legal Operations* atuará como um intermediador e provedor destes dados estratégicos, com dedicação à melhoria contínua de processos, proporcionando escalabilidade, mitigação riscos, conformidade regulatória e amenização do litígio.

Esse movimento de uso da nova ferramenta poderá demandar um período de adaptação, com sequenciamento de fases e processos, com o mínimo impacto possível sobre a operação atual. Todavia, o resultado será o alcance de benefícios e desenvolvimento de oportunidades para a empresa quanto à redução de custos, à mitigação de riscos contratuais e até alterações na operação.

Esse momento atual de crise pode não afetar o negócio diretamente, mas a cadeia produtiva afeta (ou afetará) a todos os setores e estar preparado para momentos como estes é uma vantagem competitiva no mercado, pois a empresa poderá identificar riscos jurídicos e procurar alternativas para mitigá-los, o que tende a minimizar custos com litígios.

Além disso, as ações com melhorias de processos e uso de tecnologia aumentará a eficiência da área e o efeito que recai sobre todas as áreas envolvidas no processo contratual garantirão conformidade com as leis e regulamentações aplicáveis, bem como com as políticas internas da empresa e tornar essa prática transparente e de conhecimento dos *stakeholders*[4].

Para o sucesso empresarial, é imprescindível a gestão contratual, que pode ser resumida como gestão de riscos e aumento de eficiência, com interação entre áreas e clareza sobre os contratos que podem ser protagonistas em tempos de crise, evitando enfraquecimento da relação com fornecedores e moderando possíveis conflitos jurídicos, que geram perda financeira e danos reputacionais, e, se levado em consideração o momento atual brasileiro e global, com instabilidades política, jurídica e financeira, trata-se do *agora* um momento de crise.

REFERÊNCIAS

CORPORATE LEGAL OPERATIONS CONSORTIUM (CLOC). *About us*. Disponível em: https://cloc.org/about-cloc/. Acesso em: 26 mar. 2023.

CORPORATE LEGAL OPERATIONS CONSORTIUM (CLOC). *What is Legal Ops*. Disponível em: https://cloc.org/what-is-legal-ops/. Acesso em: 19 mar. 2023.

HARRISON, Jeffrey S. *Administração estratégica de recursos e relacionamento*. Porto Alegre: Bookman, 2005.

ROCHA, Thelma; GOLDSCHMIDT, Andrea. *Gestão dos stakeholders*. São Paulo: Saraiva, 2010.

---

[4]   *Stakeholders* são os públicos de interesse, grupos ou indivíduos que afetam e são significativamente afetados pelas atividades da organização: clientes, colaboradores, acionistas, fornecedores, distribuidores, imprensa, governos, comunidade, entre outros. HARRISON, Jeffrey S. *Administração estratégica de recursos e relacionamento*. Porto Alegre: Bookman, 2005. p. 31, *apud* ROCHA, Thelma; GOLDSCHMIDT, Andrea. *Gestão dos stakeholders*. São Paulo: Saraiva, 2010, p. 6.
No caso da gestão contratual, os *stakeholders* são inúmeros, pois o contrato gerado terá efeitos sobre todos os participantes da cadeia, bem como poderão ser afetadas pessoas estranhas a essa relação.

13

LEGAL OPERATIONS E GESTÃO DO CONTENCIOSO: UMA JORNADA COLABORATIVA

Gabriela Bratkowski Pereira*
Guilherme Porcher**

Há um consenso, mesmo entre pessoas não advogadas, de que o Brasil tem um alto índice de litigiosidade. Segundo dados do Conselho Nacional de Justiça (CNJ)[1], o Poder Judiciário finalizou o ano de 2021 com 77,3 milhões de processos em tramitação, sendo que, com exceção da Justiça Eleitoral, em todos os segmentos houve aumento do estoque de processos em relação ao ano de 2020. Estima-se que, mesmo que não fossem ajuizadas novas ações, seriam necessários aproximadamente 2 anos e 10 meses de trabalho para zerar esse estoque.

A alta judicialização não é, por si só, ruim. Ela pode ser um indicador positivo de que o judiciário é realmente acessível às pessoas. O relatório anual do World Justice Project, intitulado *Rule of Law Index*[2], demonstra que o Brasil está, de fato, acima da média global no quesito de acessibilidade à justiça, porém muito abaixo no quesito celeridade. O aumento dos estoques, gerado pela combinação desses indicadores, demonstra que há bastante espaço para tornar o contencioso mais eficiente, e ganhos de eficiência são justamente uma das maiores contribuições da área de *Legal Operations*, responsável pela gestão de atividades e questões não jurídicas de departamentos jurídicos.

---

* Advogada. Gerente jurídico na Lojas Renner S.A. Cofundadora da Comunidade Legal Operations Brasil (CLOB). Mentora e coordenadora do grupo técnico "Gestão e Inovação" na Women in Law Mentoring. Formada em Direito pela PUC-RS, possui MBA Executivo pela Universitat de Barcelona e pós-graduação em Direito dos Negócios e em Design de Interação e Design de Serviços pela Universidade do Vale do Rio dos Sinos (UNISINOS).

** Graduado em direito pela PUC-RS e pós-graduado em administração pelo Centro Universitário Ritter dos Reis (UniRitter). Especialista em *Legal Ops* na Lojas Renner S.A e cofundador da CLOB.

[1] CONSELHO NACIONAL DE JUSTIÇA (CNJ). *Justiça em números 22*. Disponível em: https://www.cnj.jus.br/wp-content/uploads/2022/09/justica-em-numeros-2022-1.pdf. Acesso em: 19 maio 2023.

[2] WORDL JUSTICE PROJECT (WJP). *Rule of Law Index*. Disponível em: https://worldjusticeproject.org/rule-of-law-index/global. Acesso em: 19 maio 2023.

Apesar de ser um termo bastante conhecido no exterior, a área começou a ser implementada há pouco tempo no Brasil. Não obstante, já há diversos casos de aplicação que demonstram como a área de *Legal Operations* pode aportar valor à área de contencioso, principalmente em dois aspectos: redução de trabalho não técnico desenvolvido por pessoas advogadas e maior qualidade nas entregas e iniciativas não jurídicas.

Pessoas advogadas que atuam com grandes volumes de processos lidam, diariamente, com diversas demandas que fogem da formação tradicional em Direito. Isso gera, invariavelmente, ineficiências e insatisfação no dia a dia do trabalho, que podem ser reduzidas ou eliminadas a partir da transferência dessas demandas para o profissional de *Legal Operations*, permitindo que as pessoas advogadas deem maior atenção às atividades técnicas-jurídicas que impactam diretamente o resultado do processo judicial e que trazem maior realização profissional a elas, ao tempo que atividades e iniciativas não jurídicas relevantes ganham o foco necessário para tornarem a entrega da área de contencioso mais eficiente e estratégica.

A transferência dessas atividades costuma ocorrer aos poucos. Embora seja cada vez mais fácil comprovar os ganhos que ter uma pessoa ou equipe dedicada à *Legal Operations* trazem, sabe-se que o lema "fazer mais com menos" segue existindo nas empresas e que há grande concorrência para a destinação de recursos financeiros. Por isso, sugerimos ver a colaboração entre a área de *Legal Operations* e a área de contencioso como uma jornada, em que pequenos passos e pequenos ganhos abrem oportunidade para ampliar o escopo da área e obter ganhos maiores.

Como toda jornada, ela não será a mesma para todas as empresas e dependerá, em grande parte, dos desafios e das oportunidades vivenciados por cada uma. Não obstante, as etapas que mencionaremos nos próximos parágrafos costumam estar presentes em muitos casos, recomendando-se identificar e iniciar por aquela que possibilitará os maiores ganhos com o menor investimento de tempo, dinheiro e esforço.

Controladoria jurídica

Em empresas com altos volumes de processos, não é raro que a jornada se inicie com a implementação de *Legal Operations* focada em atividades relacionadas à gestão orçamentária e financeira e ao provisionamento dos processos, área que é também conhecida como "controladoria jurídica".

Um departamento jurídico é uma área de negócio como qualquer outra. Tem seus fornecedores e prestadores de serviços, contratos a gerir, contas a pagar, orçamento a elaborar e controlar mensalmente. Em departamentos que têm volume de contencioso, essas atividades tendem a ser ainda mais expressivas, considerando a necessidade de se prever e controlar as despesas com processos e o costumeiro aumento na quantidade de parceiros envolvidos na prestação do serviço.

Eixo IV — Áreas para atuar com *Legal Ops*

Essa atividade de gestão orçamentária e financeira é vista como ofensora da produtividade de pessoas advogadas que precisam se dividir entre atividade técnica-jurídica e atividade de gestão. Há inúmeras oportunidades que podem ser exploradas quando essa atividade é conduzida por uma área específica, que vai além da execução e pensa em como otimizar os recursos e ter mais eficiência financeira no departamento. Nesse sentido, *Legal Operations* se apropria da relação comercial com os fornecedores, negociando a contratação de honorários, as formas e prazos de pagamento, a eventual atribuição de bônus por atingimento de metas, entre outras questões que afetam a remuneração dos escritórios. Indiretamente, a gestão financeira feita por *Legal Operations* facilita a elaboração do orçamento anual, pois os dados necessários já estão sendo coletados e padronizados pelo time.

É fundamental que haja colaboração entre *Legal Operations* e as áreas técnicas nessa atividade, de forma que *Legal Operations* receba as informações referentes à *performance* dos parceiros, permitindo que se planeje a substituição desses, a realocação de demandas, a contratação de novos parceiros, os impactos no orçamento, entre outros reflexos.

A mesma colaboração deverá ocorrer com relação ao provisionamento dos processos, atividade complexa e extremamente relevante para a área de contencioso. Nessa atividade, é necessário atribuir valor e risco aos processos corretamente, o que envolve a análise dos pedidos, da matéria, da jurisprudência, da fase do processo, do local em que está tramitando a ação e de outros fatores.

Considerando que a provisão costuma ser a maior despesa gerida por departamentos jurídicos em empresas com volume de contencioso, busca-se assertividade, previsibilidade e pontualidade na entrega à área financeira. A cooperação entre *Legal Operations* e a área de contencioso traz esses elementos à entrega, ao envolver os profissionais de *Legal Operations* na análise dos dados e elaboração das planilhas e as pessoas advogadas tão somente na validação das informações que demandam análise jurídica.

Melhoria de processos internos

Outra etapa importante na criação de um contencioso eficiente é a revisão constante dos processos e fluxos internos. A gestão de uma carteira de processos é composta por diversos fluxos que envolvem tanto o Jurídico quanto outras áreas internas e escritórios parceiros. Mapear esses fluxos buscando oportunidades de eliminação, automação ou otimização é essencial para garantir a eficiência da área de contencioso e costuma ser uma grande contribuição da área de *Legal Operations*, que se ocupa de fazer as perguntas certas, de usar método para o mapeamento das dores e possíveis soluções e de criar uma cultura voltada à melhoria contínua e à inovação.

Ademais, redesenho e melhoria dos fluxos de trabalho são requisitos necessários para a implementação de novas tecnologias. Buscar um sistema que somente digitalize a operação da área de contencioso sem repensá-la e melhorá-la não é só uma perda de oportunidade, é também tornar o processo de busca e implementação de sistemas mais difícil e custoso. Invariavelmente, o sucesso do projeto dependerá de que os fluxos internos se adaptem para que a tecnologia funcione.

Implementação de tecnologia

Os departamentos jurídicos nunca estiveram tão bem servidos de soluções tecnológicas como atualmente: todos os anos surgem novas *legaltechs* com novos produtos para atender o mercado jurídico. Tão importante quanto conhecer as soluções existentes é saber quais delas fazem sentido para determinado departamento, outra atividade desenvolvida pela área de *Legal Operations*.

Nessa linha, a área de *Legal Operations* apoiará não só a implementação de novas soluções, mas, em cooperação com os times técnicos, aprofundará o conhecimento dos desafios da área de contencioso e dos pontos que mais impactam a operação, o que possibilitará a melhor escolha da tecnologia a ser adotada. Frisamos que esse momento é o que exige a maior sinergia entre os times para a correta identificação do que se pretende solucionar e para a correta implementação da solução escolhida.

Em contencioso, o sistema considerado como indispensável é o chamado Enterprise Resource Planning ou ERP Jurídico, que viabiliza a gestão da carteira de processos ao permitir o acompanhamento dos processos, o controle de prazos, o acesso a documentos relevantes, a criação de fluxos automatizados de trabalho, a gestão das despesas relacionadas e a emissão de relatórios diversos. O ERP possibilita, ainda, o atendimento de fluxos geridos por outras áreas da empresa, como contas a pagar e lançamentos contábeis, e a integração com outros sistemas, por isso é considerada a base para o crescimento tecnológico e operacional do departamento.

Gestão de dados

Uma das principais vantagens trazidas pela adoção de sistemas de gestão está relacionada à gestão de dados. *Legal Operations* aporta imenso valor nessa frente ao garantir a padronização e estruturação dos dados para a posterior geração de informações que suportem decisões do jurídico e das áreas de negócio. O principal cuidado desses profissionais será identificar quais são dados mais relevantes para o departamento e para o negócio e garantir que esses sejam inseridos da forma correta e no momento acordado. É importante que essas definições ocorram no momento da implementação da tecnologia, evitando alterações sistêmicas ou projetos de saneamento de dados que costumam demandar grande esforço e investimento financeiro.

Eixo IV — Áreas para atuar com *Legal Ops*

Com o tempo, a área de contencioso terá um banco de dados histórico que fornecerá informações relevantes para os times e para a gestão. Será possível saber por quantas ações cada advogado é responsável, organizadas por matéria, natureza, complexidade, localização, o que permitirá uma distribuição adequada do trabalho, tanto em volume como em *expertise*. Os dados também permitirão entender em que matérias e localidades há êxito e como julgam determinados juízes e desembargadores, assim como quais os escritórios parceiros que trazem os melhores resultados, viabilizando decisões estratégicas que aumentem a probabilidade de sucesso da ação.

As informações advindas do contencioso podem ser estratégicas também para outras áreas da empresa:

• O que faz um cliente, fornecedor ou colaborador ajuizar uma ação?

• Quais processos, serviços ou produtos precisam ser melhorados ou criados para evitar esse desgaste no relacionamento com esses *stakeholders*?

• Por que os canais de atendimento não foram suficientes para evitar a ação judicial?

Esses são exemplos de perguntas facilmente respondidas a partir da análise de dados de processos judiciais. Nesse ponto, *Legal Operations* também apoiará no uso de sistemas de *Business Intelligence*, *dashboards* ou outros meios de visualização de dados que deem a segurança e velocidade necessárias para a comunicação com os *stakeholders* do departamento jurídico.

Em síntese, *Legal Operations* é um aliado importante na adoção de uma cultura orientada a dados, tão importante para que a empresa perceba o Jurídico como um departamento estratégico.

Gestão do conhecimento

O resultado natural das atividades colaborativas mencionadas nos itens anteriores é a ampliação do conhecimento interno. Esse conhecimento é um ativo intelectual da empresa e necessita de gestão constante para que seja perene, de fácil acesso, de fácil leitura e de rápida integração ao trabalho. Nesse ponto, *Legal Operations* atua criando procedimentos, normas, manuais e treinamentos que facilitarão a observância de processos internos pelos times e escritórios parceiros.

Não há dúvida de que o conhecimento é um dos maiores bens do departamento jurídico, por isso, usar de ferramentas para torná-lo acessível e passível de revisão e atualização acelera as entregas, os processos de inovação e a tomada de decisão, mais uma vez, trazendo eficiência à área de contencioso.

Se o ciclo terminou, é hora de recomeçar

Essa jornada colaborativa entre *Legal Operations* e a área de contencioso trará reflexões, aprendizados e resultados que servirão para amadurecer e ampliar o escopo das competências mencionadas. Por exemplo, a análise dos dados gerados a partir dos processos judiciais que, em um primeiro momento, embasaram decisões dos advogados nos processos judiciais ou das áreas de negócio na melhoria de produtos e serviços, em um segundo momento poderá gerar a mudança de critérios e modelos de provisionamento.

Da mesma forma, superada a implementação das tecnologias que dão estrutura ao departamento, chegará a vez de se avaliar e implementar tecnologias adjacentes que trarão maior eficiência e novos dados à área de contencioso. Já os *dashboards* que, inicialmente, davam visibilidade aos dados dos processos judiciais, podem apoiar no cruzamento desses dados com outras fontes de dados internas e externas, ampliando a compreensão dos desafios e oportunidades existentes.

Tanto a Corporate Legal Operations Consortium (CLOC)[3] quando a Association of Corporate Counsel (ACC)[4], duas associações referências em *Legal Operations*, possuem diretrizes que, além de definirem as competências e práticas que as áreas de *Legal Operations* devem implementar, as avaliam em níveis de maturidade.

Assim, independentemente de serem adicionadas outras práticas, além das mencionadas, à área de *Legal Operations*, é importante saber que a jornada nunca termina, ela se retroalimenta e garante que as áreas estejam sempre em um processo de melhoria contínua, inovação e evolução.

REFERÊNCIAS

ASSOCIATION OF CORPORATE COUNSEL (ACC). *Legal Operations Maturity Model*. Disponível em: https://www.acc.com/maturity/knowledge-management. Acesso em: 20 mar. 2023.

CONSELHO NACIONAL DE JUSTIÇA (CNJ). *Justiça em números 2022*. Disponível em: https://www.cnj.jus.br/wp-content/uploads/2022/09/justica-em-numeros-2022-1.pdf.

CORPORATE LEGAL OPERATIONS CONSORTIUM (CLOC). *What is Legal Ops*. Disponível em: https://cloc.org/what-is-legal-ops/. Acesso em: 20 mar. 2023.

WORLD JUSTICE PROJECT (WJP). *Rule of Law Index*. Disponível em: https://worldjusticeproject.org/rule-of-law-index/global.

---

[3] CORPORATE LEGAL OPERATIONS CONSORTIUM (CLOC). *What is Legal Operations*. Disponível em: https://cloc.org/what-is-legal-operations.

[4] ASSOCIATION OF CORPORATE COUNSEL (ACC). *Legal Operations Maturity Model*. Disponível em: https://www.acc.com/maturity/knowledge-management.

EIXO V

LEGAL OPS: EFICIÊNCIA E EFICÁCIA

14

A EFICIÊNCIA COMEÇA AQUI

Felipe Coffone*
Simone Minassian**

Um dos grandes dilemas até hoje enfrentados pelos times jurídicos, internos e escritórios, é um certo distanciamento, uma desconexão das demais áreas e demais conceitos do mundo dos negócios. Nos jurídicos internos, há um claro "abismo" entre este e os outros times e quando existe alguma aproximação, a comunicação geralmente é turva ou complexa.

Nos escritórios, existia uma "quase" marginalização dos profissionais não advogados e até mesmo dos advogados que não gerenciam carteiras de clientes e processos judiciais. Não é para menos. Passamos a nossa formação sendo massacrados indiretamente com essa simbologia do distanciamento. Neste exato momento, você deve ter lido essas poucas linhas com certo ceticismo. Vamos voltar no tempo e analisar algumas simbologias.

Geralmente, a faculdade de Direito era o *campus* mais afastado, quando não era em outro endereço dos demais cursos da faculdade/universidade. Maior volume de pessoas em trajes sociais e falando quase que um dialeto próprio. Único curso que não contava, em sua maioria, com professores de outras disciplinas.

---

* Pai de dois e *Head* de Eficiência Jurídica LATAM na Whirlpool Corporation. Advogado com especialização em Gestão e Administração. MBA em Administração de Empresas, pós-graduado em Administração de Negócios, PMI em Gestão de Projetos, cientista de dados e mentor de novos profissionais. Mais de 14 anos de experiência em operações dentro e fora do jurídico no setor financeiro. Cofundador da metodologia de Eficiência Jurídica. Um entusiasta em mudar a visão dos departamentos jurídicos/escritórios, democratizar o Direito e ajudar as pessoas a crescer.

** Mãe de dois. Transbordei minha carreira de advogada para administradora, especialista em identificar oportunidades e solucionar problemas, alavancando os resultados por meio da conexão de temas e pessoas. Atuo há 14 anos com o propósito de gerar eficiência em diferentes áreas nas empresas, na qual passei e na maior parte dessa jornada, estive envolvida com o Jurídico no objetivo de buscar resultados e transformação. Com isso, cocriei o modelo de Eficiência Jurídica. Meu genuíno interesse por gente sempre foi uma marca e possibilitou a transformação cultural que Eficiência Jurídica pede.

Além dessas simbologias, algumas outras afirmações nos prejudicaram nessa jornada de formação. Quem nunca ouviu frases como: "nunca diga que você não sabe", "advogado não sabe fazer conta", "advogado é arcaico, não fala com inovação"... Fato é que precisamos nos libertar dessas amarras invisíveis e quebrar esse ciclo nada virtuoso. Essa transformação ou essa aproximação é um dos pilares fundamentais do movimento de Eficiência Jurídica.

> "Eficiência Jurídica é o elo que conecta a estratégia da empresa com o jurídico, criando influências diretas uns nos outros. Com metodologia, une-se o conhecimento e a técnica jurídica, o *legal operations*, a controladoria jurídica e o *design*, transformando esse conjunto em uma estratégia de negócio"[1].

Em uma única palavra, falamos de valor ou, se preferir, dinheiro. Nesse contexto, a pergunta "Por onde começar?" não é nada óbvia e não possui uma só resposta. Ela é customizada de acordo com: 1) as características da sua empresa; 2) as características do jurídico (mais contencioso? mais consultivo? etc.); e 3) a cultura do time. Especialmente o terceiro item deve ser cuidado com muita atenção.

O passado nos mostra que estar à frente do seu tempo não beneficiou nenhum dos grandes nomes da nossa história. O ritmo do time dita o ritmo da evolução do todo, ainda que tenhamos meios de acelerar o movimento. Mas a pergunta permanece, por onde começar?

As metodologias que vêm dando muito certo nos direciona para esse caminho:

1) Mapeie seu processo e identifique os pontos frágeis e improdutivos, os famosos problemas ou dores. Com eles, monte um plano de resolução.

2) Redesenhe, simplifique e implemente as melhorias.

3) Crie checagens ao longo da jornada para verificar a evolução.

4) Ajuste ou recrie caminhos.

A metodologia **PDCA** (*do inglês:* **PLAN – DO – CHECK – ACT** *ou* **Adjust***)* é um método interativo de gestão de quatro passos, utilizado para controle e melhoria contínua de processos e produtos. É também conhecido como o **círculo/ciclo/roda de Deming**, **ciclo de Shewhart**, **círculo/ciclo de controle** ou **PDSA (plan-do-study--act)**. Outra versão do ciclo **PDCA** é o **OPDCA**, em que a letra agregada "O" significa observação ou 0 como algumas versões dizem, "Observe a situação atual". Essa ênfase na observação e na condição atual é utilizada frequentemente na produção enxuta (*Lean Manufacturing*/Toyota Production System) do Sistema Toyota de Produção.

---

[1] COFFONE, Felipe Fioratti; MINASSIAN, Simone. Eficiência Jurídica. In: FONTENELE, Ísis P.; BARBOSA, Maria Juliana do Prado. *A Nova Era da Gestão Jurídica*: contextos e soluções. São Paulo: Évora, 2022, p. 175.

Eixo V — *Legal Ops*: Eficiência e Eficácia

Essas ferramentas são aplicadas sucessivamente nos processos buscando a melhoria de forma continuada para garantir o alcance das metas necessárias à sobrevivência de uma organização. Pode ser utilizada em qualquer ramo de atividade, para alcançar um nível de gestão melhor a cada dia. Seu principal objetivo é tornar os processos da gestão de uma empresa mais ágeis, claros e objetivos. Segundo Vieira Filho: "Esse método é largamente utilizado na busca da melhoria contínua tão necessária para o sucesso dos negócios"[2].

A busca e aplicação de melhoria contínua dos nossos negócios eleva o patamar de qualidade, a entrega do trabalho jurídico e também da satisfação e do desenvolvimento das pessoas nele envolvidas. Por esse olhar, trazer eficiência, no seu significado etimológico, é fundamental porque "só" eficácia não basta para as empresas que querem e precisam avançar.

Há uma série de visões sobre a associação ou não de eficiência e eficácia que clareiam nosso entendimento. Para começar a busca por formas mais eficientes de trabalho, percebemos que apenas parte das ineficiências estão nas reclamações que ouvimos. A outra parte ainda não foi percebida como tal. Por isso, mapear todos os fluxos, atividade por atividade, é tão fundamental.

Comentamos anteriormente que "Por onde começar?" não possui uma só resposta.

Além de começar pelo mapeamento de atividades e dar início ao ciclo de melhoria contínua, há uma oportunidade que podemos provocar antes mesmo de concluir o mapeamento que, além de ajudar na identificação dos problemas, atua muito na mentalidade das pessoas e, consequentemente, na transformação cultural. Na nossa experiência, começamos a disseminar dois "mantras" que funcionaram muito! São eles:

Observe as atividades que você não gosta de fazer e pense: deve haver algum jeito de fazer isso de forma mais eficiente.

Aqui, normalmente estão tarefas com algum grau de repetição, que se prestam para atualizar dados ou intermediação de alguma atividade que não agrega valor efetivo. Exemplos: atender solicitações de documentos societários ou de minutas já padronizadas, ser ponto de contato único de todas as áreas da empresa com o cartório, cadastrar dados de processos judiciais, entre outras muitas.

Lembramos de uma situação em que os poderes outorgados nas procurações eram redigidos pelos advogados e estes eram frequentemente consultados pelos procuradores para traduzir os poderes sempre que estavam diante de algum ato de representação. Os procuradores não entendiam se tinham ou não determinado poder lendo

---

[2] WIKIPÉDIA. *Ciclo PDCA*. Disponível em: https://pt.wikipedia.org/wiki/Ciclo_PDCA. Acesso em: 28 mar. 2023.

a procuração. Quem de nós gosta de ser consultado para essa finalidade? Fato é, o extremo da excelência da técnica cria uma distância e uma clara falta de entendimento da nossa comunicação com os nossos receptores, neste caso, nossos clientes. Comumente o emissor adapta a sua mensagem para a clareza do receptor. Infelizmente, essa é uma prática ainda minoritária no Direito.

Em todos os exemplos é possível encontrar formas alternativas de atender as necessidades dos nossos clientes, normalmente de forma mais satisfatória, e nem todas precisam de tecnologia para isso. Arriscamos dizer que a maioria se resolve bem sem ou com baixíssimo nível de tecnologia num primeiro momento.

Uma perspectiva para se adicionar aqui é se conseguimos despir os nossos problemas das nossas paixões e ter um olhar mais simples sobre ele, um universo de possibilidades se abrem ao nosso redor. Chamamos isso "commoditização" do problema[3]. Ele tira as amarras e dá asas para podermos pensar mais à frente nas nossas soluções! Abre caminhos para o jurídico usufruir de tecnologias originalmente não jurídicas.

Quando nos permitimos ter esse pensamento, os relatos que recebemos trazem um sentimento de alívio, de que o beco pode ter saída e que não estamos fadados a essa atividade. Importante aqui que não precisamos saber como resolver. Basta desconfiar que no mundo de hoje deve haver uma forma diferente e ir em busca de alguém (construção coletiva é o nome do jogo!) que saiba qual é essa forma. O segundo "mantra" é:

Se digitamos a mesma informação mais de uma de vez, alerta!

Por óbvio, o ideal é não digitar nada. Mas não digitar (vale também para copiar e colar manualmente, viu?) mais de uma vez já é um avanço considerável para começar. Essa frase é um marcador importante para as pessoas observarem o que fazem e aprimorarem o pensamento crítico em todos os aspectos. Certa vez, na tela do computador de um colega havia dois arquivos Word e ele copiava os dados de um e colava no outro arquivo. O risco de erro era enorme e a insatisfação do advogado nessa função, ainda maior. O que se quer provocar aqui é que, ainda que pontualmente uma atividade assim se faça necessária, essa pessoa precisa usar sua indignação para buscar soluções, ainda que não saiba qual.

Em outra situação, um colega efetuava pagamentos, os famosos. É um fluxo desgastante para quem paga e para quem recebe. Esse colega digitava todos os 12 dados necessários no sistema de pagamentos e numa planilha, dado que o sistema não emitia um relatório que contivesse os mesmos 12 dados, e assim, dificultava a gestão. Importante observar que os 12 dados já tinham sido preenchidos pelo fornecedor no

---

[3] COFFONE, Felipe. Já pensou que o seu problema é uma *commodity*? *LinkedIn*, 3 abr. 2023. Disponível em: https://www.linkedin.com/in/felipe-fioratti-coffone/. Acesso em: 3 abr. 2023.

Eixo V — *Legal Ops*: Eficiência e Eficácia

pedido de pagamento. Então, nessa atividade, digitava-se a mesma informação pelo menos 3 vezes, ainda que por duas pessoas diferentes. Um ótimo exemplo de pessoas servindo os processos ao invés de processos servindo as pessoas. O resultado? Trabalhamos para o sistema, e muitas vezes, nossa indignação gera mais conformismo e reclamação do que a busca da solução.

Outra barreira que frequentemente encontramos na simplificação de atividades é o baixo apetite de risco no nosso ambiente. Normalmente não se pode mudar como as coisas são feitas porque acontecerá algo terrível e incontornável. Sim, lidamos com temas complexos e importantes, mas será que o "sempre foi assim" é o poder atuante?

Para lidar com riscos, atuamos em duas etapas. A primeira é fatiar o fluxo, associar cada atividade ao risco que deveria mitigar e avaliar se a mitigação está sendo efetiva. A segunda é pensar e discutir sobre o que de pior poderia acontecer. Dessa lista de piores riscos, quais poderiam ser mitigados, quais podemos correr e a quais não queremos nos expor. Leveza e bom humor nessa etapa ajudam muito a enfrentar as resistências e seguir protegendo os riscos que não queremos assumir.

Um exemplo disso aconteceu ao estudar o uso de seguro garantia em processos trabalhistas. Havia uma resistência inicial em dar autonomia aos escritórios parceiros para emissão das apólices diretamente na plataforma que estávamos avaliando. Num primeiro momento, a visão era manter o fluxo existente em que os escritórios solicitariam o seguro para o advogado interno e este avaliaria a solicitação, entraria na plataforma, preencheria os dados, emitiria a apólice e enviaria por e-mail ao escritório solicitante. Quando fizemos a discussão sobre o que de pior poderia acontecer nessa etapa do fluxo, a conclusão foi: pagamento de prêmio indevido por emissão indevida de seguro em casos que não vamos recorrer.

Se esse era o pior risco, fizemos uns cálculos e vimos que o risco financeiro era pequeno e que eventuais erros estariam dentro de uma margem aceitável. Os escritórios, inclusive, concordavam em reembolsar o valor (no caso de erro) e ter a autonomia e a agilidade para realizar as emissões.

Seguimos assim, mas, em paralelo, fomos em busca de mitigar ainda mais esse ponto. Afinal, ninguém quer gastar dinheiro de maneira desnecessária. Em conjunto com o nosso parceiro, foi possível negociar com as seguradoras que apólices canceladas em até 30 dias da sua emissão não seriam cobradas. Esse período era suficiente para identificar eventuais emissões indevidas. E assim o risco dessa etapa foi completamente mitigado.

Esse caminho de identificação rápida de atividades repetitivas e sem valor agregado é uma forma de capturar *quick win*, que pode ser feita em paralelo a outras iniciativas, que traz impacto na cultura e na liberação de tempo para que as pessoas possam

112   Legal Operations

se dedicar ao mapeamento completo e discussão de soluções, que trará um impacto muito maior.

Tem dois destaques que queremos colocar aqui: solucionar problemas e/ou inovar é muito mais amplo do que usar ferramentas tecnológicas. E Excel, que é uma ferramenta tecnológica de fácil acesso, resolve muita coisa! É uma ótima forma de começar: é comum já termos o Excel disponível e a internet está recheada de instruções de como fazer as coisas. Muitas delas são fáceis, didáticas e tenho certeza que você é capaz de executar. Além do mais, as metodologias ágeis nos lembram que, no primeiro momento, o chinelo tem mais valor que o carro. Se estamos numa longa caminhada e descalços, certamente fazer um chinelo trará alívio até que possamos fazer um *skate*, uma bicicleta e chegar ao carro.

Inovação é um olhar diferente para o nosso ambiente e para o mundo que nos cerca. Como esse mundo está em constante mudança, o nosso olhar inovador deve ser constante. A tecnologia em si é um conjunto ferramental importante, e combinar a alquimia da inovação com as frentes financeiras gera resultados rápidos e acima da média. Temos até aqui dois caminhos para "Por onde começar?":

1) Mapeamento de atividades e implantação de um ciclo de melhoria contínua.

2)Identificação rápida de atividades repetitivas/sem valor agregado ("mantras").

Ainda que muitos problemas melhorem muito com ajustes nos fluxos, é incontestável que a aplicação de metodologias e tecnologia nos fazem avançar significativamente rumo a um Jurídico e escritórios mais eficientes e que podem aplicar toda sua inteligência nas estratégias jurídicas, nos quais efetivamente fazemos toda a diferença! E aqui normalmente enfrentamos um dilema: como quebrar uma tradição de baixo investimento financeiro e de tempo a favor de um mapeamento mais detalhado que indique como trazer mais fluidez? Como monetizar e demonstrar captura financeira que, quando é possível, normalmente tem impacto no médio ou longo prazo?

Além disso, os problemas doem muito mais em nós. Nossos clientes e líderes só sentem dor quando são afetados e, ainda assim, o foco é no negócio. Então, uma das perspectivas que vivenciamos é uma assimetria na prioridade da empresa e a nossa para resolver um gargalo nas nossas atividades. É comum sermos os últimos da fila na priorização de projetos para soluções e ferramentas, especialmente em empresas. Em escritórios também é comum, mas por outras razões dado que o trabalho jurídico é o *core*.

Por outro lado, a exigência por resultados financeiros, agilidade e mentalidade de negócios não para de crescer sobre o mundo jurídico. Parece que nem as empresas querem mais ver a atividade jurídica como um "mal necessário".

Nós estamos nessa jornada há 14 anos, quando fomos içados para olhar com foco exclusivo nesse último cenário: **busca inteligente de oportunidades finan-**

Eixo V — *Legal Ops*: Eficiência e Eficácia

ceiras em todas as áreas da empresa, mantendo a responsabilidade pelos fluxos e operações com os respectivos líderes. Entre essas áreas estava o Jurídico e nós, por coincidência nesse caso, (também) somos advogados. A partir de então foi possível aprender, experienciar e cocriar a aplicação de um modelo de trabalho customizado para o Jurídico.

Eficiência Jurídica é como chamamos o modelo que parte pela busca de resultados e não, necessariamente, pela solução de problemas. Aqui, o termo Eficiência Jurídica é análogo a um nome próprio, pois não se agarra apenas ao significado etimológico da palavra e, sim, ao modelo de trabalho que propõe, além de uma nova cultura. A palavra Eficiência aqui é usada para significar a busca de valores e identificação de oportunidades como prioridade.

Percebemos e aprendemos que todo problema tem em si uma oportunidade, mas nem toda oportunidade nasce de um problema. Esse ponto, às vezes, gera divergências. Refletimos e discutimos muito até adotar essa posição. É verdade também que temos muito mais problemas no dia a dia. Como fomos treinados a vida inteira para resolvê-los, fica muito difícil não começar por eles. Isso pode explicar porque é tão complexo para nós um olhar para oportunidades, desprezando os problemas num primeiro momento.

Por isso, Eficiência Jurídica não começa por meio de mapeamento de atividades e problemas. Mais que isso, Eficiência Jurídica não tem ordem ou sequência de práticas recomendadas. Eficiência Jurídica não é uma metodologia, é uma perspectiva, um destino e há diferentes caminhos para chegar até ele, depende do contexto da empresa, das características e peculiaridades das necessidades jurídicas, do apetite e da cultura.

Eficiência Jurídica vem ampliar a estratégia e trazer impacto financeiro. Conseguimos encontrar aqui o autofinanciamento necessário para resolver o dilema que chegamos alguns parágrafos atrás. E o nosso "Por onde começar?" ganha mais uma rota possível:

- **Mapeamento de atividades e implantação de um ciclo de melhoria contínua.**
- **Identificação rápida de atividades repetitivas/sem valor agregado ("mantras").**
- **Eficiência Jurídica.**

E por onde começa a Eficiência Jurídica? Onde há oportunidades de captura financeira no Jurídico que sempre foi definida como área de custo e uma área cujos profissionais não são bons de conta? A gente começa de dois jeitos:

1) entendendo a estratégia da empresa (na qual somos colaboradores ou que são nossos clientes) e a situação financeira;

114 Legal Operations

2) olhando os números (onde tem dinheiro dentro do Jurídico ou do escritório).

Então, preparamos uma grande planilha que contenha todos os valores que são determinados pelo Jurídico, sejam eles passivos ou ativos no balanço da empresa. Fazemos agrupamentos dos valores por natureza das despesas, como: provisão, depósitos judiciais e recursais, custas, despesas com fornecedores e terceiros, despesas com prêmio de seguros e finanças etc. Analisamos a evolução desses números ao longo de algum intervalo de tempo e os associamos com outros dados criando os primeiros indicadores que possibilitem avançar uma camada adicional de profundidade.

A partir daí, vamos desdobrando e entendendo que tipo de situação faz o valor de cada linha dessa ser alterado. Associamos mais dados e informações que, no começo, são, na maioria, dados internos e vamos descobrindo os fatores determinantes normalmente em duas visões: volume e valor. A partir daí identificamos as oportunidades financeiras. Das oportunidades mapeadas, conectamos com a estratégia da empresa e sua posição financeira e temos uma priorização e uma expectativa de valores. Então, sim, é possível capturar dinheiro na largada.

Para tangenciar como acontece a conexão com a estratégia da empresa, vamos trazer aqui um exemplo de oportunidade financeira comumente sugerido no contencioso: adotar uma política de acordos. Se a empresa estiver com caixa saudável e sua estratégia para os anos for compatível, é um caminho ótimo. Se a empresa estiver em preservação de caixa, essa mesma iniciativa não funciona. Mas, ainda assim, é possível buscar os processos judiciais que estão finalizados, cuja pagamento provavelmente deverá acontecer no ano corrente, ou seja, saída de caixa inevitável nesse período e, sobre esses casos, buscar acordos que reduzam o impacto em algum percentual. É o Jurídico contribuindo para a estratégia financeira da empresa.

Com a experiência, fomos construindo um menu de oportunidades que conseguimos rapidamente conectar de acordo com o resultado das análises. Um exemplo que dispensa até essa análise financeira completa o que descrevemos anteriormente: ao encontrar uma empresa (seja seu cliente ou seu empregador) que tem um volume histórico razoável de processos trabalhistas, identificar as oportunidades de revisão dos valores pagos em custas recursais é o famoso "bom, bonito e barato"; neste caso "bom, rápido e com retorno". Em pouco tempo é possível reaver valores pagos a mais e gerar caixa e resultado para a empresa. Não há problema na operação jurídica a ser resolvido, mas uma baita oportunidade financeira.

Outro exemplo se aplica à prática mais conhecida de recuperação de depósitos judiciais "esquecidos". Essa iniciativa é mais comum porque é consequência de um trabalho já contratado que não foi entregue. Mas ela nasce da análise financeira. Há alguns anos, os financeiros (*controllers* e contadores) vão em busca do valor e alguns fornecedores se especializaram em resgatá-los. Hoje, o próprio Jurídico deve gerir que todo o dinheiro devido está de volta.

Agora, nossa pergunta inicial "Por onde começar?" começa a perder a sua roupagem de pesadelo. Como falamos anteriormente, a palavra do jogo é valor, ou dinheiro. As pessoas não investem para acabar com as dores, mas ninguém diz não a uma oportunidade financeira (seja caixa, seja resultado). É hora de invertemos o jogo e começarmos a captar as oportunidades de dinheiro para depois financiar a "morte das dores". Chegar a esse ponto nos permitirá, o quanto antes, nos manter focados na colaboração, na criatividade e inteligência para a estratégia jurídica, onde queremos e devemos estar.

REFERÊNCIAS

COFFONE, Felipe Fioratti; MINASSIAN, Simone. Eficiência Jurídica. In: FONTENELE, Ísis P.; BARBOSA, Maria Juliana do Prado. *A Nova Era da Gestão Jurídica*: contextos e soluções. São Paulo: Évora, 2022.

COFFONE, Felipe. Já pensou que o seu problema é uma commodity? *LinkedIn*, 3 abr. 2023. Disponível em: https://www.linkedin.com/in/felipe-fioratti-coffone/. Acesso em: 3 abr. 2023.

WIKIPÉDIA. *Ciclo PDCA*. Disponível em: https://pt.wikipedia.org/wiki/Ciclo_PDCA. Acesso em: 28 mar. 2023.

15

GESTÃO FINANCEIRA: DESAFIOS E ESTRATÉGIAS PARA A GESTÃO FINANCEIRA EFICIENTE EM DEPARTAMENTOS JURÍDICOS E ESCRITÓRIOS DE ADVOCACIA

Guilherme Araújo[*]
Meiriely Cortes Doro[**]

1. GESTÃO FINANCEIRA EM DEPARTAMENTO JURÍDICO E ESCRITÓRIO DE ADVOCACIA

Gestão financeira no Jurídico refere-se ao processo de gerenciar os aspectos financeiros de um escritório de advocacia ou departamento jurídico. Ser eficaz e eficiente é crucial para garantir a sustentabilidade e a perenidade dos negócios.

Uma boa gestão financeira envolve uma série de atividades, como criação de um orçamento claro e realista, monitoramento cuidadoso das despesas e receitas, avaliação regular dos resultados financeiros e indicadores, implementação de estratégias para maximizar a eficiência financeira, projeção de fluxo de caixa, gestão de contas a pagar e receber, preparação de relatórios financeiros, provisionamentos, entre outras atividades.

Para garantir uma boa execução dessas atividades é preciso contar com um time multidisciplinar. Os profissionais que atuam na gestão financeira no Jurídico devem ter conhecimento sólido em finanças e contabilidade, além de compreender as particularidades do mercado jurídico e do negócio em que está inserido, trabalhando em colaboração com os advogados e outros times como FP&A, Tesouraria, Controladoria e o time de estratégia para garantir que as decisões financeiras sejam tomadas com base em informações precisas e atualizadas, sempre em linha com os objetivos da empresa ou escritório de advocacia.

---

[*] Gerente de *Legal Operations* na Stone Co. Bacharel em Direito pela Universidade Anhembi Morumbi (UAM), com certificado em Gestão de Riscos pelo Global Institute for Risk Management Standards, pós-graduado em Gestão de Projetos pela Faculdade de Informática e Administração Paulista (FIAP).

[**] *Legal Operations Manager* na Will Bank, Co-Founder da CLOB e vice-presidente da OAB LAB – Laboratório de Inovação da OAB/ES. Graduada em Direito pelo Centro Universitário FAESA, com MBA em Gestão Empresarial e Negócios pela Universidade Vila Velha (UVV), pós-graduada em Direito Digital e *Compliance* pela Damásio Educacional, bem como especializações em *Compliance* e Controladoria Jurídica.

Eixo V — *Legal Ops*: Eficiência e Eficácia

2. COMO GERENCIAR AS FINANÇAS NO JURÍDICO – MELHORES PRÁTICAS E ESTRATÉGIAS

Uma gestão financeira eficiente no departamento jurídico é fundamental para garantir o sucesso e a sustentabilidade da área. Isso porque, quando bem gerenciados, os recursos financeiros podem ser transformados em investimentos estratégicos que geram resultados positivos. Para fazer uma gestão financeira eficiente, é preciso estabelecer controles e processos que gerem a análise e o acompanhamento detalhado das finanças do departamento jurídico ou escritório de advocacia, podendo transformar custos e despesas em resultado e investimento de diversas maneiras.

Aqui estão algumas estratégias que podem ser adotadas:

• **Ser** *data driven*: ser orientado por dados é fundamental; torna-se impossível fazer gestão financeira sem analisar dados relevantes. Dados históricos podem fornecer informações valiosas e provocações sobre o desempenho passado, enquanto dados estratégicos podem ser usados para orientar decisões futuras. Exemplo; ao projetar o custo da carteira do contencioso massificado, é importante usar dados relevantes da operação ou do negócio em que está inserido, identificar o *ticket* médio de condenação e acordo, entre outros. Esses dados podem ser usados para projetar o custo da carteira e identificar oportunidades de reduzir custos ou aumentar receitas. A análise de dados preditivos podem ajudar a identificar tendências e padrões de gastos e prever o desempenho financeiro futuro. Relatórios financeiros, como manutenção financeira e fluxo de caixa, podem ser usados para medir o desempenho do departamento jurídico e orientar as decisões financeiras.

• **Faça um planejamento financeiro:** o departamento jurídico deve prever as despesas de suas atividades ao longo do ano. A projeção de gastos deve ser baseada em uma análise cuidadosa das atividades previstas para o departamento jurídico, levando em consideração fatores como os custos de pessoal, custos de tecnologia e *software*, despesas com viagens, treinamentos, honorários advocatícios, despesas contenciosas, entre outros. É essencial que a gestão financeira do departamento jurídico seja feita de forma responsável e transparente, de modo a garantir a sustentabilidade financeira do jurídico e sua contribuição com as metas e objetivos da empresa.

• **Tenha gestão e controle suas despesas:** tenha um bom controle e gerenciamento das suas despesas, esse controle pode ser feito facilmente em Excel. Monitorar e analisar regularmente os custos e as despesas permite identificar oportunidades de economia e gerar mais eficiência financeira, é importante acompanhar se as despesas são cumpridas dentro do planejado para garantir uma boa saúde financeira. Além disso, conseguimos identificar desvios e motivos das oscilações das despesas, permitindo corrigir rodas, dar visibilidade para times que serão impactados e reprogramar custos.

118   *Legal Operations*

• Desenhe bons planos estratégicos: por fim, tenha bons planos estratégicos financeiros capazes de gerar resultados, economia. Exemplos:

1) revisar o que foi orçado levando em consideração o que foi realizado pode ajudar a identificar desvios, quais gastos estão aumentando mais rapidamente do que o esperado, permitindo que sejam tomadas medidas corretivas rapidamente;

2) negociar os melhores preços com fornecedores, pode incluir a renegociação de contratos existentes, análise de eficiência do serviço prestado ou a busca por novos fornecedores com preços mais competitivos;

3) revisar as métricas de provisionamento de uma carteira de processos, também ajuda a reduzir os custos e impacto na contabilidade;

4) revisar as políticas internas é outra estratégia importante, uma revisão de políticas de acordo, recurso, viagens e outras políticas relacionadas a gastos.

Em resumo, uma gestão financeira eficiente no departamento jurídico ou escritório de advocacia pode transformar custos e despesas em resultado e investimento, ao identificar as melhores oportunidades de atuação, monitorar de perto os gastos, adotar uma abordagem baseada em dados e ter bons planos de atuação. É importante lembrar que a gestão financeira deve ser uma atividade contínua e devemos sempre melhorar e rever os processos, controle e métricas!

3. COMO ALINHAR AS METAS FINANCEIRAS DO JURÍDICO ÀS METAS DO *BUSINESS*

A comunicação é a peça-chave no processo de definição de metas, independentemente de metodologias de trabalho, que podem variar de empresa para empresa.

É importante que a comunicação dos objetivos do *business* seja clara e objetiva, assim as prioridades dos negócios serão transmitidas ao gestor jurídico para ajudar a companhia a estabelecer metas financeiras factíveis para o departamento jurídico, alinhando-as com os objetivos da organização.

Além disso, os responsáveis pela gestão jurídica devem participar ativamente dos fóruns de discussão de estratégia dos negócios, participando das tomadas de decisão, não apenas com apontamentos de risco, mas propondo soluções que viabilizem novos negócios e tornem o *business* sustentável.

A proximidade entre jurídico e áreas de negócio traz resultados positivos para a organização e para garantir um bom alinhamento entre as metas do jurídico, alinhadas às metas do *business*. Aqui vão algumas dicas:

1) Identificar as áreas do departamento jurídico: o departamento jurídico é responsável por várias áreas, como contratos, propriedade intelectual, contencioso, entre outras. É importante identificar as áreas em que o departamento jurídico é mais ativo e como elas se relacionam com as metas da empresa.

Eixo V — *Legal Ops*: Eficiência e Eficácia

2) Identificar os obstáculos: é importante identificar os obstáculos que impedem o alinhamento efetivo entre o departamento jurídico e a empresa. Esses obstáculos podem incluir falta de comunicação, falta de recursos ou conflitos de interesses.

3) Estabelecer uma comunicação aberta: para garantir o alinhamento efetivo, é importante estabelecer uma comunicação aberta entre o Jurídico e a empresa. Isso permite que as metas e objetivos da empresa sejam compartilhados e entendidos pelo departamento jurídico.

4) Desenvolver uma estratégia comum: com base nas metas da empresa e nas áreas de trabalho do departamento jurídico, é possível desenvolver uma estratégia comum que alinhe as duas partes. Isso ajudará a garantir que o trabalho do departamento jurídico esteja alinhado com os objetivos gerais da empresa.

4. POR ONDE COMEÇAR A MEDIR

Ao começar a medir o departamento jurídico de uma empresa, os primeiros indicadores que devem ser considerados podem variar de acordo com as necessidades específicas da empresa, do departamento jurídico ou escritório, afinal, o que funciona e é prioridade em um lugar, pode não ser para outro.

Um dado relevante para começar a falar em medição e indicadores é de que o Brasil é um dos países com maior quantidade de processos em andamento no mundo, como demonstra o estudo do Conselho Nacional de Justiça (CNJ) sobre os dados de judicialização no país[1], com cerca de 62 milhões de casos em andamento. Sabendo disso, não é incomum que grandes corporações destinem parte considerável do seu orçamento para a área responsável pelo gerenciamento de risco desses processos, o conhecido Contencioso.

A seguir estão alguns exemplos de indicadores quantitativos e qualitativos que podem ser úteis para começar a medir o desempenho jurídico, alinhados à geração de valor e maximização de resultados a partir do controle e gestão.

Indicadores quantitativos

1) Número de casos: o número de casos que o departamento jurídico está gerenciando é um indicador importante do volume de trabalho do departamento e da eficiência dos processos internos.

2) Custo por caso: esse indicador mede o custo do departamento jurídico por caso resolvido. Ele pode ajudar a identificar áreas nas quais o departamento jurídico pode estar gastando demais em relação aos resultados alcançados.

3) Custo da área: o custo do departamento jurídico, incluindo salários, despesas gerais e outros custos relacionados, é um indicador importante da eficiência financeira do departamento.

---

[1] Disponível em: https://www.cnj.jus.br/wp-content/uploads/2022/09/justica-em-numeros-2022-1.pdf.

4) Resultados: o número de casos vencidos e perdidos, bem como o valor dos acordos e sentenças, é um indicador importante do sucesso do departamento em proteger os interesses da empresa.

5) Cumprimento de prazos: a capacidade do departamento jurídico de cumprir prazos estabelecidos para a conclusão de tarefas é um indicador importante da sua eficiência e organização.

6) Redução de riscos: a redução de riscos legais e regulatórios para a empresa, por meio das atividades do departamento jurídico, é um indicador importante da sua contribuição para a gestão de riscos da empresa.

7) Tempo de resposta: o tempo que o departamento jurídico leva para responder às solicitações e resolver os casos é um indicador importante da eficiência e da qualidade do trabalho.

Indicadores qualitativos

1) Satisfação do cliente interno: uma alta taxa de satisfação pode indicar que o departamento jurídico está sendo resolutivo e atendendo às necessidades da empresa, seja no suporte às tomadas de decisão que envolvem riscos ou resolução de conflitos.

2) Conformidade regulatória: esse indicador mede a capacidade do departamento jurídico de garantir que a empresa esteja em conformidade com as regulamentações e leis aplicáveis, ou seja, a capacidade de proteger a empresa de possíveis sanções ou multas.

3) Melhoria contínua: esse indicador mede a capacidade do departamento jurídico de implementar processos de melhoria contínua, ou seja, otimização de recursos. Isso pode incluir a adoção de novas tecnologias, a criação de novos processos, treinamentos para a equipe ou automação de processos. Um departamento jurídico eficiente e inovador deve ser capaz de se adaptar às mudanças e melhorar continuamente seus processos e serviços.

4) *Benchmark*: é um excelente recurso para compreender cenários e desafios talvez ainda não vividos pela organização, mas que podem gerar novos insights na gestão inovadora e eficiente no jurídico.

Para tornar ainda mais concreto os exemplos de indicadores, detalhamos a seguir como o *Legal Operations* pode começar a construí-los, destacando dois dos indicadores que podem demonstrar evolução e gestão eficientes.

Melhoria contínua

O processo de melhoria contínua é um método de trabalho essencial, de modo a garantir a otimização dos recursos, identificar necessidades, oportunidades ou desperdícios financeiros e operacionais. A seguir, podemos ver formas de adotar um indicador para esse método de trabalho.

Eixo V — *Legal Ops*: Eficiência e Eficácia

1) Definir o objetivo: o primeiro passo é definir o objetivo do indicador de melhoria contínua. Por exemplo, pode ser melhorar a eficiência do departamento jurídico ou reduzir o tempo de resolução de casos.

2) Identificar as áreas de melhoria: é importante identificar as áreas em que o departamento jurídico precisa melhorar para atingir o objetivo definido. Isso pode incluir a adoção de novas tecnologias, a melhoria de processos existentes ou o desenvolvimento de novas habilidades para a equipe.

3) Definir as métricas: as métricas são os números ou valores que serão usados para medir o progresso em direção ao objetivo de melhoria contínua. É importante escolher métricas que sejam relevantes para o objetivo definido e que possam ser facilmente mensuradas. Por exemplo, pode ser o número de casos resolvidos por mês ou o tempo médio de resposta do departamento jurídico.

4) Estabelecer metas: as metas são os valores ou números que o departamento jurídico deseja alcançar em relação às métricas definidas. As metas devem ser realistas e desafiadoras o suficiente para motivar o departamento jurídico a trabalhar em direção à melhoria contínua.

5) Monitorar e avaliar o progresso: é importante monitorar e avaliar o progresso em relação às métricas e metas definidas. Isso pode ser feito por meio de relatórios regulares e análises de dados. As informações coletadas podem ser usadas para identificar áreas de sucesso e áreas que precisam de mais atenção.

6) Implementar ações de melhoria: com base nas informações coletadas, o departamento jurídico pode implementar ações de melhoria para alcançar as metas definidas. Essas ações podem incluir a adoção de novas tecnologias, a melhoria de processos ou o treinamento da equipe do departamento jurídico.

7) Rever e ajustar: por fim, é importante revisar e ajustar as métricas e metas conforme necessário para garantir que o indicador de melhoria contínua continue a ser relevante e eficaz para o departamento jurídico. Isso deve ser um processo contínuo para garantir que o departamento jurídico esteja sempre trabalhando em direção à melhoria contínua.

Na área de contratos, por exemplo, o tempo de resposta em análises contratuais pode ser um excelente indicador que demonstra a capacidade de maximizar resultados das operações e áreas comerciais. A aplicação da melhoria contínua no mapeamento, desenho de fluxo e adoção de tecnologia pode tornar este trabalho ainda mais eficiente para a companhia ou escritório.

Forecast

1) Definir o objetivo: o primeiro passo é definir o objetivo do modelo de *forecast*. Por exemplo, pode-se prever o número de casos que o departamento jurídico terá que lidar em um determinado período ou prever o orçamento necessário para o departamento jurídico em determinado ano.

2) Identificar as variáveis relevantes: é importante identificar as variáveis que afetam o objetivo definido. Isso pode incluir o histórico de casos do jurídico, o histórico de orçamento, as tendências do mercado ou a previsão de mudanças regulatórias.

3) Escolher a abordagem de previsão: existem várias abordagens de previsão que podem ser usadas, incluindo análise de tendências, regressão linear, séries temporais e análise de dados. É importante escolher a abordagem que mais bem se adapta às variáveis identificadas.

4) Coletar dados: os dados relevantes devem ser coletados e organizados em um formato adequado para análise. Isso pode incluir dados históricos de casos, dados financeiros ou dados de mercado.

5) Desenvolver o modelo: o modelo de *forecast* deve ser desenvolvido usando a abordagem de previsão escolhida e os dados coletados. O modelo deve ser testado e ajustado conforme necessário para garantir que os resultados sejam precisos e relevantes.

6) Aplicar o modelo: o modelo de *forecast* pode ser aplicado para prever o número de casos que o departamento jurídico terá que lidar em determinado período ou o orçamento necessário para o jurídico em determinado ano. Os resultados devem ser revisados e ajustados conforme necessário.

7) Monitorar e avaliar: é importante monitorar e avaliar o desempenho do modelo de *forecast* ao longo do tempo. Os dados reais devem ser comparados com as previsões para identificar possíveis discrepâncias e ajustar o modelo conforme necessário.

Conclusão

Uma gestão financeira eficiente é fundamental para o sucesso do negócio. Quando a comunicação dos objetivos do negócio é feita de forma aberta e assertiva, o alinhamento das metas financeiras do Jurídico tende a caminhar em sincronia para o atingimento dos resultados. É importante que a área jurídica seja vista como uma área estratégica e, para isso, suas ações precisam estar alinhadas com os objetivos da organização.

Quando o jurídico contribui para a criação de valor e redução de riscos da empresa, passa a ser reconhecido como área parceira do negócio, justificando os investimentos necessários para geração de valor e não mais sendo vista apenas como um custo. Portanto, o alinhamento de metas e indicadores financeiros é uma ação estratégica para o sucesso do negócio.

REFERÊNCIA

CONSELHO NACIONAL DE JUSTIÇA (CNJ). *Justiça em números 2022*. Disponível em: https://www.cnj.jus.br/wp-content/uploads/2022/09/justica-em-numeros-2022-1.pdf. Acesso em: 23 mar. 2023.

16

PRÁTICAS PARA A GESTÃO EFICIENTE DE FORNECEDORES JURÍDICOS

*Fabiana Velasco**

Não é novidade para aqueles que trabalham no jurídico de empresas, atuando em seu planejamento estratégico, que uma das 12 funcionalidades reconhecidas de uma área de *Legal Operations*, definidas pelo Corporate Legal Operations Consortium (CLOC)[1], é a gestão de fornecedores.

Segundo o CLOC, as empresas precisam migrar de um estágio no qual os fornecedores são selecionados por razões táticas ou relações pessoais, para um modelo no qual o relacionamento é pautado nas necessidades do negócio e onde as experiências, tanto dos fornecedores quanto dos profissionais internos, se complementam.

Nessa linha, vamos explorar como devemos nos estruturar para fazer uma gestão eficiente dos nossos fornecedores. Começamos respondendo algumas perguntas que servirão de guia nessa jornada:

1) Quais são os principais fornecedores de um departamento jurídico?

2) Por que fazer um processo de seleção?

3) Como fazer seleção desses fornecedores?

4) Qual é a importância da boa gestão?

5) Como a tecnologia pode auxiliar nessa boa gestão?

Para a primeira pergunta, sobre os principais fornecedores de um departamento jurídico, vamos pensar em primeiro lugar o que são fornecedores. Esse termo é derivado do verbo "fornecer", que significa prover ou providenciar, referindo-se a uma pessoa ou empresa que ficará responsável pelo fornecimento de algo (que pode ser um produto ou serviço).

---

* Advogada, gerente jurídica, *Head* de *Legal Operations* na UnitedHealth Group. Bacharel em Direito pela Universidade do Estado do Rio de Janeiro (UERJ), pós-graduada em Direito Tributário pela Universidade Estácio de Sá (UNESA), com MBA Empresarial pela Fundação Dom Cabral, e especialização na Kellogg School of Management.

1 Comunidade global de especialistas com foco em redefinir o negócio jurídico (https://cloc.org).

124

No caso do departamento jurídico, a maior necessidade é a prestação de serviços jurídicos operacionais ou estratégicos. Por essa razão, os escritórios de advocacia costumam ser os principais fornecedores desses serviços, pois ao longo dos anos vieram se estruturando para terem em suas bancas profissionais especializados nos mais diversos campos do Direito. Há escritórios que chamamos *full service*, ou seja, podem atender o cliente nas mais diversas áreas do Direito e outros escritórios que acabaram se especializando em determinado campo.

Além dos escritórios de advocacia, temos os prestadores de serviços jurídicos alternativos, termo em inglês conhecido como *Alternative Legal Service Provider* (ALSP). Esses fornecedores tiveram um crescimento acelerado durante a pandemia, pois as empresas começaram a buscar soluções para problemas jurídicos, por exemplo, estruturas mais flexíveis e abertas, envolvendo não apenas recursos humanos (pessoas advogadas), mas também uso de tecnologia e agregando outros profissionais "não jurídicos". A primeira definição de ALSPs foi feita por meio de estudo do Centro de Estudos da Profissão Jurídica da Georgetown University (com o Thomson Reuters Legal Executive Institute)[2].

A lista de serviços que as ALSPs podem prestar está crescendo. Gostaríamos de destacar alguns, como: serviços de *discovery* eletrônico (*e-discovery*); revisão e codificação de documentos; apoio a contencioso, como captura e cadastro de processos judiciais e administrativos; pesquisa jurídica; gestão de pagamentos jurídicos; e gestão de propriedade intelectual.

No caso do segundo questionamento, qual seja, o porquê de fazermos um processo de seleção, cabe destacar que esse processo requer a busca não só de melhores preços, mas principalmente qualidade e prazos de entrega, tudo isso com o intuito de beneficiar o departamento jurídico da empresa. Um ponto importante nessa busca é selecionar parceiros de negócio que sejam inovadores, pois, na minha visão, será um diferencial para o serviço jurídico a ser entregue, além de outras características como capacidade técnica e financeira.

Esse processo de seleção é necessário para que você veja como o mercado está se comportando não somente em termos de preço, mas também no que tange aos prazos de entrega, já que, quando estruturamos um processo de concorrência, a capacidade técnica dos fornecedores deve ser semelhante para que não haja um desequilíbrio entre os parceiros.

E como devemos estar estruturados para fazer um processo de seleção adequa-

---

[2] Disponivel em: https://www.law.georgetown.edu/news/fundamental-shifts-are-disrupting-the-lega-market-2020-report-on-the-state-of-legal-market-from-georgetown-law-and-thomson-reuters-legal-executive-institute/.

Eixo V — *Legal Ops:* Eficiência e Eficácia

do? Esse processo é muito peculiar de cada negócio, mas entendo que há três fatores básicos que não podemos deixar fora da seleção: **1)** qualidade do serviço (atrelada à capacidade técnica do fornecedor); **2)** prazo de entrega; e **3)** preço.

Idealmente, deve-se atribuir pesos a esses fatores, determinando a importância desses itens e o impacto que trazem para o seu negócio e, com base nessa pontuação, devemos selecionar uma lista de possíveis fornecedores capazes de atender a demanda.

No mundo jurídico, podemos ter serviços muito peculiares que apenas alguns fornecedores têm a capacidade técnica para atender, por isso, a pontuação faz diferença no processo de concorrência.

Um processo de seleção de fornecedores bem estruturado ajuda a empresa não somente na questão dos custos, como também atende aos requisitos de *Compliance* presentes hoje em todas as empresas, sejam grandes ou pequenas.

Para essa estruturação, alguns passos devem ser adotados:

• Ter um cadastro de fornecedores robusto com um portfólio amplo e com várias opções de serviços.

• Integrar novos fornecedores de forma rápida e eficiente.

• Criar *Request For Proposal* (RFP), ou seja, estruturar solicitações de propostas detalhadas que reflitam exatamente o que o negócio precisa.

• Negociar modelos de remuneração que estimulem resultados positivos para as duas partes.

• Evitar conflitos e questões éticas realizando a devida diligência em fornecedores potenciais ou, até mesmo, nos fornecedores devidamente cadastrados.

Já vimos até aqui que os fornecedores de serviços jurídicos são peça-chave no sucesso das entregas que os departamentos jurídicos precisam fazer. Assim, tendo selecionado o fornecedor, como devemos fazer uma boa gestão desses parceiros?

Em primeiro lugar, devemos entender quais são os objetivos estratégicos do nosso departamento jurídico, pois isso vai auxiliar na elaboração de um planejamento de metas que devem ser compartilhadas com os fornecedores. Por exemplo, se temos uma empresa cuja demanda judicial é alta, precisamos estabelecer para os escritórios de advocacia que patrocinam esses processos, metas alinhadas com a estratégia da empresa no que tange ao contencioso.

Uma gestão eficiente desse fornecedor, requer um acompanhamento da sua *performance*, por meio de indicadores claros e de reuniões mensais para discutir não só as entregas, como também os desvios ocorridos no período. Com isso, ajustes podem ser feitos no meio do caminho para que a relação seja duradoura.

Em segundo lugar, devemos organizar nossos processos internos, porque os objetivos respondem a uma pergunta sobre "o que" devemos entregar para o negócio, mas a organização de processos responderá a pergunta "como" devemos fazer essa entrega.

Nesse sentido, é importante que o seu departamento jurídico tenha procedimentos internos escritos e bem estruturados, sendo compartilhados com os seus fornecedores. De nada adianta o fornecedor ser muito bom nas suas entregas se os processos internos dele não estão alinhados com os seus.

Como esse alinhamento funciona na prática? Vamos a um exemplo também voltado para uma empresa com alta litigiosidade. Se a política interna na empresa é voltada para solução de conflitos por meio de negociação de acordos, mas o escritório de advocacia tem como lema principal aumentar o êxito em processos, claramente não há um alinhamento de objetivos e isso pode gerar um impacto negativo para a sua empresa. Por essa razão, penso que para esses escritórios de advocacia que prestam serviço de patrocínio de processos, é importante que seja estabelecida uma meta relacionada a acordos.

Um terceiro ponto é a construção de um bom relacionamento, pois o sucesso do seu departamento jurídico também depende dos fornecedores, que são grandes aliados para isso.

Alcançar os melhores resultados são objetivos de todos e seus fornecedores são parte importante dessa jornada, pois muitas vezes são eles que possuem os recursos essenciais para determinada entrega ou projeto.

Portanto, uma relação pautada na transparência, na qual fazemos trocas constantes com os fornecedores, é essencial. Agendem visitas dos seus fornecedores nas suas empresas, compartilhem as metas e façam com que os fornecedores se sintam parte integrante do seu departamento.

Conheça toda cadeia logística do seu fornecedor de modo a entender os custos que impactarão o valor final do seu serviço.

Os custos são a parte mais delicada de uma gestão de fornecedores e ter o conhecimento de custos e valores de toda cadeia contribui no momento de qualquer negociação. Como dito anteriormente, não devemos nos ater apenas a preços, pois para serviços jurídicos a qualidade faz muita diferença no resultado.

De tempos em tempos, é importante fazermos uma avaliação dos nossos fornecedores para verificar se eles ainda estão aptos a oferecer os serviços para os quais originalmente foram cadastrados. Nessa avaliação, penso que devemos considerar alguns requisitos, como: política de *compliance*, práticas referentes à privacidade de dados e segurança da informação, bem como práticas ambientais, sociais e de governança.

Essa boa gestão só trará pontos positivos no relacionamento das partes, fazendo com que a parceria seja duradoura e gerando satisfação para todos.

Por fim, a tecnologia é uma grande aliada nessa gestão da base de fornecedores. O uso de soluções integradas vai auxiliar a estabelecer, acompanhar e controlar dife-

Eixo V — *Legal Ops*: Eficiência e Eficácia

rentes atividades daquele fornecedor.

Possuir um *software* de gestão possibilita acompanhar toda a base de fornecedores do departamento jurídico, com descrição dos serviços, informações relativas a preços, bem como *performance* nas diversas áreas para os quais prestam serviços.

Esses indicadores serão uma base importante de auxílio no processo de tomada de decisão quando houver a necessidade de contratação de um novo serviço.

Portanto, mantenha sempre a sua base de fornecedores atualizada, acompanhe a *performance* e esteja próximo dos seus parceiros, pois surgindo a necessidade de um serviço você estará com maior aptidão para fechar de forma eficiente para a sua empresa.

REFERÊNCIAS

2020 Report on the State of the Legal Market: Fundamental Shifts Are Disrupting the Legal Market. Georgetown Law. Disponível em: https://www.law.georgetown.edu/news/fundamental-shifts-are-disrupting-the-legal-market-2020-report-on-the-state-of-legal-market-from-georgetown-law-and-thomson-reuters-legal-executive-institute/. Acesso em: 26 mar. 2023.

CORPORATE LEGAL OPERATIONS CONSORTIUM (CLOC). *About us*. Disponível em: https://cloc.org/about-cloc/. Acesso em: 26 mar. 2023.

17

LEGAL DESIGN É CAPITAL INTELECTUAL E ESTRATÉGIA JURÍDICA

Aline Rodrigues e Steinwascher[*]
Paula Cardoso[**]

"Nunca confunda movimento com ação."
Ernest Hemingway

Pensando negócios

Começamos nosso capítulo com um convite à reflexão: como um time jurídico pensa e aporta valor ao negócio em que atua?

Uns minutinhos para pensar e desenhar sua resposta. Pronto, vamos lá! Partimos do princípio que você conhece bem o negócio em que atua. As métricas de sucesso

---

[*] Advogada formada pelo Mackenzie-SP. Legal, Compliance & AML Director do Will Bank. Cofundadora do *hub* de inovação jurídica Plain Legal. Conselheira da Comunidade Legal Operations Brasil (CLOB). LLM em Direito Societário pelo Insper, com extensão em *Compliance* pela FGV. Pós-graduanda em Direito Financeiro e Bancário na PUC-SP. Cursou Negotiation Mastery na Harvard University, IPO - Abertura de Capital no Insper, Modern Law Practice no Institute for the Future of Law Practice, Legal Tech Essentials no Bucerius Law School (Hamburgo, Alemanha), Regulação das Fintechs na Duke University, *Compliance* Regulatório na University of Pennsylvania e Design Gráfico na University of Colorado Boulder. Professora convidada de cursos de Inovação e Legal Design. Foi pesquisadora voluntária do grupo Visulaw (aplicação do *Visual Law* ao Judiciário). Coautora dos livros *Legal Design, Fintechs, Bancos Digitais e Meios de Pagamento, Departamento Jurídico 4.0 e Legal Operations e Inteligência Artificial*. Coordenadora do livro *Legal Innovation: o Direito do Futuro e o Futuro do Direito*. Trabalha para construir um Direito mais leve, colorido e acessível.

[**] Relações Públicas formada pela Pontifícia Universidade Católica de Campinas (PUCCamp). Pós-graduada em Negócios pela FGV, em Marketing & Communication pelo Istituto Europeu de Design e pós-graduanda em Neurociências e Comportamento pela PUC-RS. Cursou Inteligência de Mercado na ESPM e Imersão em Neurociências no Instituto Conectomus. Tem capacitação em construção de laudos de L.A.B.E.L. Cofundadora do estúdio de inovação jurídica Plain Legal. Atuou por anos como *Head* de Marketing & Branding de negócios digitais como Pravaler, Koin, Noh, OQVestir e Rocket Internet. Responsável pela condução e lançamento de 3 *re-brandings* no mercado: Santista Jeanswear, Koin e Pravaler, e pelo lançamento da *fintech* Noh. Coautora dos livros *Legal Design e Legal Innovation: o Direito do Futuro e o Futuro do Direito*, nos capítulos específicos de *Legal Design*.

Eixo V — Legal Ops: Eficiência e Eficácia

do negócio, como as financeiras (LTV[1] sobre CAC[2], margem líquida, CSC), operacionais (CAC[3], *churn*), relacionadas às pessoas (e-NPS) e as importantíssimas métricas de cliente (CSAT[4], NPS[5]) estão na ponta da língua. Agora, volte para seu universo jurídico. Reflita sobre as atividades do seu dia a dia que impactam esses indicadores.

Ao pensar nos indicadores financeiros, qual atividade jurídica se relaciona a ele? Contratos B2B, termos e condições e possíveis políticas. Esse contrato roda no tempo adequado para o negócio acontecer? É claro, propõe uma relação ganha-ganha? Para indicadores de clientes, você tem ideia como o SEU trabalho pode impactar o NPS ou CSAT da sua empresa?

O que estamos propondo para você é que a sua estratégia jurídica aporte valor ao negócio que você atua. E aportar valor significa gerar impacto nas principais métricas de negócio, por isso, é fundamental conhecê-las. Saber pensar sobre negócios é essencial para se fazer relevante dentro desse universo. Saber que a sua missão cruza esse caminho já te faz um profissional além das técnicas e faculdades jurídicas.

E agora, vamos para uma segunda reflexão: qual é o papel da área de *Legal Operations* nesse desafio de fazer entregas de valor para o negócio a partir do time jurídi-

---

[1] *Lifetime Value* (LTV) é um indicador que mede o valor que um cliente tem para a empresa ao longo do tempo. Ele é calculado com base na média de gastos mensais de um cliente, multiplicado pelo número de meses em que o cliente ficará ativo na empresa. O LTV é uma métrica importante, pois ajuda a identificar quais clientes são mais valiosos e, portanto, merecem mais investimento em marketing e relacionamento. Além disso, o LTV pode ser usado para orientar a estratégia de preços e para fazer projeções de receita futura.

[2] Quando dividimos o LTV (quanto dinheiro seu cliente rendeu para o seu negócio) pelo CAC (custo de aquisição do cliente), conseguimos entender se: 1) valor < 1: o cliente está dando prejuízo, custou mais para você captá-lo do que ele rendeu de receita para o seu negócio; 2) valor = 0 > empatou: não perdeu mas também não lucrou; 3) valor > 1: o cliente está dando mais retorno do que custou para captá-lo, então é um cliente que vale a pena manter. Além disso, você pode identificar padrões de características importantes nos clientes valor > 1.

[3] O Custo de Aquisição do Cliente (CAC) é uma métrica usada para avaliar quanto uma empresa gasta para adquirir um novo cliente. Ele é calculado dividindo o total de gastos com marketing e vendas pelo número de novos clientes adquiridos durante determinado período. O CAC é uma métrica importante para as empresas, pois ajuda a entender o quanto estão gastando para expandir seu negócio e o quanto estão obtendo em retorno.

[4] *Customer Satisfaction Score* (CSAT) significa pontuação de satisfação do cliente. É uma medida amplamente utilizada para avaliar a satisfação dos clientes com um produto ou serviço em diferentes etapas da jornada. Para calcular o CSAT, as empresas geralmente perguntam aos clientes como eles classificariam sua experiência com a empresa em uma escala de 0 a 10 ou 1 a 5. As respostas são agrupadas e usadas para criar uma pontuação média para a empresa. Quanto maior for a pontuação, mais satisfeitos os clientes estão.

[5] *Net Promoter Score* (NPS) é um índice simples e poderoso criado pela Bain & Company em 2003, que ajuda as empresas a entenderem o quanto seus clientes estão dispostos a recomendar de forma espontânea seu negócio para outras pessoas. O NPS leva em consideração duas perguntas: 1) Em uma escala de 0 a 10: o quanto você nos recomendaria para um amigo ou colega?; e 2) O que deveríamos fazer para que sua nota fosse 9 ou 10? Os respondentes são classificados em três categorias: respondentes de 9 a 10 são considerados "promotores", respondentes de 7 a 8 são considerados "neutros" e respondentes de 0 a 6 são considerados "detratores". O cálculo do NPS é: (Promotores - Detratores)/Número total de respondentes.

130   *Legal Operations*

co? Se olharmos para os níveis de maturidade de uma área de *Legal Operations* propostos pela Mary O'Carroll[6], quanto mais visão de negócio e mais consciente sobre o impacto do Jurídico para ele você for, mais rápido você chegará no nível máximo de maturidade, o Facilitador.

Quer exemplos? Pense no seu contencioso. Quais processos impactam mais seu volume de provisão? Algum deles está relacionado com as áreas de negócios ou operacionais? Como você pode influenciar uma mudança de comportamento interno? Partindo para aspectos externos, quais são as principais técnicas de persuasão para gerar influência em casos de alto valor?

Agora vamos para contratos. Os contratos envolvidos no processo de venda ou aquisição de um novo cliente são fechados em um prazo que faz sentido para o negócio? Quantos pontos de contato são necessários para que o contrato seja assinado? Quantas idas e vindas por marcações e comentários em questões que nunca foram um real litígio? Eles são objetivos de forma que garantem a clareza e proponha uma experiência atrelada aos compromissos da sua marca? (Compromissos da marca... Isso merece um capítulo à parte para estudarmos).

Agora, um recorte especial para os assuntos advindos da tecnologia, como LGPD, IA e web 3.0. A construção das suas políticas e avisos são intencionais para gerar entendimento e real sensibilização do usuário, resultando em menor impacto de gestão da mudança, ou são pró-forma, para garantir o *checklist* do projeto de implantação da cultura de proteção de dados?

Entenda e pense em negócios!

Até aqui te mostramos que não é sobre entregar as demandas jurídicas no "piloto automático", mas, sim, sobre a capacidade de gerar impacto nos principais indicadores do seu negócio por meio de ações, projetos, processos e operações jurídicas. Ter uma área jurídica realmente estratégica passa por construir uma área de *Legal Operations* capaz de se posicionar lá no nível facilitador de maturidade. Fez sentido?

Essa mudança de perspectiva – da entrega no modo automático para um olhar de impacto no negócio, seja da área de *Legal Ops*, seja do jurídico como um todo, é essencial para os próximos tópicos que abordaremos neste capítulo. A partir de agora, não

---

[6]   Mary O' Carroll é uma das maiores autoridades mundiais em *Legal Operations*. Ela divide os estágios de maturidade de uma área de *Legal Ops* em 3: 1º nível) Otimizador, momento em que são construídos os processos básicos para manter a operação jurídica funcionando de maneira rápida e eficiente. 2º nível) Acelerador, quando o time começa a apoiar outras áreas em suas demandas com o Jurídico, construindo pontes com clientes internos, por exemplo, automatizando suas necessidades. 3º nível) Facilitador, indo além da eficiência operacional e atingindo um nível de influência estratégica, apoiando o Jurídico a fazer entregas que tenham impacto direto no negócio – reduzindo o *churn*, por exemplo. O artigo completo está disponível em: https://ironcladapp.com/blog/the-next-evolution-in-legal-operations/. Acesso em: 28 mar. 2023.

estamos pensando em soluções jurídicas somente, mas elevamos a discussão de impacto para o negócio trazendo conhecimentos multidisciplinares. Bem-vindo, *Legal Design*!

Legal Design cai como uma luva no contexto atual

Os negócios estão cheios de problemas complexos. Existe uma ciência que se dedica à resolução de problemas: a do *Design*.

Em nossas palavras, *Design* é a capacidade de pensarmos soluções funcionais para resolver problemas humanos. Ao pensarmos *Design*, devemos pensar na nossa capacidade de projetar uma solução, sendo intencional na resolução de algum problema. *Design* = solução pensada de forma intencional.

Veja que não limitamos o conceito à sua aplicação. Ela permeia desde esferas do *design* de informação ao gráfico, passa pelo *design* de serviços e produtos, de sistemas, culturas e organizações, e chega até o *design* de futuros. Você pode usar o *design* como ciência em diversos aspectos da sua vida. Por isso, para nós, *design* é capital intelectual.

Margareth Hagan, em 2017, apresentou a pirâmide do *Legal Design* em seu livro *Law by Design*. Ela sugere a aplicação do conceito de *design* em diversas esferas jurídicas. Ao visualizar esta pirâmide, pense que você pode projetar soluções intencionais para cada uma das camadas do Direito.

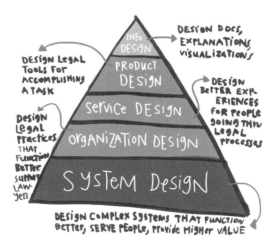

Fonte: Hagan (2017).

Perceba que até agora não falamos nada sobre estética. Se este era um conceito que você tinha ao pensar em *design*, te convidamos a ressignificá-lo. A estética também faz parte de uma boa solução, mas não é a solução completa. Novamente, pensar *design* é sobre pensar em soluções intencionais.

Agora vamos fazer um breve parênteses no tema *design* para falarmos sobre contexto. Pense no seu celular e nos aplicativos que você tem instalado para resolver suas necessidades no momento que precisar, meio que *on demand*. Podemos listar alguns *apps* por aqui: banco, *delivery*, mobilidade, redes sociais, compras, entretenimento com os *streamings*, entre outros. Essa revolução tecnológica redefiniu a forma como eu e você consumimos, aprendemos, nos comunicamos e nos relacionamos. Além disso, escancarou para todas as indústrias e segmentos de negócio a era da "Experiência". Explicamos: como consumidores, somos nós que escolhemos o que ou como consumir, e não mais a empresa como em suas épocas da publicidade que chegavam pela televisão, rádio e *outdoor* ("compre batom", "eu tenho, você não tem"...).

Esse é o nosso contexto atual, em que a experiência do cliente faz mais do que nunca muita diferença nos indicadores financeiros do seu negócio. Por esse motivo, nossa dica é: seja *people-centric*, ou centrado nas pessoas. Construir soluções intencionais, amigáveis, fáceis e intuitivas, que encantam as pessoas, tem o poder de mudar o jogo. Além disso, te faz ser cada vez mais relevante – você já não fará mais as coisas porque elas sempre foram assim, mas porque está pensando em quem irá utilizá-las.

Queremos trazer alguns exemplos práticos destas construções centradas nas pessoas no universo jurídico. Pense em quantos documentos internos uma área jurídica tem para garantir a governança da companhia: políticas, procedimentos, diversos tipos de contrato, procurações, regulamentos, matriz de responsabilidades, pareceres, relatórios de riscos. Todos esses documentos destinados a um público não jurista – sim, pessoas leigas que estão sendo convidadas a ler pelos menos umas 15 páginas de um assunto que não as interessa, em uma linguagem excludente e com alta carga cognitiva para entendimento.

Percebam quantas oportunidades de construções pensadas para os usuários têm neste parágrafo. Em um contexto em que as pessoas precisam de agilidade, oferecer aquela experiência de banco lá de 1987, burocrática, chata, que ninguém entende... não é viável.

Até aqui falamos de *design* como ciência e contexto atual proposto pela revolução tecnológica... Mas como tudo isso se conecta com o *Legal Design*? Pense em quantos usuários do sistema legal, ou quantos times não jurídicos da sua empresa podem ser impactados por soluções intencionais pensadas por você (e que, olhando para a pirâmide de aplicações que trouxemos, **não** está somente no *design* visual de documentos). É tão simples quanto isso: *Legal Design* é a construção intencional de soluções amigáveis, fáceis e intuitivas nas esferas jurídicas. Novamente um convite para mudar a perspectiva. Não é mais sobre o que você quer fazer, mas sobre o que os seus clientes precisam. O que você precisa que eles façam para impactar de forma positiva o seu negócio? Vamos deixar você pensando um pouquinho.

Eixo V — Legal Ops: Eficiência e Eficácia

Multidisciplinaridade como fator chave

Capítulo curto e extremamente importante! A base do *Legal Design* é multidisciplinar porque une dois campos de estudo: *Legal + Design*. É importante entender que tem um mundo de oportunidades além do *design* visual, ou *Visual Law*, para você explorar. E quando for para você pensar em *design* visual, lembre-se de que você não vai saber tudo sobre *design* em um curso de *Legal Design*, que você não vai virar um *designer* gráfico porque aprendeu a desenvolver um material no Canva, pior ainda, que não será um *designer* gráfico ou um *web designer* do dia para a noite. Mais uma vez, nossa proposta é expandir a sua visão; nesse sentido, é menos sobre o advogado aprender a ser um *designer* gráfico e mais sobre ele saber que outros profissionais têm repertório e técnicas poderosas para agregar na entrega jurídica – seja ela um documento, uma nova forma de interagir com os clientes, uma nova cultura organizacional...

Muitos profissionais do *design* dedicam anos de estudo para oferecerem a melhor experiência para seus usuários. Provavelmente, alguns times da empresa que você trabalha estão criando jornadas pensadas nos usuários há um bom tempo. Esses times já sabem quem são os usuários, quais são suas principais características, demográficas, desenhos de *persona*. Esteja aberto a aprender com esses profissionais, não tente fazer tudo sozinho. Se precisar ir mais rápido na sua estratégia de *Legal Design*, busque quem sabe e junte-se a eles!

Construindo pontes por meio do *Visual Law*: a comunicação conecta. *Design* de informação é estratégia jurídica

Aqui é 100% sua responsabilidade. Você quer começar a testar a mais famosa das aplicações de *Legal Design*, a visual em documentos, mas não sabe por onde começar? Comece pela linguagem.

A linguagem é a capacidade humana de expressar pensamentos e sentimentos. Como construiremos produtos e serviços jurídicos pensados em nossos usuários se eles não conseguem decodificar o que está escrito? Parece óbvio, né? Uma vez que a escrita jurídica é construída para ser uma relação de advogados para advogados, para um leigo ter poder de decisão sobre um conteúdo jurídico (por exemplo, assino ou não esse contrato?), compreender é o primeiro passo.

Você já tentou navegar por um *app* de investimentos com informações extremamente técnicas? Ruim, os sentimentos nem sempre são de que você está fazendo a coisa certa. É mais ou menos esse sentimento que um leigo tem ao ter contato com um documento feito em sua estrutura clássica jurídica: uso de ordem indireta, parágrafos enormes cheios de raciocínios complexos misturados, palavras que não são do dia a dia, repetição da mesma ideia muitas vezes (ela é o único recurso de ênfase num texto jurídico padrão)... Isso ninguém quer como experiência.

Contra dados não há argumentos. As pesquisas da The Enterprise Legal Reputation Report, de janeiro de 2022, apontam que 65% das outras áreas de uma empresa (como Vendas, Marketing, Tecnologia e Compras) dão *by-pass* em times jurídicos por não querer envolvê-los em seus processos. Os motivos citados são velocidade, burocracia, falta de entendimento do negócio e a não responsividade.

As pessoas não dão atenção ao que elas não entendem, as pessoas não optam por investir tempo naquilo que elas não entendem. Pense nisso como um fator de engajamento de audiência, público ou usuário. Estamos dispostos àquilo que nos gera interesse, à aquilo que somos capazes de entender; isso conecta!

Design é realmente um ato de comunicação, o que significa ter um profundo entendimento de quem é a pessoa com quem o *design*er está se comunicando[7].

Como posso tornar meu texto jurídico compreensível para mais pessoas? Nosso convite agora é para você mergulhar nas diretrizes da linguagem simples, ou *plain language*, nome do movimento fora do Brasil. A Linguagem Simples é um movimento global nascido em 1970 nos EUA e defende a clareza nas construções textuais, principalmente as de esferas públicas. Sua grande missão é uma escrita que o leitor entenda sua mensagem de forma clara e objetiva na primeira vez que ele a ler.

Além da linguagem simples, este capítulo considera também uma parte importante na aplicação do *Legal Design*: o *design* de informação como estratégia jurídica. Cada documento tem um objetivo e é desta forma que começamos a criar um material com *Legal Design*. Qual é o objetivo dele? O que ele deve gerar em meu leitor: qual ação, algum sentimento?

Pensar no verbo do seu documento te apoiará na hierarquia da informação, dando mais destaque ao que é essencial ao seu leitor. Vamos citar alguns exemplos por aqui para ilustrar o que é o pensar no "verbo" do seu documento. Sabemos que cada caso é um caso, por isso aqui são citados exemplos aleatórios á:

- Um contrato de adesão deve **informar** o que guiará uma relação.
- Um parecer deve **indicar** um caminho a ser seguido.
- Uma petição deve **convencer**.
- Um relatório de resultados deve **garantir** que a rota está correta ou apontar mudanças.

Este é o *framework* que utilizamos para os projetos de *Visual Law*. Passar por esses passos garante um documento pensado para a necessidade de quem irá usá-lo.

---

[7] Don Norman, em seu livro *The Design of Everyday Things*, traduzido para o português como "O *design* do dia a dia".

Eixo V — Legal Ops: Eficiência e Eficácia

Framework para estratégia da informação *Plain Legal*

Documento:	One Page em Legal Design para processo judicial de disputa de marcas parecidas registradas.		
Público: (Leitor ou usuário do documento)	**Objetivo do documento:** Pode ser uma apresentação, *one page*, contrato, política etc.)	**Mensagem principal:** (Aquela que o leitor tem que entender de forma clara)	**Informações que utilizarei:** (Sustentam a mensagem principal)
Juiz Outras partes	Convencer. Para isso, listamos os melhores e mais fortes argumentos que definem a tese.	Não há como ter disputa de marca se os mercados nos quais atuamos são 100% distintos.	1. Segmento de negócio 2. Público-alvo 3. Valores envolvidos 4. Ecossistema de negócios

Essa construção é 100% repertório jurídico e, por isso, no *Legal Design*, o *Design* de Informação é estratégia jurídica.

7 passos para tirar o *Legal Design* do papel

Agora que você já sabe que o *Legal Design* pode causar impacto direto em seu negócio, aqui vão algumas dicas práticas:

1) Qual objetivo você quer alcançar com o *Legal Design*? Propor construções que causem impacto real é a ideia central do *Legal Design*. Dedique um tempo para refletir qual impacto (positivo) seu time Jurídico pode ter no seu negócio. Você vai utilizar o *Legal Design* para qual fim? Posicionar-se dentro da empresa como área inovadora? Tornar suas peças processuais mais persuasivas e contornar impactos financeiros? Diminuir a dependência dos outros times do jurídico deixando algum processo com menos pontos de contato?

2) Entenda onde você está hoje. Depois de pensar onde quer chegar, é importante você refletir sobre seu ponto de partida. Você sabe como o Jurídico é percebido hoje na empresa? Quantas vezes as outras áreas precisam de vocês para entender os documentos que vocês fazem? Qual é o índice de *by-pass* jurídico (de assuntos que não são levados a vocês por outras áreas)? Qual é o NPS da sua área?

3) Ferramentas necessárias. O *Legal Design* vai te exigir conhecimentos diferentes dos que você precisou no mundo jurídico até agora. Construir em *Legal Design* não é sobre entender de cores, formas ou saber desenhar. Se estivermos falando de um documento com *Legal Design*, a construção começa no planejamento estratégico do conteúdo, passa pela redação e só depois chega ao visual. Você vai precisar saber técnicas de *Design* de Informação (como hierarquia e arquitetura da informação). Utilize o *framework* que disponibilizamos, *UX writing*, *copywriting*, domine as principais diretrizes de linguagem simples. Na parte visual, você vai precisar saber como construir os elementos gráficos, quais ferramentas usar.

4) Seu time tem que jogar o mesmo jogo. A competência de aplicar *Legal Design* é "para ontem" no universo jurídico. Não há mais espaço para construções que distanciam ou excluem. Por isso, é importante refletir em como sensibilizar o time sobre o assunto. Como estamos abordando conhecimentos multidisciplinares, uma oficina prática ou um *workshop* com todos do time tem muito valor! **Sugestão:** escolha um treinamento, *workshop*, oficina com profissionais multidisciplinares, ou seja, que não sejam todos advogados.

5) Escolha *o case*. Escolha um documento que tenha impacto real dentro da sua empresa. Desafie-se a transformá-lo em uma versão *Legal Design*. Meça o impacto que a transformação causou – entenda os *feedbacks* dos usuários, qual foi a percepção de valor deles. Depois, organize um material com todos os resultados obtidos e faça chegar aos tomadores de decisão. Contra resultados não há argumentos; esse passo pode garantir que você consiga alocar orçamento para escalar o *Legal Design* por aí.

6) Escale. Pense em todas as oportunidades de potencializar resultados que o *Legal Design* pode te trazer. Escolha novos documentos para transformar, até que o *Legal Design* vire um novo modelo mental dentro do seu Jurídico e construir documentos pensados nas pessoas passe a ser seu novo padrão de trabalho.

7) Compartilhe com o mercado. Conte sua jornada para outras pessoas. Sua trajetória servirá de inspiração e ajudará na construção de um mercado jurídico mais estratégico e pronto para construir inovação com os outros times de negócio. Afinal, ser a área que não diz "não" já deixou de ser inovação para ser *job description* faz tempo.

REFERÊNCIAS

NORMAN, Donald A. *O design do dia a dia*. Tradução de Ana Deiró. Rio de Janeiro: Rocco, 2006.

O'CARROLL, Mary. The Next Evolution in *Legal Operations*. *Ironclad*. Disponível em: https://ironcladapp.com/blog/the-next-evolution-in-legal-operations/. Acesso em: 28 mar. 2023.

18

TECNOLOGIA, UMA GRANDE ALIADA!

*Fernanda de Figueiredo Funck**

Estima-se que as primeiras tecnologias direcionadas ao mundo do Direito surgiram na década de 1970, mas foi somente a partir de 2017 que o uso delas se tornou mais intenso pelos advogados no Brasil, causando uma transformação, ou melhor, revolução (e evolução!) no universo jurídico.

Os advogados perceberam que essas ferramentas não só facilitam a sua rotina, como também contribuem para melhorar a produtividade, potencializar a eficácia e trazer maior agilidade. Não é à toa que a quantidade de *softwares* jurídicos aumenta ano após ano. E a previsão é a de que esse cenário continue crescendo ainda mais nesta década, conforme estudos do Future Market Insights publicados na matéria da *Bloomberg* (2022)[1].

Estudo da Consultoria Gartner também prevê um incremento nesse segmento:

---

* Formada há 29 anos na PUC-SP. Atualmente na Microsoft Brasil, é responsável por Contencioso, Trabalhista, Societário e Contratos de Fornecedores. Anteriormente, trabalhou por 20 anos na Mercedes-Benz do Brasil, sendo 17 no Jurídico e 3 no Desenvolvimento da Rede de Concessionários. Escolher e implementar *software*s que pudessem auxiliar o Jurídico foi um dos grandes desafios de sua jornada (com alguns percalços).

[1] BLOOMBERG. *Global LegalTech Market is Expected to Reach ~US$ 69.7 Bn, Growing at a CAGR of 8.9% During the Forecast Period of 2022-32.* Disponível em: https://www.bloomberg.com/press-releases/2022-10-25/global-legaltech-market-is-expected-to-reach-us-69-7-bn-growing-at-a-cagr-of-8-9-during-the-forecast-period-of-2022-32-get. Acesso em: 25 mar.2023.

Até 2025, os departamentos jurídicos triplicarão seus gastos com tecnologia jurídica

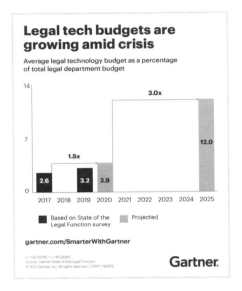

Fonte: Gartner (2021)

Não há dúvida que a tecnologia pode ser uma grande aliada dos advogados na busca por soluções inovadoras e eficientes. Mas antes mesmo de começar a avaliar ferramentas específicas, é necessário identificar quais áreas de ineficiência são prioritárias e como a adoção de soluções tecnológicas pode transformar o trabalho do seu Departamento Jurídico ou do seu Escritório de Advocacia.

Escolher um bom *software* jurídico é uma tarefa bastante desafiadora. Exige não só investimento financeiro, mas também tempo (geralmente um ano até a sua implementação e maturação), paciência e dedicação. Porém, apesar de desafiadora, é bastante compensadora.

Algumas cautelas são necessárias para encontrar uma ferramenta que realmente atenda às necessidades do seu departamento ou escritório. Aproveito para compartilhar algumas dicas:

1) Entenda a sua atual operação e mapeie os problemas/dores/oportunidades de eficiência da equipe (atividades repetitivas, que consomem bastante tempo, mas que podem ser automatizadas, e também atividades prioritárias para a companhia/departamento/escritório, alinhadas com as estratégias da companhia/escritório).

2) Crie um time para realizar esta atividade. Importante que desse time faça parte tanto as pessoas que executam as atividades e sofrem com tais problemas, quanto os clientes internos e/ou externos, permitindo-se, assim, obter uma visão bastante completa do problema.

Eixo V — *Legal Ops*: Eficiência e Eficácia

3) Levante todas as ideias/sugestões para atender cada uma dessas dores.

4) Classifique os problemas em termos de relevância e prioridade.

5) Com as dores bem mapeadas, escolha as que tendem a trazer maior impacto para o departamento/empresa.

6) Verifique quais ferramentas e informações podem ajudar o time a se tornar mais ágil e proativo nas respostas, bem como a possibilitar que, por meio dos dados, sejam obtidas informações relevantes para tomadas de decisão, criando mais valor para a empresa/escritório.

7) Verifique se existem soluções prontas de mercado para atendê-las e que sejam confiáveis, seguras (principalmente quando for tratar de informações sensíveis e confidenciais) e customizáveis para as suas necessidades.

8) Escolha entre três e cinco soluções para uma primeira análise.

9) Não crie a expectativa de encontrar uma solução que resolva todas as dores. Geralmente, as soluções são construídas para atender questões específicas (Ex.: gestão de contratos, gestão do contencioso, gestão financeira). Por isso, é importante verificar se a solução que escolheu permite API (interface com outras aplicações).

10) IMPORTANTÍSSIMO! Verifique:

i) se a ferramenta é de fácil navegação;

ii) se as suas funcionalidades atendem à necessidade do Departamento Jurídico ou do escritório;

iii) se permite customização;

iv) como os dados são arquivados, acessados e protegidos pela ferramenta;

v) se o fornecedor oferece suporte. Se não oferecer, talvez seja melhor não contratá-lo (a não ser que a sua empresa ou escritório possua área ou profissional apto e que se comprometa a realizá-lo com a agilidade que por vezes é necessária). Se o suporte for oferecido pelo fornecedor, verifique como ele é disponibilizado e realizado, e qual é o SLA (tempo de resposta **e de solução** do problema);

vi) qual é o prazo estimado até a total implementação do sistema, considerando a migração de todos os dados, todos os testes necessários e os treinamentos dos usuários;

vii) se a solução está baseada na nuvem, pois permitirá ser acessada de qualquer lugar, de forma integrada com a tecnologia já adotada pela empresa ou escritório, e com garantia e segurança dos dados/informações.

11) Peça para as empresas fazerem uma apresentação prática das suas soluções (navegando por elas) para que, com outras pessoas (departamento de TI, pessoas/departamentos afetados, pessoas que receberão os relatórios, gestores...), todos possam avaliar a ferramenta e tirar eventuais dúvidas.

12) Circule um questionário com relação a diversos aspectos relevantes, a ser respondido por todos os envolvidos, para que, ao final, sejam avaliadas as respostas e

140   *Legal Operations*

considerações apresentadas. Por vezes, é importante que seja solicitada uma apresentação mais detalhada do *software*, para que ele seja avaliado com mais cautela.

13) IMPORTANTÍSSIMO! Realize uma pesquisa com pessoas/empresas/escritórios que já utilizaram ou utilizam a solução, para verificar se ela realmente atende às necessidades conforme demonstrado pelo vendedor, se aqueles usuários estão satisfeitos ou se possuem alguma queixa, se a ferramenta apresenta algum problema, qual o nível de atendimento da empresa junto ao cliente... Tudo para garantir maior assertividade na escolha e na compra.

14) De posse desses *feedbacks* e avaliações, reúna-se com o grupo de pessoas que avaliaram as ferramentas para decidirem qual melhor atende às necessidades do departamento jurídico ou do escritório.

15) Peça aos usuários testarem um piloto da solução e darem sugestões de aperfeiçoamento/customização.

16) Escolhida a ferramenta, elabore um manual de instrução de uso da ferramenta, para permitir sua correta e melhor utilização, incluindo quanto ao preenchimento dos campos.

17) Treine os usuários.

18) Depois de implementada a ferramenta, realize auditorias periódicas para verificar se os dados estão sendo inseridos e armazenados corretamente.

19) Caso os dados não estejam sendo cadastrados adequadamente, será importante realizar uma higienização (processo de limpeza, organização e padronização dos dados para garantir que estejam válidos e atualizados), de forma a viabilizar uma análise e resposta sistêmica com acuracidade.

A Associação Brasileira de Lawtechs e Legaltechs (AB2L) apresenta em seu radar diversas soluções que podem auxiliar departamentos jurídicos e escritórios de advocacia a se transformar (https://ab2l.org.br/ecossistema/radar-de-lawtechs-e-legaltechs/). A seguir cito algumas delas e, também, algumas funcionalidades:

• **RPA (*robotic process automation*):** define os fluxos de trabalho e configura os robôs para executarem tarefas. Muito utilizada para automatizar tarefas repetitivas e manuais, economizando tempo, diminuindo esforço e minimizando erros. Por exemplo: os robôs fazem a busca das publicações no site dos tribunais e as inserem de forma automática no andamento dos respectivos processos cadastrados no sistema jurídico.

• **OCR (*optical character recognition*):** converte uma imagem de texto em formato de texto editável.

• **Jurimetria:** segundo definição da Associação Brasileira de Jurimetria (ABJ), consiste na "disciplina resultante da aplicação de modelos estatísticos na compreensão dos processos e fatos jurídicos". Ou seja, ela analisa as decisões proferidas e possibilita

Eixo V — *Legal Ops*: Eficiência e Eficácia

compreender tendências e posicionamentos jurídicos sobre determinado tema, bem como apontar com maior assertividade o provável valor de uma eventual condenação para o caso (análogo):

• Emissão de relatórios;

• Gestão financeira;

• Gestão de risco interconectada entre o Jurídico e outras áreas (como *Compliance*, Privacidade de Dados, Compras, Financeiro e TI); e

• Gestão de Contencioso.

Para ilustrar melhor, listo alguns dos inúmeros benefícios e algumas funcionalidades apresentadas especificamente pelos *softwares* de gestão de Contencioso, os quais proporcionam uma melhoria significativa em termos de eficiência, controle, *insights* e tomada de decisões:

1) *Dashboards* que fornecem um panorama completo de vários aspectos dos processos, transformando os dados dos processos em painéis visuais e permitindo a definição de indicadores e identificação de comportamentos;

2) Divisão dos processos em silos, com informações de questões jurídicas instantaneamente pesquisáveis em um simples clique;

3) Ajuda a identificar problemas crescentes;

4) Permite o controle em tempo real das etapas do litígio;

5) Analisa o desempenho dos processos por período: vitória *vs.* derrota *vs.* acordos;

6) Mostra a quantidade de processos abertos *vs.* fechados *vs.* em andamento por período;

7) Permite identificar quais são os casos com perda provável acima de determinado valor (considerados críticos);

8) Permite visualizar quais são os tipos de processos com maior volume, para que se possa averiguar se há algum motivo e avaliar eventuais medidas que possam mitigar os riscos;

9) Possibilita identificar os tipos de casos com maior exposição em termos de valores;

10) Possibilita identificar a concentração de casos por Estado;

11) Possibilita avaliar a pertinência de serem negociados acordos para determinados casos;

12) Possibilita a integração com a ferramenta financeira, viabilizando a identificação do custo por processo, bem como a aprovação de pagamentos;

13) Demonstra o desempenho dos escritórios de advocacia;

14) Aponta o aumento ou a redução no número de novas ações por produto;

15) Fornece diversos filtros (natureza da ação, produto, estado da Federação etc.) que auxiliam na análise dos casos, na descoberta da causa raiz de alguns problemas, na tomada de decisão e nas estratégias da empresa;

16) Mapeia todas as garantias prestadas/existentes nas ações judiciais.

Como mencionado novas soluções de tecnologia surgem ano após ano. Por isso, não poderia deixar de mencionar uma recente: o ChatGPT (https://chat-gpt.org/), que está revolucionando o mundo e certamente auxiliará muito o trabalho dos advogados com sua capacidade de dar respostas para as mais diferentes questões, cruzar dados de imagens, texto e sons para realizar tarefas.

Certamente (e felizmente) outras tecnologias revolucionárias surgirão.

A sugestão aos advogados é para que se aliem a essas tecnologias, pois em linha com o que disse Paul Tudor Jones, um renomado bilionário e gestor de fundos multimercado: "Nenhum homem é melhor que uma máquina e nenhuma máquina é melhor que um homem com uma máquina"[2].

REFERÊNCIAS

BLOOMBERG. *Global LegalTech Market is Expected to Reach ~US$ 69.7 Bn, Growing at a CAGR of 8.9% During the Forecast Period of 2022-32.* Disponível em: https://www.bloomberg.com/press-releases/2022-10-25/global-legaltech-market-is-expected-to-reach-us-69-7-bn-growing-at-a-cagr-of-8-9-during-the-forecast-period-of-2022-32-get. Acesso em: 25 mar. 2023.

DAVIS, Owen. Paul Tudor Jones. Now Throwing His Money at Anything with The Letters 'A' and 'I' in It. *Dealbreaker.* Disponível em: https://dealbreaker.com/2017/05/paul-tudor-jones-throwing-money-letters-ai. Acesso em: 25 mar. 2023.

---

[2] DAVIS, Owen. Paul Tudor Jones. Now Throwing His Money at Anything with The Letters 'A' and 'I' in It. *Dealbreaker.* Disponível em: https://dealbreaker.com/2017/05/paul-tudor-jones-throwing-money-letters-ai. Acesso em: 25 mar. 2023.

19

WORKSPACES E AUTOMAÇÕES DE PROCESSOS OPERACIONAIS: ELEVANDO O POTENCIAL DO PROFISSIONAL JURÍDICO NAS ORGANIZAÇÕES

Felipe Alvarez*
Leon Hatori**

Com o aumento das atividades profissionais em ambientes virtuais, torna-se cada vez mais complexo atender os consumidores de produtos tecnológicos.

Em parte, porque existem mitos ao redor de aplicações de tecnologia e sua tentativa de furtar postos de trabalho, e noutro porque inexistem políticas públicas consistentes a novas práticas profissionais com o uso da tecnologia. As atividades jurídicas são um exemplo dentre outras profissões que sofreram esse dilema nos últimos dez anos.

Desde o início da expansão tecnológica na área jurídica, muitas são as iniciativas promovidas por grandes empresas, investidores e advogados que decidiram migrar suas atividades profissionais para o ramo de tecnologia em busca de facilitar o acesso de colegas que ainda sofrem com tarefas repetitivas e excesso de burocracias que não são contornáveis somente pelo exercício humano eficiente.

Nessa percepção, as atividades profissionais de um jurista com tarefas padrão eram as de registrar informações em um programa de computador e torcer para que o seu certificado digital funcionasse corretamente em conexão com os tribunais para protocolar seus prazos.

Hoje em dia, além dessas atividades corriqueiras, é preciso compreender o principal limite humano: o tempo. A equação perfeita envolvendo as atividades de um profissional são compostas de dois elementos: tempo e eficiência. Isto é, o desejo do mercado é que o profissional consiga entregar suas tarefas cada vez mais velozes e sem perder a qualidade da prestação do serviço.

---

* CEO da The Enlighten Company S/A. É mestre em Direito pela Universidade de São Paulo (USP), possui especialização em Business and Law Economics pela Fordham New York University, entre outras pós-graduações. É professor de Inovação e Tecnologia da FIAP, autor de artigos científicos e livros na área de Direito e Gestão de Negócios.

** *Program Manager* no QuintoAndar, com *expertise* em projetos de tecnologia na área jurídica, especialmente em projetos de automação entre sistemas, documentos jurídicos e integrações complexas com bases de dados.

O problema reside em, embora haja esforços para a adequação de produtos de inteligência artificial para diminuir o pensar humano, o tipo mais comum e acessível ao público (GPTs e outros) são programações advindas de uma cadência de condicionalismos entrelaçados que entregam respostas com vieses, o que, para uso profissional intelectual, é bastante raso.

Assim, vencida a sedução que o tema de inteligência artificial provoca em todos, cabe ao profissional recorrer aos métodos atuais de eliminação de tarefas repetitivas por meio de uma combinação de recursos de tecnologia disponíveis no mercado para diminuir o arrasto de tempo na produção de tarefas não intelectuais e de baixo valor agregado.

Neste capítulo, queremos citar duas tecnologias que vem alcançando resultados em outras profissões e que a prática jurídica poderá se beneficiar: rotinas operacionais por meio de robôs e espaços de trabalho hiperconectados.

O que são os *workspaces*?

Os espaços de trabalho hiperconectados são uma tendência mundial e cujo nome no vernáculo não é tão conhecido, mas que na língua inglesa você provavelmente já ouviu: *workspace*.

Para compreender o que é um *workspace* e suas vantagens, é interessante entender a evolução dos programas de computador e sua relação com a *internet*.

No mundo profissional jurídico, atualmente, boa parte dos programas (*softwares*) já estão hospedados em servidores virtuais (*cloud* ou "nuvem"), o que já é um grande avanço.

No entanto, essas aplicações ("programas") ainda são vivenciados pelos profissionais em sua maioria para o registro de informações, agendamento de tarefas e alguns mais sofisticados oferecem a possibilidade de construir um processo operacional (*workflow*) no melhor estilo de BPM ("modelagem de processos operacionais") para padronizar e melhorar as entregas.

Do mesmo modo, os profissionais da área jurídica foram acostumados a adquirir *softwares* por meio de "módulos", que é uma espécie de separação utilizada pelas empresas de tecnologia em vista do desenvolvimento muito específico para áreas de atuação do profissional. É comum o profissional adquirir o módulo contencioso, contratos, consultivo, societário, financeiro etc.).

Pois bem. O *workspace* é um espaço virtual de trabalho de alta conectividade, pois a técnica de desenvolvimento do código é para que o usuário comum construa sua aplicação em poucos minutos, sem a necessidade de ser um programador.

Esse tipo de desenvolvimento de tecnologia trouxe aos usuários uma condição que nas aplicações jurídicas atuais não se vê e que frequentemente são alvos de reclamações de usuários em grupos de interesses nas redes sociais.

Eixo V — *Legal Ops*: Eficiência e Eficácia

Em parte porque o desenvolvimento dessa tecnologia é custoso e porque as empresas mais conhecidas já têm seu produto consolidado, e alterá-lo para uma nova versão e no formato de *workspace* representaria recomeçar do zero a sua atividade.

Esse tipo de tecnologia, cujo interesse é permitir ao usuário tornar-se o próprio autor de seu programa, é chamado de baixo código (*low code* ou *no code*). O interesse nesse tipo de tecnologia é latente porquanto o usuário poderá receber da empresa de tecnologia um *workspace* pré-configurado com telas e funções que são práticas de mercado ou uma "folha em branco" para que seja possível criar a sua própria aplicação conforme a sua necessidade.

Em outras profissões, *workspace* é bastante utilizado, especialmente porque muitas vezes o uso de aplicações (*software*) muito específico cria uma barreira com clientes e outras áreas de uma empresa e impede que a conectividade seja fluída, gerando resistência de outros usuários a uma adoção de processos operacionais mais tecnológicos e de baixo custo, prejudicando a própria transformação digital de uma empresa.

Além disso, os *workspaces* permitem ao usuário que haja uma substancial economia na quantidade de programas que são adquiridos, pois você poderá utilizar em um único local diversas ferramentas de tecnologia como o seu e-mail, editor de texto, planilhas eletrônicas e combiná-los para que funcionem integrados a aplicação que você pretende criar com campos específicos, fluxos, tarefas, gatilhos e outras funcionalidades.

O recurso de *workspaces* é tão poderoso que as empresas optam por substituir os antigos ERP ("*Enterprise Resource Management*") por esse tipo de tecnologia, porque, além do custo benefício, não há qualquer tipo de engessamento pela utilização de *workspaces* também modelado para ser parte ERP em áreas que demandam alto controle de informações.

Na profissão jurídica, um bom exemplo que pode ser dado é que provavelmente o profissional utiliza o "*software* jurídico" para registrar informações, cumprir tarefas, mas utiliza o *software* de correio eletrônico para enviar e-mails de um determinado registro que acabara de fazer e que recebeu uma consulta por meio de um *software* de *chat* corporativo ou por WhatsApp. Veja quantas aplicações de computador você teve de utilizar para tratar de um mesmo assunto só porque os recursos são diferentes.

Não é assim em um *workspace*. A depender da empresa de tecnologia escolhida, você pode integrar aplicações, substituí-las, criar segmentos específicos de atendimento, melhorar a relação que seus clientes possuem com você, permitir acessos a pastas e tantas funcionalidades que sua criatividade permite.

As empresas que desenvolvem esse tipo de ferramenta atualizam suas versões com novidades frequentemente e sem necessidade de pagar adicionais. Além disso, as cobranças possuem modelo *pay-per-use*, ou seja, o usuário pagará pelos recursos que utilizará, sendo um incrível facilitador para implementação.

É possível criar um *software* para geração de contratos, documentos, minutas em poucos minutos e sem a necessidade de ser um programador, sem a necessidade de equipe de implantação e serviços que encarecem e dificultam a entrega da tecnologia.

Além disso, é possível criar uma trilha para que, por exemplo, a consulta jurídica recebida torne-se um contrato logo após a aprovação do cliente e essa comunicação seja totalmente integrada por meio do e-mail ou aplicativos de mensagens comuns, todos direto no *workspace*, sem que o usuário precise abrir outras aplicações.

E, por fim, outro exemplo que oferecemos é a automação do recebimento de notas fiscais de serviços, notas de débito e a criação de regras (condicionais) para facilitar a aprovação de gestores e já encaminhá-las diretamente ao ERP financeiro da empresa, por meio de recursos de integração, pois os *workspaces* são desenvolvidos para permitir conexões rápidas com outras aplicações, por meio de integração ("API").

Isso significa que o usuário, de modo simples e direto, integra o *workspace* com outras soluções de mercado, selecionando quais são dados e arquivos que serão trafegados, se apenas serão enviados e/ou recebidos.

Os desenvolvedores de *workspaces* pensaram numa modelagem que torna intuitiva a interface para que o usuário crie aplicações conforme necessidade em poucos minutos e sem complicações que exijam um programador ou um suporte especializado.

Assim, é possível criar uma aplicação para atuar em várias frentes, seja as de ordem técnica como: contencioso, contratos, consultivo, societário, imobiliário ou para frentes comuns de todos, que são contas a pagar, a receber, marketing, financeiro, planejamento orçamentário, comunicações internas, recursos humanos, projetos etc.

Em paralelo a essa evolução da tecnologia, é inegável que a conexão com aplicações não preparadas ocorrerá. Para isso, surge a solução que são as automações por meio de robôs e que trataremos no tópico a seguir todas as suas funcionalidades para além de meras conexões.

Automatizando tarefas e repetições

As automações são um recurso de baixo custo e que podem destravar centenas de possibilidades em seus processos operacionais.

Seja para conectar *workspaces* com aplicações que não possuem conexões prontas, seja para outros cenários como veremos a seguir.

O universo *open-source* e a robotização a baixo custo

Vivemos em uma era em que o conhecimento é muito compartilhado, vide repositórios de tecnologia como o Github ou o Gitlab – que em poucas pesquisas lhe traz uma infinidade de conteúdos gratuitos para serem implementados em sua realidade.

Com o conhecimento certo e as ferramentas corretas na mão, aplicá-los à realidade das necessidades de operações legais transforma-se numa oportunidade de aliar fer-

Eixo V — *Legal Ops*: Eficiência e Eficácia

ramentas gratuitas com o potencial técnico suportado por uma comunidade de especialistas que se dispuseram a evoluir e transformar códigos e aplicações por anos a fio.

Por sua vez, a robotização e a automação de processos são temas que têm ganhado cada vez mais espaço no universo empresarial, incluindo o setor jurídico. Com o aumento do volume de processos e a necessidade de aumento da produtividade, muitas empresas e escritórios de advocacia recorrem à tecnologia para automatizar tarefas rotineiras e repetitivas, em um processo que tem se tornado cada vez mais comum pelo avanço da tecnologia.

Nesse contexto, os *softwares open-source* têm se mostrado uma solução eficiente e acessível para a robotização a baixo custo. *Softwares open-source* são aqueles cujo código-fonte é aberto e ele pode ser modificado e distribuído livremente, de acordo com licenças de uso específicas a cada caso de uso. Isso permite que programadores e desenvolvedores trabalhem em colaboração para aprimorar e criar novas funcionalidades para esses sistemas, sem a necessidade de pagamento de licenças ou taxas.

Desse modo, o movimento *open-source* possibilita o desenvolvimento colaborativo de *softwares*, permitindo que programadores e especialistas de diversas áreas contribuam para a criação de soluções inovadoras e acessíveis. No contexto da robotização a baixo custo, especialmente dentro do contexto de operações legais, isso significa:

1) redução de erros e retrabalhos;

2) aumento da produtividade;

3) melhora na qualidade do trabalho;

4) redução de custos;

5) acesso a tecnologias avançadas.

Como exemplo, podemos citar alguns *softwares* N8N (https://n8n.io) e Docassemble (https://docassemble.com).

O N8N é uma plataforma de automação de fluxos de trabalho, que permite a integração de diversas ferramentas e serviços. Com o N8N, é possível criar fluxos de trabalho que automatizam tarefas como o envio de e-mails, criação de documentos, gerenciamento de tarefas e atualizações de informações em sistemas diversos. Além disso, o N8N conta com diversos plugins que podem ser utilizados para integrar a plataforma com outras ferramentas e serviços.

Já o Docassemble é uma plataforma *open-source* que permite a criação de entrevistas jurídicas interativas que podem ser utilizadas para gerar documentos jurídicos personalizados. Isso torna o processo de criação de documentos jurídicos mais eficiente e preciso, além de permitir a criação de modelos padronizados para determinados tipos de documentos.

Dessa forma, percebe-se que o *open-source* tem se tornado cada vez mais importante no mundo da tecnologia. A natureza aberta e colaborativa das tecnologias *open-source* per-

148   **Legal Operations**

mite que elas sejam acessíveis, adaptáveis e inovadoras, levando a um avanço significativo em diferentes campos. Aqui estão alguns exemplos de como o *open-source* tem sido importante para o mundo, com foco em três tecnologias: o WordPress, o Android e o React.

1) O WordPress é uma plataforma de gerenciamento de conteúdo *open-source* que permite que os usuários criem e gerenciem sites e blogs de forma fácil e acessível. O WordPress é uma das tecnologias *open-source* mais populares do mundo, e tem um impacto significativo no mundo do marketing digital, permitindo que empresas e indivíduos criem sites com aparência profissional e sem a necessidade de conhecimentos técnicos avançados. O WordPress é também um exemplo importante de como a tecnologia *open-source* pode ser usada para democratizar a criação de conteúdo na web, permitindo que todos tenham uma voz na internet;

2) O Android é um sistema operacional móvel *open-source* que é utilizado em muitos smartphones e tablets em todo o mundo. O Android é uma das tecnologias *open-source* mais importantes do mundo móvel, e tem um impacto significativo na forma como as pessoas se comunicam e se conectam na era digital. O Android é uma plataforma aberta que permite que os desenvolvedores criem aplicativos móveis inovadores e personalizados para diferentes usuários, permitindo que empresas e indivíduos atinjam novos mercados e alcancem novos públicos.

3) O React é uma biblioteca JavaScript open-source para criar interfaces de usuário. O React foi desenvolvido pelo Facebook e é amplamente utilizado em todo o mundo. O React é um exemplo importante de como a tecnologia *open-source* pode ser usada para criar inovações em áreas específicas, como no desenvolvimento de interfaces de usuário, que são um aspecto fundamental de muitas aplicações digitais. O React é altamente flexível e reutilizável, permitindo que os desenvolvedores criem interfaces de usuário eficientes e consistentes em diferentes plataformas.

Dentro do contexto de *Legal Ops* esse conjunto de funções pode ser traduzido como uma oportunidade única para qualquer profissional (independentemente do contexto e do tamanho do desafio do qual ele participa) de dimensionar seus recursos financeiros e operacionais com funcionalidades com resultado comprovado a um baixo custo.

Pensando especificamente no contexto jurídico, podemos citar um exemplo de como criar e gerenciar um documento jurídico por meio do N8N ou do Docassemble.

Antes de seguir para o N8N especificamente, é importante indicar alguns conceitos importantes desse *software*, conforme indicado por Francisco José Borges Bobiano em sua tese acadêmica[1]:

---

[1]   BOBIANO, Francisco José Borges. Automação de integrações em marketing omnicanal. *Repositório P. Porto*, 1970. Disponível em: http://hdl.handle.net/10400.22/19381. Acesso em: 3 abr. 2023.

Eixo V — *Legal Ops*: Eficiência e Eficácia

• **User**: representa os utilizadores da plataforma e apresenta nome, permissões, username, *password* e e-mail. Possui um conjunto de credenciais e utiliza uma aplicação.

• **Credentials**: representa as chaves de API de diversos *nodes* e estão associadas a cada *node*.

• **Application**: representa a aplicação geral que possui diversos *workflows* e está associada a um utilizador.

• **Workflow**: representa o fluxo com as conexões entre as diversas aplicações e serviços. Possui conexões entre os *nodes*, um conjunto de execuções, e expressões para o auxílio no tratamento dos dados. É composto por vários *nodes* que representam aplicações e serviços.

• **Connection**: representa as conexões entre dois *nodes*.

• **Execution**: representa as diversas execuções de um *workflow*.

• **Expression**: representa as expressões utilizadas para tratamento de dados dos *workflows*.

Satisfeitas as definições mais importantes, a automação de um simples contrato no N8N, precisamos seguir os passos apresentados:

1) Adicione um gatilho: o gatilho é a primeira etapa do fluxo de trabalho, e é responsável por desencadear a ação. No caso da automação de documentos jurídicos, o gatilho pode ser a criação de um novo cliente no sistema de gerenciamento de clientes, por exemplo.

2) Adicione o nó do Google Drive: depois de definir o gatilho, é hora de adicionar os nós que serão utilizados no fluxo de trabalho. Para criar pastas e gerenciar documentos no Google Drive, você precisará adicionar o nó do Google Drive. Esse nó permite que você crie, leia e gerencie arquivos e pastas no Google Drive.

3) Adicione o nó do Google Docs: para criar documentos personalizados, você precisará adicionar o nó do Google Docs. Esse nó permite que você crie, leia e atualize documentos no Google Docs. Com o nó, você pode criar modelos de documentos que serão personalizados de acordo com os dados fornecidos no fluxo de trabalho.

4) Crie a lógica do fluxo de trabalho: depois de adicionar os nós do Google Drive e do Google Docs, é hora de criar a lógica do fluxo de trabalho. Isso pode ser feito por meio de nós de fluxo de controle, como o ""f/Else" ou "Switch", que permitem que você crie lógicas condicionais no fluxo de trabalho.

5) Teste e execute o fluxo de trabalho: depois de construir o fluxo de trabalho, é importante testá-lo e executá-lo para verificar se ele está funcionando corretamente. O N8N oferece recursos de teste e depuração que permitem que você verifique o fluxo de trabalho e corrija eventuais problemas.

Esses são os passos básicos para criar um fluxo de trabalho de automação de documentos jurídicos utilizando os nós do Google Drive e Google Docs no N8N. No entanto, é importante destacar que a construção de fluxos de trabalho mais complexos pode exigir um conhecimento mais avançado da plataforma e de lógica de programação.

No Docassemble, por sua vez, o processo de instalar, gerenciar e criar um contrato de prestação de serviços pode ser resumido em alguns passos:

1) Instalar o Docassemble: o Docassemble é um *software open-source* que pode ser instalado em um servidor ou em uma máquina local. A instalação pode ser feita seguindo as instruções do site oficial.

2) Criar um modelo de contrato: é possível criar um modelo de contrato de prestação de serviços utilizando o formato YAML. Esse modelo pode incluir campos personalizados para o preenchimento de informações específicas, como o nome do cliente, o escopo do trabalho, o valor dos serviços, entre outros.

3) Gerenciar o contrato: uma vez criado o modelo, o usuário pode gerenciar o contrato por meio da interface do Docassemble. É possível criar novas instâncias do contrato para diferentes clientes, editar as informações contidas no contrato, e adicionar cláusulas personalizadas conforme necessário.

4) Preencher as informações do cliente: com a instância do contrato criada, o cliente pode preencher as informações necessárias, como nome, endereço e outros dados relevantes. O cliente também pode revisar o contrato antes de assiná-lo.

5) Assinar o contrato: com o preenchimento das informações do cliente concluído, é possível assinar o contrato diretamente na plataforma do Docassemble ou enviá-lo para plataformas externas como a ClickSign, Docusign e outras plataformas relacionadas.

Em resumo, o processo de instalar, gerenciar e criar um contrato de prestação de serviços no Docassemble envolve a instalação do *software*, a criação de um modelo de contrato, o gerenciamento das informações e a assinatura do contrato. O Docassemble é uma ferramenta poderosa que pode ajudar a automatizar muitas tarefas no mundo jurídico, incluindo a criação de contratos personalizados.

Ambos os contextos demandam baixo conhecimento em tecnologia e seus desdobramentos, não sendo necessário ser especialista nas linguagens de programação para sua instalação e manutenção.

É preciso notar, que todo este avanço no universo *open-source* se desdobra para o mundo jurídico e técnico sob o aspecto do desenvolvimento do que chamamos *"Declarative logic programming" (lógica de programação declarativa) e do que se caracteriza como Legal* Reasoning[2].

---

[2] MORRIS, Jason. *Spreadsheets for Legal Reasoning*: The Continued Promise of Declarative Logic Programming in Law (April 15, 2020). Disponível em: http://dx.doi.org/10.2139/ssrn.3577239. Acesso em: 3 abr. 2023.

Eixo V — *Legal Ops*: Eficiência e Eficácia

A lógica de programação declarativa pode ser usada para modelar e automatizar aspectos do raciocínio jurídico, como a aplicação de regras e a interpretação de casos. Alguns sistemas de lógica de programação declarativa são usados em aplicações jurídicas, como a análise de contratos e decisões judiciais.

A relação entre a lógica de programação declarativa e o raciocínio jurídico é que ambos se concentram em estabelecer relações e regras entre diferentes entidades. A aplicação de regras é fundamental tanto na programação declarativa quanto no raciocínio jurídico.

A relação entre esses temas e o universo *open-source* está no desenvolvimento de sistemas e ferramentas de lógica de programação declarativa para uso em aplicações jurídicas de código aberto. Existem iniciativas em andamento para criar sistemas *open-source* para a análise de contratos, a resolução de disputas e outras aplicações jurídicas. A disponibilidade de ferramentas *open-source* pode tornar essas tecnologias acessíveis a um público mais amplo, incluindo organizações sem fins lucrativos, empresas iniciantes e indivíduos com poucos recursos.

REFERÊNCIAS

BOBIANO, Francisco José Borges. Automação de integrações em marketing omnicanal. *Repositório P. Porto*. 1970. Disponível em: http://hdl.handle.net/10400.22/19381. Acesso em: 3 abr. 2023.

MORRIS, Jason. *Spreadsheets for Legal Reasoning*: The Continued Promise of Declarative Logic Programming in Law (April 15, 2020). Disponível em: Acesso em: 3 abr. 2023.

EIXO VI
INTELIGÊNCIA JURÍDICO-COMERCIAL COMO REAL PARCEIRA DE NEGÓCIOS

20

ALFABETIZAÇÃO DE DADOS NO MUNDO JURÍDICO: O INÍCIO DE UMA JORNADA DE ANÁLISE DE DADOS

Filipe Pacheco*

Trabalhar com dados não é novidade para quem pertence ao universo do Direito. Praticamente todas as vertentes profissionais jurídicas sempre precisaram lidar com informações e saber trabalhar com dados relacionados aos casos práticos, com o intuito de aplicar a situação fática às normas jurídicas. No entanto, tem-se falado cada vez mais da importância de se trabalhar com dados no mundo jurídico, inclusive abrindo espaço para criação de termos específicos de aplicação de estatística no Direito, a famosa Jurimetria. Nesse contexto, a área de *Legal Operations* ganhou espaço e relevância, especialmente no que tange às competência de análise de dados e inteligência de negócio. O que mudou para gerar esse movimento?

Estima-se que o volume de dados a ser gerado no mundo por ano em 2025 seja em torno de 163 Zettabytes[1]. O número por si só é impressionante, não apenas por ser representativamente maior do que no passado – 16 ZB em 2016[2], mas por ser exponencial. Isso mostra que, por conta do aumento de processamento computacional e da velocidade transacional de dados na internet (e.g. internet móvel 5G), a tendência é possuirmos cada vez mais informações disponíveis para consumo e análise.

Enquanto o advogado do século XX possuía acesso a um número modesto de informações, de forma desestruturada, o advogado do século XXI possuirá cada vez mais dados estruturados ao seu dispor. Aliado a isso, o poder de armazenamento e proces-

---

[*] Tem 29 anos, é bacharel em Direito pela Pontifícia Universidade Católica de Campinas (PUCCamp) e pós-graduado em Direito do Trabalho e Processo do Trabalho pela mesma instituição. Já advogou em escritórios de Campinas e também de forma autônoma. Teve passagem pela Magalu, local onde fez a transição de uma carreira tradicional de advogado para a *Legal Ops*. Atualmente, ocupa a posição de coordenador sênior de *Legal & Tax Ops* no iFood.

[1] Cada Zettabyte corresponde a 1.000.000.000.000.000.000.000 (1021) bytes.

[2] SEAGATE. *Data Age 2025*: The Evolution of Data to Life-Critical [PDF]. 2017. Recuperado em 9 de abril de 2023, de https://www.seagate.com/files/www-content/our-story/trends/files/Seagate-WP-DataAge2025-March-2017.pdf.

samento computacional cresce de forma acelerada, proporcionando a criação de novas tecnologias para manipular a também crescente massa de dados mencionada. Essa combinação culmina em um mar de informações tão extenso que em muitos casos não é possível explorá-lo ou processá-lo utilizando ferramentas cotidianas, como calculadoras ou até mesmo o Excel. Daí surgem novas tecnologias que ajudam os humanos a processar e simplificar essas informações (e.g. inteligência artificial).

Participar desse ambiente fértil de dados aliado às novas tecnologias é como viajar para um país nunca visitado e, portanto, com um idioma diferente: o idioma dos dados. Dessa forma, é importante passar por um processo de alfabetização de dados, aprendendo os conceitos básicos desse idioma que será falado por cada vez mais pessoas no futuro. Felizmente, para ser alfabetizado em dados não é preciso adquirir conhecimento matemático profundo ou entrincheirar por uma carreira estatística.

Mas por que alguém deveria gastar tempo para se alfabetizar em dados, especialmente no caso de um indivíduo ligado ao mundo do Direito? Além de ser um requisito básico para navegar na nova era da informação na qual milhões de gigabytes são gerados por dia, os dados atuam como uma poderosa forma de atingir um objetivo comum de praticamente todo trabalhador: responder perguntas importantes no processo de tomar decisões melhores, eliminando preconceitos, vieses e opiniões dos envolvidos no processo decisório. Tendo isso em mente, vamos iniciar discutindo os conhecimentos básicos necessários para trilhar o caminho de alfabetização de dados e alcançar o resultado pretendido.

1. O INÍCIO DA ALFABETIZAÇÃO EM DADOS – 3 C'S E CONHECIMENTOS BÁSICOS

1.1. Os 3 C's da alfabetização de dados

Um dos maiores expoentes do tema de alfabetização de dados no mundo, Jordan Morrow, discorre no capítulo 8 do seu livro *Be Data Literate*[3] sobre a importância do que ele chama de 3 C's da alfabetização de dados: **1)** Curiosidade (*curiosity*); **2)** Criatividade (*creativity*); e **3)** Pensamento Crítico (*critical thinking*). Enquanto alguns conhecimentos aprofundados em matemática e estatística são característicos dos cientistas de dados, tais habilidades pessoais são acessíveis a todos. Por esse motivo, são a base da alfabetização de dados e podem ser aprendidas e estimuladas por pessoas de qualquer formação ou profissão. Aqui está a beleza da alfabetização de dados!

---

[3] MORROW, J. *Be Data Literate*: The Data Literacy Skills Everyone Needs To Succeed. 1. ed. London: Kogan Page, 2021.

Eixo VI — Inteligência Jurídico-Comercial Como Real Parceira de Negócios

No dia a dia existem muitas perguntas que precisam ser respondidas, mas elas não serão feitas sozinhas, assim como existem muitos dados que podem ajudar a respondê-las, mas eles não se organizarão automaticamente. A curiosidade deixa o indivíduo inquieto, sempre à procura das respostas para as inúmeras perguntas que surgem no dia a dia.

Já a criatividade é a habilidade intrínseca ao ser humano que o diferencia dos computadores e o permite reorganizar informações, perguntas e análises de modo a encontrar resultados inéditos. Em tempos em que muitos advogados se sentem ameaçados pela inteligência artificial, especialmente generativa, a criatividade é forte aliada dos seres humanos e precisa ser estimulada por quem quer prosperar no país dos dados. Por fim, o pensamento crítico vai ajudar o letrando em dados a lidar com a complexidade dos problemas a serem resolvidos com dados, evitando aceitar qualquer conclusão simplesmente pelo fato de estar embasada em dados.

1.2. Conhecimentos técnicos – Estatística e características dos dados

Superadas as habilidades comportamentais, vale destacar algumas capacidades técnicas importantes na jornada de alfabetização de dados. Mais importante do que qualquer conhecimento específico em alguma ferramenta tecnológica, para se trabalhar com dados é importante uma base sólida de conhecimentos estatísticos elementares. Isso não significa que é necessário que o indivíduo se torne estatístico ou cientista de dados, nem mesmo que realize um estudo aprofundado em estatística, conforme abordado na introdução deste capítulo.

No entanto, antes de mergulhar no mundo dos dados, garanta o entendimento de alguns conceitos fundamentais que podem fazer toda a diferença no momento de estruturar uma análise. Comece entendendo média, mediana, variância e desvio padrão, depois passe para conceitos mais elaborados na medida em que ganha confiança e sente mais intimidade com o tema. Nenhum desses conceitos é excessivamente complexo, mas conhecê-los vai ampliar o rol de tipos de análise que podem ser construídas, possibilitando explorar o problema objeto sob diferentes perspectivas.

Para ilustrar a importância de dominar esses conceitos e saber aplicá-los em suas análises, vamos supor que um advogado queira fazer uma análise dos valores envolvidos nos processos nos quais a sua empresa foi condenada no último ano. A empresa foi condenada em dez processos, sendo que em nove deles o valor individual da condenação foi de R$ 20.000,00, ao passo que no décimo processo a condenação foi de R$ 500.000,00 por conta de uma situação singular daquele caso. A média de condenação dessa carteira de processos é de R$ 68.000,00, enquanto a mediana fica em R$ 20.000,00. Qual dos dois números é mais correto de se utilizar? Depende da pergunta que deve ser respondida! A mediana pode ser ótima para demonstrar como processos daquele tipo costumam se comportar, desconsiderando valores atípicos e se tornando uma projeção financeira otimista. Já a média dilui o valor atípico da condenação de meio milhão de reais para toda a carteira e materializa uma projeção financeira mais conservadora.

O exemplo é simplista, mas demonstra como o domínio desses conceitos básicos pode influenciar desde a base da sua análise até o resultado a ser compartilhado com o público-alvo. Para aprender, fixar e utilizar no seu dia a dia os conceitos de média, mediana, entre outros, recomenda-se a leitura do livro *Estatística: o que é, para que serve, como funciona*, do escritor Charles Wheelan.

Além de conhecimentos básicos em estatística, é importante conhecer melhor o que são dados, como eles costumam ser coletados e armazenados, e como podem ser manipulados. Construir conhecimento nessa frente ajuda a superar os principais desafios ao lidar com dados, como a disponibilidade, a qualidade e a velocidade de manipulação das informações.

O Instituto de Matemática, Estatística e Computação Científica define dados como "observações documentadas ou resultados da medição"[4]. Dentro desse conceito, basicamente qualquer informação documentada pode ser considerada um dado, podendo ser constatada sensorialmente ou por meio de um processo de medição. A lista de compras anotada em um papel pardo por um estudante universitário, a atitude das testemunhas em sucessivas colheitas de depoimento, as decisões proferidas por um magistrado e assim por diante.

Agora, para que esses dados estejam disponíveis para utilização com maior facilidade, é recomendável que estejam estruturados. A AWS traz o conceito de dados estruturados como sendo aqueles classificados em um formato padronizado para acesso eficiente por *softwares* e humanos[5], como por exemplo uma tabela no Excel, resultado de pesquisa por meio de formulário web, banco de dados SQL. No sentido contrário, dados não estruturados são aqueles compostos por diversos elementos, cuja estrutura não é bem definida, como no caso de vídeos, imagens, áudios de WhatsApp e mensagens de texto.

Dados estruturados são normalmente de natureza quantitativa, classificados por um modelo predefinido e estático, com um número limitado de formatos, de modo que se tornam fáceis e rápidos de se pesquisar e analisar. Já os dados não estruturados normalmente são de natureza qualitativa, orientados por um modelo flexível, com grande variedade de formatos, o que torna sua pesquisa e sua análise mais

---

[4]   Universidade Estadual de Campinas (Unicamp). (s.d.). Dados [PDF]. Recuperado em 9 de abril de 2023, de https://www.ime.unicamp.br/~hildete/dados.pdf.

[5]   Amazon Web Services. (s.d.). O que são dados estruturados? Recuperado em 9 de abril de 2023, de https://aws.amazon.com/pt/what-is/structured-data/.

Eixo VI — Inteligência Jurídico-Comercial Como Real Parceira de Negócios

difíceis[6]. Sabendo disso, o esforço para estruturar dados se torna justificável, uma vez que se tornam facilmente disponíveis para os usuários submetê-los a análise.

Importante mencionar que os dados podem assumir diferentes formatos, segundo sua classificação, os quais tipicamente são de tipo textual, numérico ou formato data. Pense nas diversas variáveis que podem ser obtidas a partir da estruturação de dados dos processos judiciais existentes. O veredicto pode ser "Procedente" ou "Improcedente", uma informação do tipo textual. Já o valor da causa dado pelo autor é um dado tipicamente de formato numérico. Por fim, o dia, mês e ano em que o processo judicial se encerrou é um exemplo de informação em formato de data.

Variáveis numéricas podem ser discretas ou contínuas, enquanto as variáveis textuais podem ser categóricas ou classificatórias (estas por sua vez podem ser ordinais ou nominais). Não é o caso de explorar cada um desses conceitos, o que pode ser feito pelo leitor em seguida, mas o ponto-chave é que essas classificações são cruciais para o atingimento de uma alta qualidade de dados. Isso porque cada tipo de dado será manipulado de acordo com suas características. Variáveis numéricas (também chamadas dados quantitativos) podem ser manipuladas aritméticamente, o que não faz sentido para variáveis textuais (também chamadas dados qualitativos), por exemplo.

Assegurada a disponibilidade e definido o formato correto dos dados coletados, é importante também garantir a padronização dessas informações, no momento da coleta ou posteriormente por meio de tratamento. Sempre que possível, utilize sistemas computacionais para coleta e padronização das informações. *Softwares* bem construídos se preocupam em promover essas etapas de forma orgânica, à medida que os usuários se relacionam com o sistema, como acontece em muitos ERPs jurídicos atuais. Mas mesmo bases de dados mais simples formadas a partir de um Excel ou no Planilhas Google podem contar com recurso de validação de dados no qual o usuário pode escolher um input específico para a coluna de determinada variável.

2. ANÁLISE DE DADOS NO CONTEXTO JURÍDICO – PERGUNTAR, ANALISAR, COMUNICAR E DECIDIR

2.1 A importância das perguntas no processo de análise de dados

O início do processo de análise de dados, inclusive no contexto jurídico, deveria começar com a seguinte indagação: "Qual pergunta importante eu gostaria de respon-

---

[6] XP Educação. (s.d.). Dados estruturados e não estruturados. Recuperado em 9 de abril de 2023, de https://blog.xpeducacao.com.br/dados-estruturados-e-nao-estruturados/.

der usando dados?". No processo de construção de análise de dados, é muito comum confundir o meio com o fim. Centenas de visualizações são criadas e muitas vezes esquecidas ou caem em desuso justamente por serem o próprio resultado do trabalho. Para evitar que isso aconteça, é importante ter em mente que o propósito de qualquer visualização ou análise deve ser o de responder com base em dados alguma pergunta importante que leva a uma decisão. O início da análise passa sempre por uma ou várias perguntas sobre o objeto da análise e é aqui que entra em ação o primeiro C da alfabetização de dados, a curiosidade.

Mas, atenção: durante esse processo de descoberta por meio de perguntas, é vital tomar cuidado com os vieses cognitivos. O termo viés cognitivo foi cunhado no início dos anos 1970 pelos psicólogos israelenses Amos Tversky e Daniel Kahneman para descrever erros sistemáticos de julgamento inerentes a todos os seres humanos[7]. Em resumo, todas as pessoas possuem variados vieses ou prejulgamentos no momento de tomar decisões, os quais podem existir por um lapso de conhecimento, algum fator motivacional ou até mesmo ser um molde do meio em que a pessoa vive. Diversos desses vieses vem sendo estudados e podem ser consultados em repositórios de centros de pesquisa em ciência comportamental[8].

Um exemplo interessante de abordar é o viés da confirmação, o qual descreve a tendência subjacente de uma pessoa perceber, focar e dar mais credibilidade a evidências que se encaixam em suas crenças preexistentes. Tantos outros vieses como esse podem afetar o julgamento de um indivíduo no processo inicial de uma análise de dados (seleção de dados, perguntas a serem respondidas, método utilizado), bem como na própria tomada de decisão que deveria ser feita baseada em dados. Por isso é tão importante ter consciência de tais vieses.

2.2 Processo de análise de dados e narrativa das descobertas

O processo analítico de dados pode ser altamente eficaz e produtivo na geração de *insights* e substrato para embasamento de decisões operacionais e estratégicas. Embora em muitos casos seja atrativo iniciar a cadeia de análise por esse passo, é perigoso formular teses e conclusões em cima de análises feitas a partir de bases de dados não padronizadas ou não confiáveis. Conhecer o formato e comportamento dos dados, conforme brevemente exposto no Tópico 1 deste capítulo, pode ajudar o analista a trabalhar com bases de dados mais seguras.

---

[7] WILKE, A.; MATA, R. Cognitive Bias. In: RAMACHANDRAN, V.S. (Ed.). *Encyclopedia of Human Behavior*. 2. ed. Academic Press, 2012, pp. 531-535.

[8] The Decision Lab. (s.d.). Cognitive Biases. Recuperado em 9 de abril de 2023, de https://thedecisionlab. com/biases

Eixo VI — Inteligência Jurídico-Comercial Como Real Parceira de Negócios

Garantida uma base de dados padronizada e assertiva, a análise pode assumir um dos quatro tipos mais comuns na literatura: Análise Descritiva (*O que aconteceu?*), Análise de Diagnóstico (*Por que isso aconteceu?*), Análise Preditiva (*O que vai acontecer?*) e Análise Prescritiva (*Como podemos fazer isso acontecer?*). Os diferentes tipos de análise simbolizam um modelo ascendente de valor gerado, diretamente proporcional à dificuldade de estruturação. Os dois primeiros tipos olham para o passado, ao passo que os dois últimos projetam o futuro. Foquemos na análise descritiva.

Grande parte das análises será inicialmente construída de forma descritiva até mesmo por não exigirem conhecimentos avançados de matemática e estatística. É nesse tipo de análise fundamental que o analista olha para os dados quantitativos históricos do que deseja analisar e aplicar operações estatísticas básicas para descrever o que aconteceu[9]. Aqui, a criatividade, segundo C da alfabetização de dados, desempenha um papel chave em como o analista consegue estruturar suas análises e, principalmente, como consegue comunicá-las ao mundo.

Comunicação é uma parte importante do trabalho de praticamente qualquer pessoa, especialmente quando se trata de um profissional do mundo do Direito. Advogados precisam se comunicar constantemente, de forma escrita e verbal, com seus clientes, com os interlocutores do processo judicial, com o conselho da empresa e assim por diante. No entanto, no país dos dados, surge uma nova forma de se comunicar que não se apega ao perfeito uso do vernáculo ou à eloquência na tribuna.

A comunicação por meio dos dados envolve unir as poderosas descobertas feitas por meio da análise dos dados à capacidade de contar boas histórias para facilitar o entendimento e aceitação dessas descobertas. Você já deve ter se deparado com um *dashboard* tão bem construído que gera até vontade de interagir e explorar o seu conteúdo[10]. Talvez tenha visto uma apresentação encantadora, com *slides* que comunicaram exatamente o que era preciso, passando a mensagem sem deixar praticamente nenhuma dúvida sobre o tema. Nada disso é por acaso.

Vale lembrar dois fatores:

1) a visão representa 80% do que o ser humano percebe por meio dos sentidos[11];

2) os seres humanos assimilam histórias melhor do que assimilam dados. É por isso que cada elemento visual (formato, tipo e gráfico, coloração, saturação) importa

---

[9] Escola de Dados. (s.d.). Análise com estatística descritiva para leigos. Recuperado em 9 de abril de 2023, de https://escoladedados.org/tutoriais/analise-com-estatistica-descritiva-para-leigos/.

[10] Caso ainda não tenha se deparado, vale explorar as visualizações diárias em destaque do Tableau Public, disponível em: https://public.tableau.com/app/discover/viz-of-the-day.

[11] TEIXEIRA, Júlio Monteiro. *Gestão visual de projetos*: utilizando a informação para inovar. Rio de Janeiro: Alta Books, 2018.

na apresentação das informações analisadas, bem como a história construída para compartilhar as descobertas. Para um estudo mais aprofundado nesta frente, recomenda-se o livro *Storytelling com dados*, de Cole Nussbaumer Knaflic.

2.3 Tomada de decisão e monitoria dos resultados

As perguntas, a análise e a comunicação vão desencadear o ápice da cadeia de valor da análise de dados que se traduz pela tomada de decisão apoiada nos dados pertinentes. Seja a contratação de um novo membro para o time ou de um novo serviço, aprovação do investimento para a automatização de um processo na empresa ou escritório, encerramento de uma operação ou estratégia improdutiva ou aprovação do orçamento do próximo ano fiscal, todas as decisões podem ser minimamente orientadas a dados para gerarem mais valor para o negócio. Lembrando do terceiro C da alfabetização de dados, o pensamento crítico está intrinsecamente ligado ao exercício de criticar as análises feitas a fim de tomar boas decisões.

Existem alguns métodos e modelos que podem auxiliar no processo de tomada de decisão apoiada em dados, como é o caso do modelo Vroom-Yetton-Jago, o qual relaciona o modo de liderança com a participação no processo decisório. Este capítulo não pretende explorar os diferentes métodos e modelos, mas o leitor que busca aprimorar seu conhecimento nesse segmento, sugere-se o curso de tomada de decisão apoiada em dados disponibilizado pela Data Literacy Project[12] de forma gratuita.

Tão importante quanto tomar a decisão é medir o resultado obtido a partir da decisão e debatê-lo de forma a confirmar, refutar ou alterar as hipóteses levantadas durante a etapa de análise de dados. Tomar decisões inteiramente acertadas com todas as hipóteses confirmadas a partir da primeira análise de dados realizada é incomum. Portanto, é preciso ter confiança no processo de análise, reiterando-o constantemente para produzir valor esperado.

CONCLUSÃO

A análise de dados no contexto jurídico vem evoluindo consideravelmente nos últimos anos e tem um potencial significativo para melhorar a eficiência e a qualidade da tomada de decisões no campo do Direito. Por meio do uso eficiente da tecnologia e da aplicação de técnicas de análise de dados, os profissionais do direito podem gerar

---

[12] The Data Literacy Project. (s.d.). Data Literacy Courses. Recuperado em 9 de abril de 2023, de https://the-dataliteracyproject.org/data-literacy-courses/

Eixo VI — Inteligência Jurídico-Comercial Como Real Parceira de Negócios

insights valiosos, identificar tendências e padrões, e tomar decisões mais informadas e baseadas em evidências. A área de *Legal Ops* tem um papel importantíssimo neste tema, sendo responsável não somente por desbravar o caminho da alfabetização de dados, mas também por replicar para a comunidade jurídica como um todo, estimulando o processo exploratório de dados e a tomada de decisão apoiada por dados.

O campo de análise de dados é vasto e está em constante evolução, mas o intuito da alfabetização é tornar as habilidades de interpretar e trabalhar com dados acessíveis para todos. À medida que novas tecnologias surgem e o volume de dados cresce exponencialmente, o domínio dessas habilidades se tornará cada vez mais essencial para o sucesso dos profissionais de todas as áreas, inclusive os profissionais do Direito.

REFERÊNCIAS

AMAZON WEB SERVICES. *O que são dados estruturados*? Disponível em: https://aws.amazon.com/pt/what-is/structured-data/. Acesso em: 9 abr. 2023.

ESCOLA DE DADOS. *Análise com estatística descritiva para leigos*. Disponível em: https://escoladedados.org/tutoriais/analise-com-estatistica-descritiva-para-leigos/. Acesso em: 9 abr. 2023.

MORROW, Jordan. *Be Data Literate*: The Data Literacy Skills Everyone Needs To Succeed. Londres: Kogan Page, 2021.

SEAGATE. *Data Age 2025*: The Evolution of Data to Life-Critical. 2017. Disponível em: https://www.seagate.com/files/www-content/our-story/trends/files/Seagate-WP-DataAge2025-March-2017.pdf. Acesso em: 9 abr. 2023.

TABLEAU PUBLIC. *Viz of the day*. Disponível em: https://public.tableau.com/app/discover/viz-of-the-day. Acesso em: 9 abr. 2023.

TEIXEIRA, Júlio Monteiro. *Gestão visual de projetos*: utilizando a informação para inovar. Rio de Janeiro: Alta Books, 2018.

THE DATA LITERACY PROJECT. *Data Literacy Courses*. Disponível em: https://thedataliteracyproject.org/data-literacy-courses/. Acesso em: 9 abr. 2023.

THE DECISION LAB. *Cognitive Biases*. Disponível em: https://thedecisionlab.com/biases. Acesso em: 9 abr. 2023.

UNIVERSIDADE ESTADUAL DE CAMPINAS (UNICAMP). Dados. Disponível em: https://www.ime.unicamp.br/~hildete/dados.pdf. Acesso em: 9 abr. 2023.

XP EDUCAÇÃO. *Dados estruturados e não estruturados.* Disponível em: https://blog.xpeducacao.com.br/dados-estruturados-e-nao-estruturados/. Acesso em: 9 abr. 2023.

WILKE, A.; MATA, R. Cognitive Bias. In: RAMACHANDRAN, V. S. (ed.). *Encyclopedia of Human Behavior.* 2. ed. Londres: Academic Press, 2012. v. 1.

21

ELABORANDO O PLANEJAMENTO ESTRATÉGICO DA SUA ÁREA DE *LEGAL OPERATIONS*

Rafael Soriano*

Suponhamos que você seja um gestor jurídico que já tenha repensado seu organograma e optado por criar na estrutura de sua equipe uma área de *Legal Operations*. Ou, talvez, que você seja um advogado ou um profissional de formação não jurídica atuando em nessa área. Em todas essas situações, uma importante etapa dessa caminhada foi superada, **você já entendeu a importância de uma área dedicada à *Legal Operations* e os benefícios que ela pode trazer**.

Mas, se por um lado tal compreensão está edificada, surge quase que concomitantemente à criação da área de *Legal Ops* a necessidade de se definir um planejamento estratégico de atuação da área. E quem já passou por esse processo certamente vivenciou momentos de escolhas difíceis e possivelmente uma certa frustração incipiente (se você está experimentando isso, desde já gostaria de tranquilizar você leitor de que esse sentimento vai passar).

Não quero com isso dizer que a definição do planejamento estratégico de uma área de *Legal Ops* seja o trabalho mais difícil do mundo. Com certeza não é. E também não quero ignorar que todo e qualquer exercício de planejamento estratégico trará obrigatoriamente escolhas difíceis e, em algum momento, uma frustração momentânea. Isso faz parte de qualquer processo de planejamento.

Ocorre que a disciplina de *Legal Operations* parece sempre atrair profissionais entusiasmados e apaixonados pelas possibilidades. Se você reparar, raramente encontrará áreas do Direito com uma quantidade tão grande de apaixonados pelo tema quanto na área de *Legal Ops*. E penso que isso se deve ao perfil desbravador e inovador que essa atividade requer, atrai e recruta. Se você não estiver empolgado com o tema, provavelmente as primeiras barreiras que inevitavelmente atingirão os planos serão o suficiente

---

* Gerente jurídico sênior na Globo e presidente da Associação Nacional dos Editores de Revistas (ANER).

para que a execução do plano seja um fracasso ou fique muito aquém do esperado.

Nesse sentido, e desde já me confessando também como um entusiasta da área de *Legal Ops*, a ideia deste capítulo não é prescrever uma receita de bolo infalível para que você construa a melhor área de *Legal Operations* possível. Infelizmente essa receita de bolo não existe, por mais que possam insistentemente bater na sua porta e tentar convencê-lo do contrário – não caia nessa armadilha.

O que pretendo trazer aqui é um extrato da minha experiência vivida na criação de uma área de *Legal Operations*, contar um pouco do aprendizado advindo dos erros e que poderiam ter sido evitados se alguém tivesse me alertado e, por fim, trazer algumas dicas para você que está atuando na área elaborar um bom planejamento estratégico.

Então vamos lá! Partiremos da constatação mais gritante que aflora quando você entra nesse mundo chamado *Legal Operations*, mas cuja percepção por vezes pode não ser tão óbvia. A disciplina de *Legal Operations* é extremamente ampla e com muitas possibilidades. Certamente com pouco tempo de pesquisa e/ou atuação no tema você inevitavelmente vai acabar se deparando com a tão falada e reproduzida mandala da Cloc[1] com suas 12 competências prescritas como recomendáveis para uma entrega de sucesso. Diante de toda essa vastidão de conteúdos e possibilidades, minha primeira dica é **CALMA!**

Se você está iniciando, você não deve se preocupar em cobrir todas as possibilidades e todas as frentes possíveis de atuação em seu planejamento estratégico. É o famoso "não dá para abraçar o mundo". Além disso, como é comum em todas as áreas recentes em uma estrutura, provavelmente você conviverá com a sensação de que não lhe foram atribuídas todas as pessoas e recursos que seriam necessários para as entregas que se pretendem. E a vida é assim, temos que começar de algum lugar, com o que se tem. Então, feitas essas considerações iniciais, a seguir apresento algumas dicas.

1. CONHEÇA PESSOAS

Compartilhar informações e conhecimento é essencial para o desenvolvimento geral. Tenha na sua agenda um espaço reservado para receber fornecedores, conhecer *lawtechs* e realizar *benchmarking* com outros times de *Legal Ops*. Muito se fala sobre o recurso mais escasso em toda agenda corporativa, o tempo. Então, certifique-se de que dedicar um espaço do seu tempo para essas trocas será inevitavelmente um investimento.

O universo de *lawtechs* e *legaltechs* não para de crescer no Brasil. Soluções novas são criadas, soluções já existentes são melhoradas ou adaptadas, e, por vezes, um grupo de soluções se une em um produto novo, trazendo uma solução ainda mais completa.

---

[1] Disponível em: https://cloc.org/what-is-legal-operations/. Acesso em: 20 mar. 2023.

Eixo VI — Inteligência Jurídico-Comercial Como Real Parceira de Negócios

Além disso, muitos times de *Legal Ops* já compreenderam o ganho advindo das trocas de experiência. Você facilmente encontrará fóruns, grupos de discussões e até perfis profissionais nas redes sociais de pessoas que se procuradas estarão abertas a contar suas experiências, falar do que deu certo e do que não foi tão bom, recomendar fornecedores, soluções e práticas.

Essa troca certamente trará inspiração na preparação do seu planejamento estratégico e, posso garantir, trará ideias e soluções das quais você sequer sabia que precisava, mas que passarão a ser prioridade no seu planejamento. Dedique um tempo da sua semana a conhecer a realidade de uma área de *Legal Operations*, a conhecer um novo fornecedor e esteja também aberto a dividir sua experiência sempre que procurado. Essa coletividade é visível na área e sem dúvidas é um dos fatores de aceleração e sucesso dessas frentes.

2. CONHEÇA SEU CLIENTE E SEU TIME

Parece óbvio, mas para fazer as escolhas certas na elaboração do planejamento estratégico da sua área de *Legal Ops* é essencial conhecer profundamente sua equipe e seu cliente/empresa. Em relação ao time, é importante mapear quais as capacidades e talentos de cada componente da equipe. Isso permitirá que você defina com mais assertividade a divisão de tarefas e metas de cada um e também pode facilitar a tomada de decisão sobre quais atividades internalizar na equipe e quais terceirizar aos fornecedores parceiros.

Da mesma forma, conhecer o ambiente da empresa em que o jurídico está inserido ou até o cliente final que a área atende é essencial. Você precisa entender que tipo de entregas serão valorizadas pela empresa.

Sabendo que provavelmente você não terá estrutura e recursos para realizar todos os projetos viáveis de *Legal Ops* ao mesmo tempo, para eleger as prioridades de um ano ou de um trimestre pense sempre no que será valorizado, o que efetivamente vai criar valor para o departamento jurídico e para a empresa em si.

Nem sempre a resposta fruto dessa análise trará como prioridade os projetos mais interessantes ou desafiadores, mas é importante estar atento a isso, em especial em se tratando de uma área recém-criada na estrutura. É prioritário nos primeiros anos gerar a percepção de valor para a área de *Legal Ops* e torná-la indispensável para o dia a dia da rotina. Isso precisa estar contemplado na definição das prioridades do plano estratégico.

3. COMBINE PROJETOS DE DIFERENTES PERFIS DE ENTREGA

Independentemente de qual seja o período de avaliação de sua companhia (trimestral, semestral, anual...), sempre existirão projetos de longo prazo, que precisarão de mais de um período de planejamento para serem finalizados. Esses projetos são, em geral, os principais para as fundações de uma área de *Legal Operations* sólida.

Por exemplo, a confiabilidade dos dados de um *dashboard* sempre dependerá da fidelidade dos dados oriundos da base de dados que o alimenta. Em geral, o saneamento de uma base de dados é uma tarefa árdua e longa, que vai requerer muito do tempo do time e que não ficará pronto do dia para a noite.

Ao mesmo tempo, sempre existirão os chamados projetos de tiro curto. Aqueles em que é possível uma rápida execução e cuja percepção de valor dos seus resultados é efetivamente rápida.

Nesse cenário, minha recomendação é de que no seu planejamento estratégico sempre exista uma combinação dos necessários e importantes projetos de longo prazo com a aposta em alguns projetos de curto prazo. Isso fará com que a área de *Legal Ops* sempre tenha alguma entrega no período de medição, sempre traga algo novo e já em funcionamento, em detrimento dos projetos que precisarão de um pouco mais de tempo para se concretizarem como uma realidade.

4. AVALIE O MELHOR MODELO DE EXECUÇÃO

Nos departamentos jurídicos em geral é comum a avaliação dos modelos de execução e para as atividades tradicionais em geral os gestores jurídicos já definem essa avaliação de forma quase que automática. Algumas empresas optam por terceirizar todo o contencioso, outras preferem manter o contencioso estratégico sob a total gestão dos advogados internos. Agora, quando pensamos na área de *Legal Operations*, nem sempre a decisão sobre o que internalizar e o que terceirizar é simples e automática.

Aliás, essa é uma etapa relevante do processo de estruturação do planejamento estratégico. Por vezes, haverá a tentação de manter interna uma atividade que é relevante e até desafiadora (o time de *Legal Ops* está animado para executar), mas cuja opção por não terceirizar poderá tomar o tempo do time em detrimento a algo que não pode ser terceirizado.

Por exemplo, no início da minha jornada na área pensei que seria maravilhoso que todos do time, advogados ou não, soubessem operar o Power BI. E seria mesmo, mas logo percebi que o tempo que aqueles não capacitados perderiam nos cursos e treinamento seria um tempo do qual não dispúnhamos naquele momento, frente às entregas esperadas. Então, a terceirização foi a melhor opção, o que não impediu que aos poucos o time se capacitasse.

Ao mesmo tempo, você vai ter que equilibrar o melhor modelo com a sempre existente finitude de orçamento. E nessa frente muitas vezes a realização de parcerias com lawtechs que estão começando e que precisam de usuários para testarem e até

Eixo VI — Inteligência Jurídico-Comercial Como Real Parceira de Negócios

criticarem o produto para abrir oportunidades incríveis de ganha-ganha para ambos os lados, que depois se tornam casos de sucesso e parcerias duradouras. Daí a importância do que já dissemos antes, conhecer as pessoas e empresas do mercado será essencial.

5. CONSTRUA UMA REDE DE EMBAIXADORES

Já falamos um pouco da provável percepção de limitação de equipe frente aos desafios e possibilidades que uma área de *Legal Ops* poderá ter. Sempre viveremos com aquela eterna sensação de que se tivéssemos mais algumas pessoas no time poderíamos acelerar ainda mais as entregas e os benefícios. Mas enquanto o crescimento do time não chega, é essencial que você construa uma rede de embaixadores e multiplicadores dentro das demais áreas do departamento jurídico ou do escritório que são atendidas pelo time de *Legal Operations*.

Ter pessoas-chave em cada time atendido pode ajudar a potencializar a percepção de importância e excelência do time de *Legal Ops*. Pode também abrir um caminho para a construção de futuros integrantes da equipe, pessoas que ainda em outras áreas já demonstram compreender o que o time faz, que mostram gostar daquelas atividades e que futuramente podem passar a integrar a área, trazendo consigo os conhecimentos de suas experiências passadas.

Para construir essa rede e ter o apoio desses pontos focais de forma positiva é essencial que você inclua no planejamento estratégico da área um plano de ação nesse sentido. Azeitar as relações com os gestores dessas pessoas, garantir que elas não terão seus trabalhos principais impactados pelos eventuais auxílios que venham a prestar e ainda ter um plano de mínima capacitação para essas pessoas são preocupações que devem constar no plano da área.

6. SAIBA COMUNICAR A ÁREA DE *LEGAL OPERATIONS*

Não basta executar, é essencial saber comunicar bem as execuções e entregas do time de *Legal Operations*. Antes disso, inclusive, é muito importante saber comunicar internamente a razão de ser da área, quais suas funções e seus limites, e como ela beneficiará as entregas do time como um todo.

Claro que para isso, ter o apoio da gestão é um enorme facilitador. Inevitavelmente, ao longo dos projetos da área de *Legal Ops* alguns conflitos com as demais áreas do departamento jurídico surgirão. E isso é um bom sinal, pois indica que o time está de fato transformando a forma de produzir das equipes, inovando e provocando a mudança do *status quo*. Mas para que esses conflitos sejam saudáveis e resultem em decisões maduras e conciliatórias, é importante que todos os lados entendam a função de ser *Legal Ops*. Isso vai alinhar expectativas, tranquilizar os clientes e facilitar a execução. Portanto, é essencial que no seu plano estratégico haja sempre um projeto voltado à comunicação da área.

7. INVISTA NA TRANSFORMAÇÃO CULTURAL

Se tem uma coisa que eu aprendi em minha trajetória foi que não importa o quão inovador e bem implementado seja um novo sistema adotado, não importa o quão bem desenhado tenha sido um fluxo de gestão de processos de uma determinada atividade, não importa o quão ágil tenha sido a conclusão de um projeto. Nada disso vai se sustentar se os usuários finais do departamento e da empresa não estiverem preparados para aquela novidade.

Entendo que é atribuição da área de *Legal Ops* atuar na capacitação das diversas equipes do departamento jurídico e até mesmo da capacitação dos clientes de outras áreas que venham a ser usuários das soluções implementadas pela equipe.

Se os usuários não entenderem do que se trata uma nova solução ou forma de trabalhar, para que se destina e o quanto um uso indevido pode inviabilizar todo o sucesso pretendido com um projeto, serão altas as chances de que as falhas não desejadas de fato ocorram no decorrer da jornada de transformação.

Para evitar esses percalços, é essencial que o planejamento estratégico da área contemple tempo e recursos para o treinamento e constante capacitação dos usuários, bem como a busca de soluções para otimizar e acelerar a capacitação de novos entrantes nas equipes, de modo que um entendimento mínimo de todo o processo de transformação e evolução esteja alinhado dentre todos os componentes do ecossistema.

Mais do que capacitar, a área de *Legal Operations* precisa buscar formas de prender a atenção dos usuários no treinamento, fazer com que eles se interessem pelo conteúdo. Dificilmente será algo orgânico, a maioria dos advogados está focada em seu mundo estritamente jurídico e não está aberto a conhecer novas disciplinas ou interagir com novas formas de pensar e agir. Então, é essencial que não apenas se inclua o item capacitação no seu planejamento estratégico, como também se dedique um tempo para se definir o como isso será executado.

8. VALORIZE O TIME DE *LEGAL OPERATIONS*

Também aqui não trago uma novidade. Em qualquer cenário, engajar as equipes é um fator desejável quando se busca o caminho do sucesso nos trabalhos coletivos. Mas considerando o contexto de uma área de *Legal Ops* dentro de um departamento jurídico, em especial se tratar-se de uma área recém-criada, é muito importante que o planejamento estratégico da área tenha um item focado no engajamento e valorização desse time que está iniciando a jornada.

Eixo VI — Inteligência Jurídico-Comercial Como Real Parceira de Negócios

É comum que a área nasça da congregação de alguns profissionais que já estavam na empresa e são provenientes de equipes distintas. Em geral a tendência é de que as pessoas que são escolhidas e que aceitam compor o time tenham propensão ao novo, que entendam a relevância do que se está criando e estejam naturalmente empolgadas com os desafios. Afinal, como disse acima, é uma área que costuma despertar paixões.

Contudo, ainda que esse perfil seja recorrente nos times de *Legal Ops*, as dificuldades do dia a dia, o tempo de maturidade que os projetos requerem até que comecem a gerar resultados e, para os que são advogados de formação, a própria sensação de se estar fora de uma carreira jurídica tradicional que pode advir em algum momento são fatores que podem despertar algum tipo de insegurança e inquietação no time.

Assim, é muito importante que o planejamento estratégico da área dedique um espaço para a valorização e reconhecimento do time. Na minha opinião, a melhor forma de se fazer isso é oferecendo capacitação e autonomia.

A capacitação costuma ampliar horizontes, gerar a percepção do quão amplo e cheio de possibilidades é a carreira de *Legal Ops* e ainda coloca os profissionais em contato com os outros profissionais de outras empresas do mercado, o que traz um benefício mútuo, para o profissional e para as entregas do time como um todo.

Já a autonomia permitirá que o time entregue cada vez mais, de forma não hierarquizada, dentro de todos os princípios que a cultura ágil da transformação tecnológica valoriza. Assim como em outras áreas, delegar com autonomia será essencial para que o time de *Legal Ops* consiga executar seu plano estratégico com o máximo de frentes possível atendidas.

9. SEJA FLEXÍVEL

Então, depois de um longo caminho, algumas escolhas feitas e algumas frustrações superadas você chegou ao seu plano estratégico para o período e agora é a hora da execução. Antes do mãos à obra, dou meu último conselho. Seja flexível com seu próprio plano.

Em semanas muita coisa pode mudar, as prioridades da empresa mudam, a composição da equipe pode mudar, o cenário das soluções disponíveis no mercado pode mudar. Esteja preparado para você também redesenhar seu plano estratégico, seja de forma leve ou também de forma sensivelmente impactante, a qualquer momento.

Estar pronto para mudar a direção do rumo e priorizar algo antes não planejado ou executar algo de uma forma antes não pensada deve ser uma qualidade presente no DNA de todo e qualquer profissional de *Legal Operations*. E eu te garanto, isso vai acontecer.

Como disse no início, seria impossível trazer em poucas páginas uma receita pronta sobre qual é a melhor forma de estruturar seu planejamento estratégico na área de *Legal Operations*. Até porque essa receita não existe. Mas espero que essas dicas, fruto das minhas experiências, erros e acertos te ajudem a alcançar o sucesso nesse mundo empolgante da inovação e transformação do Direito. E contem comigo para trocar experiências quando quiserem, é só me escrever!

Boa sorte!

REFERÊNCIA

CORPORATE LEGAL OPERATIONS CONSORTIUM (CLOC). What *is Legal Ops*. Disponível em: https://cloc.org/what-is-legal-ops/. Acesso em: 20 mar. 2023.

22

DOMINANDO A ARTE DA MEDIÇÃO: GUIA PRÁTICO DE INDICADORES, KPIS E OKRS

*Marcelo Cardoso**
*Lucas Pereira***

"Não se gerencia o que não se mede, não se mede o que não se define, não se define o que não se entende, e não há sucesso no que não se gerencia."
William Edwards Deming

Como mostrar da melhor forma os seus resultados? Como expressar em números os resultados de ações às quaias você despendeu tempo de planejamento, estruturação e principalmente esforço junto ao seu departamento ou empresa? Com certeza você já se deparou por situações de dúvida sobre qual é a melhor forma de contar a história do seu projeto em números. Não se assuste, pois isso é mais normal do que você imagina. Mais normal ainda é o desvio do objetivo usando gráficos de forma indevida que, ao final, não demonstrarão os ganhos do seu empenho[1].

Mas qual é a melhor ferramenta a considerar? Um indicador ou um número? Um gráfico? Uma tabela? Vamos entender em primeiro lugar quais são as diferenças entre eles.

Indicador, KPI ou OKR?

Os conceitos de indicador, KPI e OKR são fundamentais para medir o desempenho de uma empresa em diferentes áreas e níveis de detalhe. Embora estejam relacio-

---

[*] Supervisor de *Legal Intelligence* no Mercado Livre, especialista em *Data Visualization* e *Analytics*. Formado em Sistemas de Informação, com MBA em Business Inteligence e em *Analytics* e Inteligência Artificial pela PUC-RS. Membro do grupo de coordenação de conteúdo empresarial ILTA e membro atuante CLOC.

[**] Profissional de Direito, com sólida experiência em análise e visualização de dados. Ao longo de sua carreira, trabalhou em projetos desafiadores, onde pode combinar seu conhecimento jurídico e habilidades tecnológicas para otimizar processos e possibilitar à gestão tomar decisões estratégicas com maior precisão. Como analista de *Legal Ops*, buscou encontrar soluções inovadoras para os desafios da área jurídica.

174   *Legal Operations*

nados entre si, cada um desses conceitos tem uma particularidade que os tornam únicos e importantes para a gestão de negócios.

A seguir vamos explicar cada um desses conceitos e suas principais diferenças, para que você possa entender melhor como eles se relacionam e como podem ser aplicados.

Indicador

Um indicador é uma medida quantitativa ou qualitativa que representa o estado ou evolução de um fenômeno, processo ou sistema, e que permite avaliar o desempenho ou progresso em relação a um objetivo ou meta estabelecida. Indicadores são utilizados para monitorar e avaliar desempenhos, identificar problemas, tomar decisões e estabelecer metas.

KPI (*Key Performance Indicator*) – Indicador-chave de desempenho

KPIs são um tipo específico de indicadores, escolhidos com base em metas estratégicas e usados para avaliar o desempenho em áreas críticas para o sucesso da empresa. Eles são escolhidos porque com base na sua importância para atingir os objetivos da organização e são usados para monitorar o progresso em relação a objetivos específicos.

OKR (*Objective and Key Result*) – Objetivos e resultados-chave

É um sistema de gestão de desempenho que visa estabelecer objetivos e medir o progresso em relação a esses objetivos. Os OKRs são usados para definir metas e acompanhar o desempenho em relação a essas metas, em todos os níveis da organização. Eles ajudam a alinhar as atividades diárias da empresa com as metas de longo prazo e a monitorar o progresso em relação a essas metas.

Enquanto os indicadores medem o desempenho em uma área específica, os KPIs são selecionados com base em sua importância para o sucesso da empresa e os OKRs são usados para definir objetivos e medir o progresso em relação a esses objetivos. Cada um desses conceitos é importante para medir e gerenciar o desempenho de uma organização, mas são usados para propósitos diferentes e em diferentes níveis de detalhamento.

No universo jurídico, estes conceitos podem ser aplicados ao gerenciamento de escritórios de advocacia, departamentos jurídicos de empresas, entre outros. Por exemplo, um escritório de advocacia pode usar indicadores para acompanhar a efetividade de suas ações judiciais, enquanto um departamento jurídico de uma empresa pode usar KPIs para avaliar o tempo médio para resolver questões legais.

Indicadores medidos a longo prazo

Ter um indicador que é medido a longo prazo é crucial para entender a evolução de um fenômeno ou processo ao longo do tempo. A avaliação de indicadores a curto prazo pode ser útil para identificar problemas imediatos, mas esse tipo de medição

Eixo VI — Inteligência Jurídico-Comercial Como Real Parceira de Negócios

oferece uma visão mais completa da situação. A observação da variação dos indicadores ao longo do tempo pode ajudar a identificar tendências, mudanças graduais e anomalias que poderiam passar despercebidas em uma análise mais superficial.

A medição de um indicador a longo prazo é fundamental para monitorar a eficácia de intervenções ou políticas públicas. Se uma intervenção é implementada para abordar um problema específico, a medição do indicador ao longo do tempo pode ajudar a avaliar sua eficácia e determinar se as metas estão sendo alcançadas. Além disso, essa medição pode fornecer informações importantes para a tomada de decisões, como definir metas ou prioridades.

Outra vantagem da medição a longo prazo é a possibilidade de fazer comparações ao longo do tempo. É possível comparar o indicador com dados históricos para entender como a situação mudou em um período mais amplo e também comparar a situação atual com as projeções futuras.

Por fim, a medição a longo prazo pode ajudar a identificar problemas latentes que podem surgir no futuro. A observação da tendência dos indicadores ao longo do tempo pode ajudar a identificar anomalias que possam sugerir a possibilidade de um problema emergente. Isso permite que sejam tomadas medidas preventivas para evitar ou minimizar possíveis consequências negativas.

Em suma, ter indicadores que são medidos a longo prazo é fundamental para obter uma visão mais completa da situação e tomar decisões informadas, além de oferecer uma perspectiva mais ampla e ajudar a identificar tendências, monitorar a eficácia de intervenções, comparar dados históricos e identificar problemas latentes.

Os gráficos são uma ferramenta importante na análise de dados pois permitem visualizar rapidamente as tendências e padrões presentes nos dados. Eles tornam mais fácil identificar *outliers* e relações entre diferentes variáveis. Além disso, os gráficos são úteis para comunicar resultados de análise de dados de forma clara e concisa para outras pessoas.

Existem vários tipos de gráficos, como gráficos de linha, barras, pizza, entre outros, cada um adequado para diferentes tipos de dados e objetivos de análise. Ao escolher o tipo de gráfico apropriado e formatá-lo corretamente, é possível destacar as informações mais importantes e facilitar a interpretação dos dados. Em resumo, os gráficos são uma ferramenta valiosa para a análise de dados e comunicação de resultados.

Notamos que muitas vezes são utilizados apenas para preencher *slides* vazios ou até mesmo eliminar aquele espaço em branco em uma apresentação em PowerPoint com espaços duplos para texto.

Jurídico *Data Driven*

O termo *data driven* se refere a um enfoque de tomada de decisões que se baseia em dados e evidências objetivas, ao invés de intuição ou suposições subjetivas. No

176   *Legal Operations*

âmbito jurídico, o termo se refere a uma abordagem que se concentra na análise e utilização de dados para orientar a tomada de decisões.

Em departamentos jurídicos de empresas, a abordagem *data driven* pode ser usada para analisar contratos, gerenciar riscos, monitorar o desempenho dos advogados internos e avaliar a eficácia dos processos internos. A análise de dados pode ajudar a identificar padrões em questões jurídicas recorrentes, permitindo que a equipe jurídica tome decisões mais informadas em relação a esses problemas no futuro.

Já em escritórios de advocacia, a abordagem *data driven* pode ser usada para otimizar a gestão de casos, monitorar o desempenho dos advogados e melhorar a satisfação dos clientes. A análise de dados pode ajudar a identificar padrões em questões jurídicas recorrentes, permitindo que a equipe jurídica ofereça soluções mais rápidas e efetivas para seus clientes.

Um exemplo de aplicação da abordagem *data driven* no âmbito jurídico é a análise de dados para identificar padrões de comportamento em julgamentos anteriores, a fim de prever o resultados de casos futuros. Isso pode ser feito por meio de análise de dados para otimizar os processos internos de um escritório de advocacia ou mesmo do departamentos jurídicos de empresas, também conhecido como jurídico interno.

A abordagem do jurídico *data driven* pode ajudar departamentos jurídicos de empresas e escritórios de advocacia a melhorar sua eficiência, produtividade e efetividade, além de permitir que tomem decisões informadas e estratégicas com base em evidências objetivas.

Data Quality – A importância da qualidade de dados na tomada de decisão

Precisamos de dados tratados para construir KPIs porque eles são uma ferramenta importante para medir o desempenho de uma empresa, produto ou projeto. Os KPIs só podem ser precisos se os dados que os alimentam forem precisos e confiáveis. Se os dados não forem tratados corretamente, isso pode resultar em métricas incorretas e, por sua vez, tomadas de decisão erradas. Além disso, a análise de dados tratados permite a identificação de padrões e tendências que podem ser úteis para otimizar processos e tomar decisões estratégicas.

A qualidade dos dados é um aspecto crucial para qualquer empresa que busque tomar decisões baseadas em informações precisas e confiáveis. O termo *Data Quality* se refere à qualidade dos dados que a empresa coleta, processa e armazena em seus sistemas. Se a qualidade dos dados for baixa, as decisões tomadas com base nessas informações podem ser imprecisas e até mesmo prejudiciais para a empresa.

Por outro lado, quando a qualidade dos dados é alta, a empresa pode tomar decisões mais precisas e fundamentadas em informações confiáveis, o que pode levar a melhores resultados e vantagens competitivas. Além disso, dados de alta qualidade

Eixo VI — Inteligência Jurídico-Comercial Como Real Parceira de Negócios

também ajudam a melhorar a eficiência operacional da empresa, uma vez que menos tempo e recursos são gastos na correção de erros e inconsistências nos dados

É importante lembrar que os dados coletados pelas empresas estão em constante mudança e evolução, e, portanto, a qualidade dos dados deve ser monitorada e melhorada continuamente. Isso requer investimento em tecnologias e processos de gerenciamento de dados, bem como a adoção de uma cultura de dados na empresa, em que todos os funcionários sejam responsáveis pela qualidade dos dados que produzem e utilizam.

Em resumo, a qualidade dos dados é fundamental para que uma empresa possa tomar decisões bem-informadas e melhorar sua eficiência operacional. A adoção de processos e tecnologias de gerenciamento de dados e a criação de uma cultura de dados são essenciais para garantir a qualidade dos dados e o sucesso da empresa.

Governança de dados no mundo jurídico

Para criar um ambiente de governança de dados no universo jurídico, é preciso seguir alguns passos importantes:

• Definir políticas e diretrizes claras de governança de dados que estejam alinhadas às leis e regulamentos aplicáveis.

• Identificar as pessoas responsáveis por implementar e gerenciar as políticas de governança de dados, incluindo *design*ações de equipes, papéis e responsabilidadesl

• Estabelecer processos para classificar e proteger os dados sensíveis e confidenciais de acordo com as políticas e regulamentos aplicáveisl

• Implementar medidas de segurança de dados adequadas, incluindo criptografia, *backup* e recuperação de desastres, monitoramento de acesso, entre outrasl

• Definir processos para garantir a integridade e a qualidade dos dados, incluindo a verificação de dados, a validação e a correçãol

• Implementar mecanismos de auditoria e relatórios para monitorar o uso de dados e garantir o cumprimento das políticas de governança de dadosl

• Treinar equipes e colaboradores para garantir a conscientização e o cumprimento das políticas e regulamentos de governança de dadosl

• Revisar e atualizar regularmente as políticas e regulamentos de governança de dados para se manter atualizado com as mudanças no ambiente regulatório e de tecnologia.

Skills e diversidade

Um não advogado pode desempenhar um papel importante no controle de KPIs em um departamento jurídico, ajudando a monitorar e medir o desempenho da equipe. Isso inclui a identificação de métricas relevantes, coleta de dados, análise de resultados e implementação de melhorias. Além disso, o não advogado pode ajudar a comunicar os resultados aos gestores e a tomar decisões informadas para melhorar a eficiência e efetividade do departamento jurídico. No entanto, é importante lembrar que a equipe de advocacia é responsável pela tomada de decisões estratégicas e pelo cumprimento de seus deveres éticos e legais.

O problema de um KPI mal direcionado

A criação de um KPI é fundamental para o sucesso de uma empresa, pois permite a avaliação dos resultados e a identificação de pontos de melhoria. No entanto, se os dados utilizados para compor o KPI estiverem mal estruturados, o resultado será comprometido e pode levar a decisões erradas.

Quando os dados são mal estruturados, eles podem conter informações duplicadas, incompletas ou incorretas, o que pode levar a conclusões equivocadas sobre a *performance* da empresa. Além disso, a falta de padronização dos dados pode tornar difícil a comparação com períodos anteriores ou com outras empresas.

O impacto da criação de KPI com dados mal estruturados é significativo e pode afetar negativamente o desempenho da empresa. A tomada de decisões equivocadas pode levar ao desperdício de recursos e a perda de oportunidades de melhoria. Além disso, a falta de confiança nos dados pode prejudicar a motivação e o engajamento dos colaboradores, prejudicando o clima organizacional e a cultura da empresa.

Por isso, é fundamental que as empresas invistam em processos de qualidade de dados para garantir a confiabilidade das informações utilizadas em suas análises e decisões. A criação de KPI de qualidade é uma etapa fundamental para o sucesso e a competitividade no mercado.

23

CONSTRUINDO EQUIPES DE ALTO DESEMPENHO: O EQUILÍBRIO ENTRE SAÚDE MENTAL E RESULTADOS

*Leticia Becker Tavares**

Em meio à crise sanitária, seguida de crises política e econômica globais, as notícias de *layoffs* – demissões em massa – têm sido cada vez mais comuns no mercado de trabalho. As empresas têm redefinido seus planos estratégicos, gestão de riscos, alocação de recursos e planejamentos financeiros. Assim, cada equipe deve trabalhar de maneira mais eficiente – o que significa entregas de qualidade em menor tempo. O estresse e a pressão por resultado só tem aumentado.

As lideranças devem refletir sobre o que seria uma equipe de alto desempenho e como construí-las em cenários econômicos incertos. Liderar equipes pode ser gratificante, mas uma das experiências mais desafiadoras. O alto desempenho de qualquer equipe é o resultado do ecossistema em que opera e da cultura que se constrói naquela empresa.

O objetivo deste capítulo é apresentar possíveis soluções para impulsionar equipes jurídicas a entregarem os melhores resultados de uma maneira saudável, bem como trazer reflexões de gestão de equipes. Aqui, serão compartilhadas experiências pessoais que tem se alinhado a técnicas de liderança aprendidas por meio de treinamentos[1], bem como trazer reflexões que vão além de metodologia.

1. AUTOCONHECIMENTO ALIADO À METODOLOGIA PRÁTICA PARA GESTÃO

1.1 O que está por trás da metodologia: experiências e valores pessoais

Como o conhecido ditado popular esclarece, "se conselho fosse bom, ninguém

---

* *Regional Lead Legal Counsel* LATAM. Mestranda em Direito Civil e pesquisadora em CBDC da USP; Pós-graduada em Direito dos Contratos e especializada em *Fintechs* e Direito Digital Aplicado pela FGV-SP; especializada em Direito em *Startups* pelo Insper-SP; bacharel em Direito pela UFRJ; membro do EA Angels e do Women in Payments; certificações CIPP/E e CIPM pela IAPP.

[1] Os métodos que serão apresentados foram aprendidos nos treinamentos imersivos de liderança promovidos pela Wise, em Londres.

daria de graça" e o *disclaimer* é importante: analise a experiência e julgue se é aplicável ao seu caso. Compreenda o fator humano que aplica a metodologia. Os métodos que serão apresentados devem ser adaptados para a situação de cada equipe e para o seu modelo de gestão próprio – que depende de uma auto análise e reflexão.

Nesse sentido, compartilho a seguir meus princípios, valores e experiências pessoais/profissionais das quais vivenciei e/ou vivencio que me norteiam para definir o método; bem como aprendizados do que seria importante, para mim, para liderar uma equipe.

1.1.1 *Bomba relógio: burnout e improdutividade*

Na faculdade de Direito, desde o início, os alunos compartilhavam histórias de que estagiar em escritórios de advocacia demandaria longas horas. Teria que aprender a gerir meu tempo ou simplesmente perder as aulas. No entanto, tinha vontade de trabalhar e precisava de dinheiro. Já havia optado pelo turno noturno. Fiz a promessa: não faltarei aulas.

O último período ficou marcado pelo ganho de peso, aumento do colesterol, TCC feito (inclusive com o tema *burnout*). Dentre adversidades e mudanças de estratégias nos cinco anos para a conclusão do curso, fui efetivada em um escritório de advocacia. Brilhante, mas será que não era uma bomba relógio?

Entendia que deveria provar o valor do meu trabalho aceitando todas as demandas e me envolvendo em todos os projetos. Não havia nada que eu não pudesse aprender e me envolver. Era hora do novo desafio: mudar para São Paulo. A imersão ao trabalho foi ainda mais intensa.

Erros começam a aparecer; dificuldade para concentração e para aprender; sono desregulado. Passou a ser necessária ajuda psicológica. A produtividade caiu tão rápida quanto a ascensão. Até a desistência de tudo e o sentimento de fracasso. Deixar se levar ao *burnout* é a fórmula certa para redução de resultados. E, nem sempre, os "chefes" conseguem reconhecer que a cultura pode levar à improdutividade. É a diferença entre liderança e chefe.

Primeira lição profissional: não chegue ao *burnout*.

1.1.2 *Assédio moral: falta de confiança e equipes ineficientes*

Aprendida a lição sobre qualidade, priorização e que a vida não pode se tornar apenas o trabalho, veio a segunda lição. Para ser líder, é necessário inspirar e auxiliar a equipe. A confiança, tanto na liderança quanto na equipe como um todo, é a base da qualidade da equipe. Isso só acontece em ambientes saudáveis.

O tal "ambiente" vai depender, em grande parte, em quem está fazendo a gestão da equipe. É uma cultura que vem da alta administração e se reflete em todos os níveis

Eixo VI — Inteligência Jurídico-Comercial Como Real Parceira de Negócios

da empresa. Se a alta administração admite chefes cruéis e que destratam sua equipe, ou que possuem um ego alto a ponto de não pensarem no objetivo comum, é possível que isso se reflita em todos os gestores de equipes.

Ao trabalhar com uma gestora que praticava assédio moral, aprendi que:

1) equipe que não confia não se comunica; se não se comunica, não executa bem os trabalhos e não gera projetos de valor;

2) a alta rotatividade dos membros da equipe e falta de comunicação gera perda de projetos;

3) não há reconhecimento do valor que a equipe gera aos negócios da empresa;

4) o medo impacta diretamente na produtividade e na criatividade.

1.1.3 *Autoconhecimento e match com os valores da empresa*

Nas palavras de Kristo Käärmann, CEO e cofundador da Wise, "As pessoas não ingressam em uma empresa. Elas se juntam a uma missão (...)[2]". A missão, ou objetivo da empresa, é apenas uma parte do todo. Ela define o "o que" deve ser feito. Os valores da empresa descrevem o "como" fazer o negócio, que são princípios orientadores e ajudam a enfrentar desafios.

Já trabalhei em *startups* que eram novas e ainda não haviam definido seus valores. Após uma experiência de demissão em massa, entendi que a falta de definição dos valores e de uma missão clara e objetiva resulta em uma empresa com um futuro incerto – os investidores sabem disso. E também os colaboradores.

Hoje, a forma que eu consigo definir o local em que quero trabalhar, para além de valores e missão, é o quanto posso ser autêntica no trabalho. Se posso ser eu mesma e, ainda assim, executar meu trabalho e ser respeitada, esse é o local onde posso trabalhar. Não quero trabalhar em um ambiente que devo me preocupar em me adaptar – seja a personalidade, as roupas, a forma de me comunicar etc. – quero usar o tempo para produzir, construir relações e entregar meus projetos. Isso tudo impacta diretamente a saúde mental.

Para a contratação na minha equipe, o essencial é apresentar os valores e a missão desde a entrevista e descobrir se a pessoa pode compartilhar experiências que refletem tais valores. A pessoa a ser contratada, de modo a fazer parte de uma equipe de alta *performance* também deve fazer a avaliação sobre o seu histórico em contraposição com a vaga ofertada. Isso aprendi ao longo de anos trabalhando em diferentes ambientes.

---

[2] Disponível em: https://www.wise.jobs/what-we-do/#:~:text=Our%20mission%3A%20money%20without%20 borders,receive%20money%20across%20borders%20easily. Acesso: 2 abr. 2023.

1.1.4 *Treinamento de lideranças: chefes não são mais aceitáveis*

Leadership and learning are indispensable to each other[3].

Uma das lições mais valiosas que aprendi ao longo dos anos de trabalho e que sempre reforcei: para ocupar cargo de gestão, é necessário treinamento. No passado, bastava passar muitos anos na empresa que seu cargo subiria e você passaria a gerenciar pessoas. Hoje, mesmo com experiência de negócio, da prática, não necessariamente isso o torna um criador de equipes, assim como não necessariamente você, por tempo de casa, saberá fazer gestão de pessoas.

Existem diferentes formatos de treinamentos. Os treinamentos definem que a pessoa que está liderando é diretamente responsável pelo desempenho da sua equipe; e é possível desenvolvê-la. Isso demanda estudo, aprendizado e prática. As empresas que trabalhei em que o treinamento da liderança era obrigatório foram as que vi melhores resultados em termos de lucros como também na saúde mental das pessoas.

1.2 Metodologia de liderança de equipes de alto desempenho

Good leaders build products. Great leaders build cultures. Good leaders deliver results. Great leaders develop people. Good leaders have vision. Great leaders have values. Good leaders are role models at work. Great leaders are role models in life[4].

Um líder deve:

1) construir equipes de alto desempenho que alcançam grandes resultados, de forma consistente;

2) criar o ambiente e a oportunidade para o desempenho de sua equipe;

3) construir e comunicar um propósito/visão compartilhado;

4) alinhar papéis e responsabilidades e formas de trabalhar;

5) investir no desenvolvimento da equipe;

6) compartilhar o seu *feedback* para reforçar o que a equipe está fazendo bem e corrigindo o que poderia ser melhor; e

7) cuidar da saúde da equipe (motivação, engajamento, inclusão e dinâmica).

---

[3]   John F. Kennedy em discurso, em 1963. Mais informações em: https://www.applied-corporate-governance. com/leadership-and-learning/#:~:text=In%20a%20speech%20to%20be,leaders%20to%20be%20constantly%20evolving. Acesso: 30 mar. 2023.

[4]   Adam Grant, psicólogo organizacional. Mais informações em: https://adamgrant.net/. Acesso: 31 mar. 2023.

Eixo VI — Inteligência Jurídico-Comercial Como Real Parceira de Negócios

A seguir, compartilho pontos do treinamento que participei sobre liderança e que busco colocar na prática por entender que, com o cuidado da autenticidade, valores e autoconhecimento, posso construir equipes de alto desempenho e que prima pela saúde mental.

1.2.1 Equipes de alto desempenho

Em primeiro lugar, é necessário entender o que seria uma equipe ineficiente. Há uma metodologia, apresentada por Patrick Lencioni, que define cinco desfunções[5]: falta de confiança, medo de conflito, falta de comprometimento, evitar responsabilização, e resultados sem intenção.

Assim, na base, é necessário criar confiança dentro do time no sentido de que os membro se sintam confortáveis para dizer o que fizeram de errado ou que não sabem algo, sem medo de retaliação. Isso apenas é possível na criação de segurança psicológica e investir tempo para conhecer cada pessoa e entender o perfil de comportamento. Depois de criada a confiança, é necessário que seja motivado o conflito saudável: a equipe se sente confortável em compartilhar *feedback* honesto e trazer perspectivas diferentes.

Depois que são apresentadas diferentes perspectivas, é necessário agir. Todas as opções foram analisadas e consideradas para a ação. Isso gera um comprometimento maior da equipe, desde que seja claramente comunicado o racional por trás da decisão. Nesse momento, é necessário ter responsabilização, ou seja, os membros da equipe se mantém cada um e aos outros responsáveis de acordo com as suas ações e o que está estabelecido.

No topo da pirâmide da equipe de alto desempenho estão os resultados. A equipe havia se comprometido a um ou dois objetivos que são compartilhados e visíveis por todos os membros. As metas/objetivos devem ser claros e mensuráveis[6]. O resultado deve ser compartilhado e analisado ao final. A equipe de alto desempenho tem foco na base: confiança e conflitos saudáveis. Tudo isso pode ser aprendido e praticado para cada projeto.

1.2.2 Cultura do feedback e transparência

Para a utilização constante de *feedback*, é necessário entender a diferença entre comentário, opinião e *feedback*; também é necessário distinguir quando e o que deve ser dado o *feedback*. O comentário é uma observação; a opinião é uma visão/julgamento

---

[5] Five Dysfunctions of a Team by Patrick Lencioni. Disponível em: https://www.youtube.com watch?v=GCxct4CR-To. Acesso: 31 mar. 2023.

[6] Há um método de criação de objetivos que se chama, em inglês, "*SMART Goals*" (*Specific, Measurable, Attainable, Relevant, Time Based*). No YouTube, "*Setting SMART Goals – How to Properly Set a Goal (animated)*". Disponível em: https://www.youtube.com/watch?v=PCRSVRD2EAk. Acesso: 1º abr. 2023.

formada(o) na mente sobre um assunto em particular; enquanto o *feedback* é a transmissão de avaliação ou informações corretivas sobre uma ação, evento ou processo.

Há um método de *feedback* que é chamado, em inglês, de SBIR[7] (situação, comportamento, impacto e resposta). Situação é quando você observou a pessoa executar algo; comportamento é o que significaria a ação da pessoa; impacto seria definir qual o impacto daquele comportamento na situação específica para o líder, para o time ou para a empresa; e resposta seria qual seria a resposta e questões que você teria para a pessoa.

Em resumo, *feedback* seria ação, impacto e o que deve ser feito diferente/reforçado. O *feedback* vem acompanhado da transparência e em comunicação eficiente. Não é possível "cobrar" sem definir quais são as expectativas e sem ser transparente sobre os objetivos, metas e missão da empresa e da equipe.

Assim, é essencial que a equipe seja esclarecida sobre a tomada de decisões que a afeta e poder participar de tais decisões. Isso abre oportunidades para aproveitar o conhecimento coletivo, incentiva o debate saudável e as pessoas se sentem valorizadas, pois sabem que suas ideias/opiniões/*feedback* foram levados em consideração, mesmo que nem todos sejam implementados.

Nesse sentido, a transparência e o *feedback* têm papéis essenciais. É necessário manter os canais de comunicação/*feedback* abertos, mas em um formato estruturado (usando formulários do Google, fóruns regulares de reuniões etc.), assim como manter os canais de comunicação internos com as informações claras e necessárias sobre o projeto para todos aqueles que estejam envolvidos, mesmo que seja em uma pequena parte (Slack, Teams etc).

CONCLUSÃO

Não há dúvidas de que o mundo do trabalho está sofrendo uma grande mudança após o distanciamento social gerado pela Covid-19 e que as crises econômicas estão pressionando ainda mais a produtividade nas empresas.

O processo de autoconhecimento é essencial. Seja para conhecer seus próprios vieses[8], seja para definir seu local de trabalho e seu modelo de liderança eficaz. Para além do autoconhecimento, que envolve entender personalidade, valores, princípios e experiências passadas e seus impactos, é necessário praticar métodos de liderança para construir equipes de alto desempenho.

---

[7] *Situation; Behaviour; Impact; Response.*

[8] Testes como o Harvard IAT podem ajudá-lo a refletir sobre onde sua educação, contexto social e político podem moldar a maneira como você vê o mundo. Disponível em: https://implicit.harvard.edu/implicit/education.html. Acesso: 31 mar. 2023.

Eixo VI — Inteligência Jurídico-Comercial Como Real Parceira de Negócios

Tais equipes não são apenas aquelas que trazem resultados positivos por meio de eficiência, velocidade e qualidade, mas também aquelas que estão em um ambiente seguro psicologicamente a ponto de terem confiança uns nos outros. A confiança, a base de uma equipe, influencia em boa comunicação, transparência, inclusão, comprometimento e, assim, resultados.

REFERÊNCIAS

APPLIED COMPORATE GOVERNANCE. *Leadership and Learning*: the need for constant evolution. *Applied Corporate Governance*. Disponível em: https://www.applied-corporate-governance.com/leadership-and-learning/#:~:text=In%20a%20speech%20to%20be,leaders%20to%20be%20constantly%20evolving. Acesso em: 30 mar. 2023.

GRANT, Adam. Disponível em: https://adamgrant.net/. Acesso em: 31 mar. 2023.

LENCIONI, Patrick. *Five Dysfunctions of a Team by Patrick Lencioni*. Disponível em: https://www.youtube.com/watch?v=GCxct4CR-To. Acesso em: 31 mar. 2023.

PROJECT IMPLICIT. Disponível em: https://implicit.harvard.edu/implicit/education.html. Acesso em: 31 mar. 2023.

SETTING SMART GOALS. *How to Properly Set a Goal (animated)*. Disponível em: https://www.youtube.com/watch?v=PCRSVRD2EAk. Acesso em: 1º abr. 2023.

WISE. *About us*. Disponível em: https://www.wise.jobs/what-we-do/#:~:text=Our%20mission%3A%20money%20without%20borders,receive%20money%20across%20borders%20easily. Acesso: 2 abr. 2023.

EIXO VII
COMUNIDADES E CAPACITAÇÃO

24

CLOC E ACC AJUDAM A MEDIR O NÍVEL DE MATURIDADE DA ÁREA DE *LEGAL OPERATIONS*

Ana Beatriz Couto*
Christiano Xavier**

A partir de uma boa análise de maturidade, é possível identificar a capacidade de uma instituição para a melhoria contínua. Para Peter Eilhauer, atual diretor-geral da Epiq[1], a partir de um modelo de maturidade, é possível entender onde determinada organização se encontra e onde deverá estar no futuro[2].

Para a compreensão do grau de maturidade de uma área de *Legal Operations*, é importante identificar as frentes envolvidas e o que as principais instituições existentes comentam sobre o assunto. Inicialmente, é relevante destacar que existem duas grandes organizações globais que apresentam diretrizes básicas sobre *Legal Operations* ou *Legal Ops*: o Corporate Legal Operations Consortium (CLOC)[3], e a Association of Corporate Counsel (ACC)[4].

O CLOC é uma associação global focada no setor que reúne profissionais voltados para a redefinição dos negócios jurídicos, tendo como objetivo impulsionar a ino-

---

* Graduada em Direito pela Fundação Getulio Vargas (FGV) e pós-graduada em Direito Tributário, com MBA em Gestão com ênfase em liderança e inovação pela FGV. Sócia-fundadora da Comunidade *Legal Operations* Brasil (CLOB) e associada na Women in Law Mentoring (WLM) Brazil. Foi responsável pela instituição da área de *Legal Operations* no Sem Processo e, atualmente, é a COO da empresa.

** Empreendedor, Sócio-fundador da *EdTech* Future Law, do Future Law Studio, da agência de *branding* e marketing jurídico *Legal Service Designer* e do Inverso Hub. Sócio da Quark Legal Design e Lawfinder. Coordenador da, *Revista de Direito e as Novas Tecnologias* (RDTech) da Revista dos Tribunais. Atuou em escritórios nacionais e internacionais de grande porte e como *Head of Legal* da Localiza Rent a Car S/A, por dez anos. Mestre em Direito dos Negócios pela FGV e especialista em Finanças (FGV) e Direito Tributário (IBET).

1 A Epiq é uma empresa global que presta serviços jurídicos e comerciais, apresentando soluções para escritórios de advocacia, organizações, instituições financeiras e governamentais. Disponível em: https://www.epiqglobal.com/pt-br/about-us. Acesso em: 20 abr. 2023.

2 PERCIPIENT. *Legal Operations Maturity Models – An Overview*. Disponível em: https://percipient.co/legal-operations-maturity-models-an-overview/. Acesso em: 20 abr. 2023.

3 *Vide* https://cloc.org/.

4 *Vide* https://www.acc.com/.

vação e a eficiência. De acordo com o CLOC, *Legal Operations* consistem em um conjunto de processos de negócios, atividades e profissionais que possibilitam que departamentos jurídicos e escritórios de advocacia ofereçam serviços de forma mais eficaz aos seus clientes pela aplicação de medidas técnicas e negociais[5]. A associação elenca 12 competências contempladas no âmbito de *Legal Operations*.

A ACC é uma organização que apoia os profissionais de *Legal Operations* fornecendo *benchmarking* e recursos para colaboração. De acordo com a organização, uma equipe *Legal Operations* deve se dedicar em otimizar a gestão de pessoas, processos e tecnologia por meio da utilização de dados para fundamentar as tomadas de decisões e melhorar o desempenho[6].

A ACC disponibiliza um documento que se propõe a avaliar o nível de maturidade de qualquer área de *Legal Operations*. Em seu modelo atual, denominado *Legal Operations Maturity Model 2.0*, elenca 14 funções principais contempladas na área[7]. É importante destacar que diferente do CLOC, a ACC utiliza a expressão *função* e não *competência*.

Este capítulo irá especificar e comparar as competências e funções contempladas na área de *Legal Operations* à luz das diretrizes estabelecidas pelas associações mencionadas e, com base nisso, apresentar as formas de avaliação do grau de maturidade de determinado departamento jurídico.

24.1 O nível de maturidade da área de Legal Ops segundo as competências do CLOC

Conforme mencionado, o CLOC elenca 12 competências, denominadas *Core 12*, envolvendo a área de *Legal Operations*, quais sejam:

1) *Business Intelligence* (BI) ou Inteligência de Negócios: conforme o com o guia disponibilizado pelo CLOC[8], no contexto atual, no geral, os departamentos utilizam o mínimo de métricas, carecendo de uma cultura baseada em dados.

De acordo com o CLOC, o nível desejado de maturidade é aquele em que haja o gerenciamento e orientação do departamento pela utilização estratégica de dados e não a tomada de decisão com base na intuição.

---

[5] COUTO, Ana Beatriz Graça. *Legal Operations*: um marco de oportunidades no mercado jurídico. *JOTA*, 12 de dez. 2020. Disponível em: https://www.jota.info/opiniao-e-analise/colunas/regulacao-e-novas-tecnologias/legal-operations-mercado-juridico-pandemia-12122020. Acesso em: 20 abr. 2023.

[6] ACC LEGAL OPERATIONS (ACC). *About Corporate Legal Operations*. Disponível em: https://www.acc.com/services initiatives/legal-operations. Acesso em: 20 abr. 2023.

[7] ACC LEGAL OPERATIONS. *Maturity Model 2.0 for the Operations of a Legal Department*. Disponível em: https://www.acc.com/maturity. Acesso em: 20 abr. 2023.

[8] CORPORATE LEGAL OPERATIONS CONSORTIUM (CLOC). *Whats is Legal Operations?* Disponível em: https://cloc.org/what-is-legal-ops/. Acesso em: 20 abr. 2023.

EIXO VII — Comunidades e Capacitação

2) Gestão financeira: conforme o CLOC, atualmente, os departamentos muitas vezes acabam operando sem muita clareza acerca do seu orçamento. Diante disso, é comum que ocorram déficits não previstos, falta de embasamento financeiro nas tomadas de decisões estratégicas e tensões com as demais áreas envolvidas.

O nível apropriado de maturidade é aquele em que haja uma abordagem sustentável e embasada sobre gestão financeira. Para tanto, é necessário que cada vez mais haja uma integração entre os times de finanças e o *Legal*, possibilitando a transparência, comunicação, eficiência e economia. O time *Legal* deve passar a ser encarado como um centro de negócios e não de custos.

3) Gestão de firma e fornecedores: segundo o CLOC, escritórios e fornecedores são frequentemente selecionados por relacionamentos pessoais. Quando não há opções claras para a contratação, as equipes responsáveis possuem espaço para adotarem como padrão modelos mais tradicionais de preço e equipe, o que pode gerar menor responsabilidade e culminar na prestação de um serviço com menor valor agregado.

O nível desejado de maturidade é aquele em que sejam estabelecidos relacionamentos mais sólidos entre as partes envolvidas, sendo assegurado que o serviço contratado irá atender às necessidades do negócio.

4) Governança da informação: hoje em dia, muitos departamentos têm pouca ou nenhuma estrutura para assegurar uma boa governança da informação. Muitas vezes, os times acabam lidando com as informações de forma livre, o que faz com que não se tenha acesso aos dados corretos e que haja risco de exposição.

Um bom nível de maturidade, conforme o CLOC, é aquele em que haja uma definição clara de diretrizes para o compartilhamento e retenção de informações.

5) Gestão do conhecimento: de acordo com o CLOC, no contexto atual, os departamentos não possuem procedimentos claros e estruturados para retenção do conhecimento e melhores práticas.

O nível desejado de maturidade é aquele que possibilita o acesso às respostas e boas práticas de forma célere e intuitiva.

6) Otimização e saúde da organização: no contexto atual, o CLOC aponta que muitas organizações acabam efetivando as suas contratações pensando nas necessidades de curto prazo, não avaliando de forma adequada a compatibilidade existente entre a cultura da instituição e o funcionário a ser contratado.

O nível ideal de maturidade é aquele em que seja feita uma contratação que assegure a construção de um time integrado, multidisciplinar, engajado e complementar.

7) Operações práticas: de acordo com o CLOC, muitos departamentos não possuem um time estruturado de *Legal Operations*, fazendo com que muitos advogados internos tenham que lidar com tarefas operacionais que não exigem um diploma jurídico.

192   *Legal Operations*

O nível desejado de maturidade é aquele em que os advogados possam se dedicar exclusivamente às atividades eminentemente jurídicas. Para tanto, é necessário criar times flexíveis, eficientes e com experiências em operações.

8) Gestão de projetos e programas: o guia disponibilizado pelo CLOC aponta que a maior parte dos departamentos carece de uma estrutura necessária para um bom gerenciamento de programas e projetos, o que dificulta a implementação de iniciativas eficazes em grande escala.

Para que seja devidamente assegurada a implementação de projetos eficazes, é necessário estruturar times com profissionais especializados em projetos e programas.

9) Modelos de entregas de serviços: conforme o guia do CLOC, vários departamentos acabam atribuindo os trabalhos existentes para terceiros de forma indiscriminada, o que pode comprometer as entregas, aumentando os custos e diminuindo a qualidade.

O nível apropriado de maturidade é aquele em que haja um bom desenho de todas as atividades atreladas ao jurídico e que seja assegurada a terceirização de cada elemento para o fornecedor mais adequado para entrega com o menor custo.

10) Planejamento estratégico: o guia do CLOC aponta ainda que muitos departamentos acabam focando no curto prazo e atuando de forma reativa, sendo guiados pelos trabalhos que surgem no dia a dia e não por prioridades estratégicas maiores.

O nível desejado de maturidade é aquele em que haja uma definição clara da missão do departamento a partir do estabelecimento de prioridades que atendam às necessidades do negócio.

11) Tecnologia: de acordo com o CLOC, no contexto atual, a maior parte dos times dependem de soluções pontuais manuais, demoradas e fragmentadas. Atualmente, não se tem uma visão geral da tecnologia e, na prática, acabam sendo adotadas ferramentas que não se conectam com o fluxo de trabalho.

O nível ideal de maturidade é aquele em que seja desenvolvida uma visão para implementação da tecnologia à luz das necessidades do negócio.

12) Treinamento e desenvolvimento: o guia desenvolvido pelo CLOC indica que, atualmente, muitos departamentos têm dificuldade de estruturar times integrados, não tendo um procedimento efetivo para treinamentos e integração de novos membros. Na maior parte das vezes, disponibilizam treinamentos de forma fragmentada ou delegam tal responsabilidade para o time de RH.

O nível desejado de maturidade é aquele em que sejam assegurados treinamentos direcionados de qualidade e adotadas políticas integrativas do time.

EIXO VII — Comunidades e Capacitação

24.2. O nível de maturidade da área de *Legal Ops* conforme as funções da ACC

A ACC apresenta um modelo de maturidade, denominado *Legal Operations Maturity Model*, que é usado como ferramenta por líderes de departamentos para avaliarem a *performance* das suas organizações em uma série de áreas funcionais. O referido modelo dá um posicionamento em três estágios diferentes de maturidade em cada função: inicial ou *early stage*, intermediário ou *intermediate stage* e avançado ou *advanced stage*[9].

Tendo como referência tal modelo, em 2020, em parceria com a Wolters Kluwer Legal & Regulatory, a ACC divulgou um relatório de *benchmarking*[10], o ACC *Legal Operations Maturity Benchmarking Report*. A referida pesquisa reuniu 316 departamentos jurídicos, distribuídos em 24 indústrias e 29 países, localizados na América do Norte e na Europa. A partir dos levantamentos realizados, foram reunidos *insights* de líderes sobre 15 funções distintas e 92 subfunções de *Legal Ops*.

O objetivo do referido relatório foi comparar o desempenho de departamentos em diferentes estágios, tamanhos e segmentos da indústria. Diferente do modelo de maturidade, o referido relatório avaliou 15 e não 14 funções, sendo contemplada também a frente de *Compliance*. Foram avaliadas as seguintes funções:

1) *Change Management* ou Gestão da Mudança: visa ao estabelecimento de um processo sistemático que permita que uma instituição adote mudanças direcionadas acerca da forma como o trabalho é feito. Um departamento é classificado em um estágio inicial de maturidade quando não possui um processo ou estratégia para gestão da mudança, adotando como padrão a mudança reativa e não proativa. A classificação de estágio intermediário ocorre quando há o desenvolvimento de uma abordagem sistemática para grande parte dos projetos e a gestão da mudança é reconhecida como um elemento para o sucesso, apesar de não ser uma cultura geral. Já o estágio avançado é alcançado quando existem processos padronizados para a gestão da mudança em todas as atividades e segmentos envolvidos, sendo esta integrada à cultura do departamento e da organização.

2) *Compliance*: refere-se ao segmento de atividades que asseguram a conscientização institucional e adesão às regras aplicáveis em todas as jurisdições nas quais determinada empresa atua.

---

[9] ASSOCIATION OF CORPORATE COUNSEL (ACC). *Legal Operations Maturity Model 2.0*. Disponível em: https://www.acc.com/resource-library/acc-legal-operations-maturity-model-20. Acesso em: 20 abr. 2023.

[10] ASSOCIATION OF CORPORATE COUNSEL (ACC). *2020 Legal Operations Maturity Benchmarking Report*. Disponível em: https://www.acc.com/resource-library/2020-legal-operations-maturity-benchmarking-report. Acesso em: 20 abr. 2023.

Um departamento é classificado em estágio inicial de maturidade quando o *compliance* é descentralizado em unidades de negócios na companhia. A classificação de estágio intermediário ocorre quando há um *compliance* centralizado com diretrizes definidas. Já o estágio avançado é alcançado quando existe um plano de *compliance* documentado, publicado e comunicado para toda a empresa e são adotadas ferramentas para rastreamento e mitigação de riscos futuros.

3) Gestão de contratos: envolve o processo de criação, execução, armazenamento e observância aos contratos.

Um departamento é classificado em estágio inicial de maturidade quando não utiliza nenhuma ferramenta de gestão de contratos, sem a adoção de modelos padronizados nem um repositório central. A classificação de estágio intermediário ocorre quando existem modelos padrões de contratos, repositório de cláusulas, controle de versões e *redlining*. Já o estágio avançado é alcançado quando há a utilização de uma ferramenta de gerenciamento de todo o ciclo de vida de um contrato por toda a empresa.

4) *eDiscovery* e gestão de litígios: contempla os processos de identificação, coleta, produção de informações em atendimento a uma solicitação envolvendo uma investigação ou ação judicial.

Um departamento é classificado em estágio inicial quando todo o *eDiscovery* é tratado por um escritório externo. Já a classificação de estágio intermediário é aplicável quando existe uma pessoa dedicada para liderar a estratégia no que tange ao *eDiscovery* e existe uma diminuição da dependência de escritórios. O estágio avançado é alcançado quando há a utilização de um programa completo de *eDiscovery* de ponta a ponta.

5) Gestão de recursos externos: envolve o processo de seleção, supervisão, avaliação, pagamento e gestão de fornecedores e escritórios de advocacia contratados.

Um departamento é classificado em estágio inicial quando praticamente todo o trabalho é delegado para um escritório e não há qualquer tipo de confiança no relacionamento entre as partes. O estágio intermediário ocorre quando há uma contratação limitada de prestadores de serviços e há um esforço para aumento da colaboração e comunicação com os escritórios e prestadores contratados. O estágio avançado é alcançado quando os escritórios e demais prestadores são considerados parceiros do negócio e geradores de valor, visando sempre a melhoria contínua e maior proximidade.

6) Gestão financeira: refere-se à alocação de recursos, previsão de receitas e despesas, bem como criação e manutenção de orçamentos para assegurar a observância às regras contábeis.

Um departamento é classificado em estágio inicial quando não há a adoção de procedimentos padrões. Porém, quando existem procedimentos padrões, mas não há um bom registro disso, o estágio é classificado como intermediário. E o estágio avançado é alcançado quando existem processos bem definidos, com o registro, publicação

EIXO VII — Comunidades e Capacitação

e comunicação de políticas e procedimentos estruturados e os orçamentos são definidos e gerenciados pelas áreas práticas.

7) Governança da informação: abarca o sistema de gerenciamento de documentos físicos e eletrônicos da empresa visando assegurar o suporte operacional e o aproveitamento da informação.

Um departamento é classificado em estágio inicial quando não há um procedimento de registro da informação. A classificação de estágio intermediário ocorre quando governança e manutenção de registros são endereçadas ao negócio. Já o estágio avançado é alcançado quando a política corporativa e cronograma de retenção são comunicados e implementados efetivamente. Ademais, existe um gerenciamento do ciclo de vida de um documento ou registro de ponta a ponta.

8) Gestão da inovação: refere-se ao processo de coleta, análise, seleção e implementação de sistemas e ferramentas inovadoras.

Um departamento é classificado em estágio inicial quando não há uma estratégia de inovação definida, sendo reativa e de curto prazo. Já a classificação de estágio intermediário ocorre quando há uma estratégia de inovação alinhada com os objetivos do negócio e isso é implementado com alguma governança. E o estágio avançado é alcançado quando existe uma estratégia de inovação bem definida que proporciona vantagem competitiva e oferece oportunidade de monetização. Além disso, há uma cultura voltada para inovação.

9) Gestão da propriedade intelectual: refere-se às operações que visam assegurar o retorno de investimento de determinados ativos da organização, como marcas e patentes.

Um departamento é classificado em estágio inicial quando há um controle manual de marcas e patentes. A classificação de estágio intermediário ocorre quando há a adoção de um registro automatizado de marcas e patentes. E o estágio avançado é alcançado quando há um sistema integrado de propriedade intelectual.

10) Gestão de recursos internos: envolve as atividades de aprimoramento dos recursos humanos do departamento, como recrutamento e seleção, treinamentos, desenvolvimento de talentos e comunicação.

Um departamento é classificado em estágio inicial quando há a adoção limitada de treinamentos. A classificação de estágio intermediário , por sua vez, ocorre quando existem políticas de treinamento para todos os funcionários do departamento e não apenas advogados. Já o estágio avançado é alcançado quando há a estruturação de um programa robusto de desenvolvimento, retenção de talentos e engajamento que reflita as prioridades estratégicas do negócio.

11) Gestão do conhecimento: contempla o processo de capturar, distribuir e usar de forma efetiva os ativos de conhecimento.

Um departamento é classificado em estágio inicial quando não há nenhuma gestão do conhecimento organizacional, sem a adoção de mecanismos de compartilhamento. A classificação de estágio intermediário ocorre quando são adotadas algumas práticas de gestão do conhecimento a partir de um repositório centralizado de dados. Já o estágio avançado é alcançado quando há um processo bem estabelecido de gestão do conhecimento que é continuamente avaliado e aprimorado.

12) Métricas e *Analytics*: contempla o processo de coleta, organização e uso de dados para a tomada de decisão e gestão de *performance*.

Um departamento é classificado em estágio inicial quando não há uma metodologia padronizada voltada para dados. A classificação de estágio intermediário ocorre quando são estruturadas algumas métricas para gestão. O estágio avançado é alcançado quando existe uma automação bem estruturada com adoção de painéis de informação a partir da estipulação de métricas bem definidas.

13) Gestão de projetos e processos: contempla o planejamento, coordenação e supervisão de novas iniciativas e programas, bem como a busca contínua do aumento de eficiência dos processos internos.

Um departamento é classificado em estágio inicial quando há pouca ou nenhuma supervisão sobre os projetos e processos implementados. Por sua vez, a classificação de estágio intermediário ocorre quando a gestão de projetos é aplicada em alguns casos e há um incentivo da liderança para revisão de processos. Já o estágio avançado é alcançado quando a gestão de projetos é aplicada em todos os casos pertinentes e a melhoria de processos é realizada de forma contínua em todas as situações cabíveis e conduzidas pelos times envolvidos.

14) Planejamento estratégico: refere-se ao processo de definição de metas que se alinhem aos objetivos do negócio, bem como às iniciativas almejadas, alocação de recursos e definição de métricas para análise da *performance*.

Um departamento é classificado em estágio inicial quando não há um processo de planejamento estratégico no âmbito de *Legal Operations*. A classificação de estágio intermediário ocorre quando existe um procedimento formal que identifica o estágio atual do departamento, o caminho que está sendo trilhado e como chegar ao desejado, com a estipulação de metas, estratégia e acompanhamento de resultado. Já o estágio avançado é alcançado quando há a adoção de um processo de planejamento anual de *Legal Operations* que é estruturado antes da apresentação do orçamento anual. Além disso, são adotadas políticas de revisões e atualizações trimestrais do plano estratégico.

15) Gestão de tecnologia: refere-se ao conjunto de iniciativas voltadas para a implementação de uso da tecnologia, abarcando, planejamento, seleção, aquisição, treinamento e adoção.

Um departamento é classificado em estágio inicial quando há a completa delegação para a área de TI, sem muito envolvimento. A classificação de estágio intermediá-

EIXO VII — Comunidades e Capacitação

rio , por sua vez, ocorre quando existe uma integração entre o jurídico e o TI corporativo e há um foco em aumentar a tecnologia no jurídico. Já o estágio avançado é alcançado quando o jurídico está focado em alinhar os processos de negócios em toda a organização pelo uso da tecnologia.

24.3 Avaliação das funções nos departamentos jurídicos

Na avaliação feita pela ACC, foi utilizada como base uma escala de pontos, que vai de N/A (não aplicável, quando as funções não são contempladas por determinado departamento) a 6, para medir o grau de maturidade de determinado departamento por função.

Em uma pesquisa realizada, o resultado médio encontrado foi o seguinte: *compliance* foi a função com maior maturidade média entre todos os departamentos participantes, com uma pontuação de 3,46 e gestão financeira foi a segunda função mais bem pontuada, com 3,34. Essas foram as únicas funções que pontuaram mais do que três em média.

A título de informação, 68% dos departamentos participantes avaliaram todas as 15 funções destacadas, sendo que 16,5% avaliaram 14, considerando uma como não aplicável. Um pouco menos de 3% avaliaram 9 ou menos funções, considerando as demais como não aplicáveis. Ademais, a função gestão de recursos externos foi classificada como a que mais se aplica aos departamentos, com um percentual de 98,1% avaliando seu nível de maturidade em tal frente. Na sequência, aparecem planejamento estratégico com 97,5% e gestão do conhecimento com 96,8%. No geral, 10 funções das 15 consideradas apresentaram taxas de pelo menos 95%, o que demonstra que as frentes consideradas no relatório da ACC são pertinentes para os departamentos.

A partir das métricas encontradas, o ACC *Legal Operations Maturity Benchmarking Report* também avalia o grau de maturidade dos departamentos como um todo, o denominado *overall maturity score*. Para tanto, apresenta uma divisão entre os três estágios considerando uma pontuação de até 100. De acordo com o referido modelo, um *overall maturity score* entre 0 e 33,3 é considerado *early stage*. Se a pontuação for entre 33,4 e 66,6, é considerada como *intermediate stage*. Por fim, a pontuação entre 66,7 e 100 é considerada como *advanced stage*. A partir das estatísticas coletadas, é possível observar que metade dos entrevistados relatou uma pontuação geral de maturidade variando entre 20 e 45 pontos, sendo poucos os que pontuaram acima de 80.

Portanto, com base na análise apresentada pela ACC e pelo CLOC, é possível observar que a maior parte dos departamentos são encarados como em fase inicial ou intermediária de maturidade. À luz das competências e funções elencadas, vale destacar que muitas delas se relacionam ou se referem a um mesmo escopo de atuação, apesar da adoção de nomenclaturas distintas. Por exemplo, a competência denominada BI para o CLOC envolve o mesmo escopo da função métricas e *Analytics* apresentada pela ACC.

É importante ressaltar ainda que ao se avaliar o grau de maturidade de um departamento à luz da realidade brasileira, é necessário que sejam feitas as adaptações necessárias às competências e funções demonstradas. Por exemplo, no Brasil a função de *eDiscovery* não se aplica. Além disso, no contexto brasileiro, as funções de *Compliance* e gestão envolvendo propriedade intelectual não estão abarcadas no âmbito de uma área *Legal Operations*, no geral. Portanto, no momento de avaliar determinado departamento, é importante que sejam consideradas todas as ressalvas pertinentes. Por fim, também é importante ressaltar alguns fatores que impactam na avaliação de cada departamento[11]:

• Os departamentos que empregam pelo menos um profissional de *Legal Ops* possuem graus mais elevados de maturidade em comparação a aqueles que não possuem profissionais dedicados. No *ACC Legal Operations Maturity Benchmarking Report*, foi constatado que departamentos que possuem uma equipe de *Legal Ops* dedicada apresentam um grau de maturidade maior, sendo a pontuação geral média de 43,3 em comparação a 27,3 para departamentos sem equipes de *Legal Ops*. Ou seja, no geral, departamentos que possuem profissionais de *Legal Ops* estão em um estágio intermediário, enquanto departamentos que não possuem profissionais da referida área estão em estágio inicial.

• Conforme demonstrado, existe uma variação entre os graus de maturidade a depender da função e/ou competência avaliada. No *ACC Legal Operations Maturity Benchmarking Report*, por exemplo, gestão financeira e *compliance* foram as funções que melhor pontuaram, sendo consideradas mais avançadas, enquanto *eDiscovery* e gestão da inovação se apresentaram como menos avançadas. Ao avaliar o grau de maturidade de determinado departamento, é importante que haja uma segregação de funções e/ou competências. Considerando os critérios apresentados, um departamento pode apresentar uma boa gestão de fornecedores, mas não possuir um bom processo estabelecido para treinamento e desenvolvimento, por exemplo.

• Departamentos jurídicos de grandes organizações tendem a apresentar um grau de maturidade mais elevado. É possível observar tal constatação a partir de uma análise da receita, número de funcionários e gastos do departamento.

• A depender do estágio de maturidade do departamento envolvido, os desafios a serem enfrentados serão diferentes. Por exemplo, um departamento que é classificado com um grau de maturidade *early stage,* terá maiores desafios referentes à própria cultura, com maior ceticismo da liderança e resistência para a implementação de mudanças.

---

[11]   ASSOCIATION OF CORPORATE COUNSEL (ACC). *2020 Legal Operations Maturity Benchmarking Report*. Disponível em: https://www.acc.com/resource-library/2020-legal-operations-maturity-benchmarking-report. Acesso em: 20 abr. 2023.

EIXO VII — Comunidades e Capacitação

• Existe muito espaço para crescimento e aprimoramento dos departamentos jurídicos. A título exemplificativo, no *Legal Operations Maturity Benchmarking Report*, são apresentados os denominados *"best in class"*, que são os top 10% de departamentos jurídicos a partir da pontuação geral de maturidade, o *overall maturity score*. É importante mencionar que o referido grupo apresentou uma pontuação geral maior do que 64,1 e que, ainda assim, nenhum departamento apresentou uma pontuação avançada em todas as 15 funções[12].

Esperamos que os critérios e métodos de avaliação descritos até aqui possam orientar você a dar início a estruturação de sua área de *Legal Operations*, aperfeiçoando-a conforme suas demandas e as dimensões de sua equipe.

REFERÊNCIAS

ASSOCIATION OF CORPORATE COUNSEL (ACC). *2020 Legal Operations Maturity Benchmarking* Report. Disponível em: https://www.acc.com/resource-library/2020-legal-operations-maturity-benchmarking-report. Acesso em: 20 abr. 2023.

ASSOCIATION OF CORPORATE COUNSEL (ACC). Disponível em: https://www.acc.com/. Acesso em: 20 abr. 2023.

ASSOCIATION OF CORPORATE COUNSEL (ACC). *Legal Operations*. About Corporate *Legal Operations*. Disponível em: https://www.acc.com/services-initiatives/legal-operations. Acesso em: 20 abr. 2023.

ASSOCIATION OF CORPORATE COUNSEL (ACC). *Legal Operations Maturity Model 2.0*. Disponível em: https://www.acc.com/resource-library/acc-legal-operations-maturity-model-20. Acesso em: 20 abr. 2023.

ASSOCIATION OF CORPORATE COUNSEL (ACC). *Legal Operations. Maturity Model 2.0 for the Operations of a Legal Department*. Disponível em: https://www.acc.com/maturity. Acesso em: 20 abr. 2023.

CORPORATE LEGAL OPERATIONS CONSORTIUM (CLOC). About us. *CLOC*. Disponível em: https://cloc.org/. Acesso em: 20 abr. 2023.

---

[12] ASSOCIATION OF CORPORATE COUNSEL (ACC). *2020 ACC Legal Operations Maturity Benchmarking Report*. Disponível em: file:///C:/Users/anaco/Downloads/ELM-infographic-2020-ACC-Legal-Operations-Maturity-Benchmarking-Report-Highlights.pdf. Acesso em: 20 abr. 2023.

CORPORATE LEGAL OPERATIONS CONSORTIUM (CLOC). *What is Legal Ops*. Disponível em: https://cloc.org/what-is-legal-ops/. Acesso em: 20 abr. 2023.

COUTO, Ana Beatriz Graça. *Legal Operations*: um marco de oportunidades no mercado jurídico. *JOTA*, 12 de dezembro de 2020. Disponível em: https://www.jota.info/opiniao-e-analise/colunas/regulacao-e-novas-tecnologias/legal-operations-mercado-juridico-pandemia-12122020. Acesso em: 20 abr. 2023.

EQIP. *The Epiq Difference*. Disponível em: https://www.epiqglobal.com/pt-br/about-us. Acesso em: 21 abr. 2023.

PERCIPIENT. *Legal Operations Maturity Models – An Overview*. Disponível em: https://percipient.co/legal-operations-maturity-models-an-overview/. Acesso em: 20 abr. 2023.

25

TRILHAS DE CONHECIMENTO E COMUNIDADES DE PRÁTICA: A PROFISSÃO JURÍDICA PARA ALÉM DOS SILOS E DA SOLIDÃO

Carolina Hannud Medeiros[*]

O "Estudo sobre o Desenvolvimento Adulto", da Universidade de Harvard[1], debruça-se há 86 anos sobre saúde, felicidade e bem-estar adulto. Esse primoroso trabalho acadêmico comprovou que as pessoas que têm relacionamentos recíprocos mais positivos e próximos permanecem fisicamente mais saudáveis – inclusive que os mais magros e atletas e/ou que não fumam ou bebem menos – à medida que envelhecem. Ou seja, indivíduos que experimentam relacionamentos de troca, confidência e apoio mútuo não apenas têm maior probabilidade de boa saúde mental e física, mas também conseguem contribuir para a saúde das pessoas ao seu redor[2].

No entanto, o estereótipo da(o) advogada(o) bem-sucedida(o) costuma envolver a imagem da solidão em silêncio e foco profundos, hiperespecialização, extenuantes horas de trabalho com pouca ou nenhuma interação social e pouquíssimas trocas para além do silo em que ela ou ele trabalha. A verdade é que tradições de comunidade para o fortalecimento de relacionamentos recíprocos, genuínos e verdadeiros na profissão jurídica costumam nascer e morrer nas faculdades.

Para além do enfoque da felicidade, interessa-nos também o debate sobre produtividade, eficiência e adaptabilidade à realidade da profissão jurídica que muda drasti-

---

[*] Professora na pós-graduação das Escolas de Direito da Fundação Getulio Vargas de São Paulo e do Rio de Janeiro, onde leciona *Legal Design, Dispute System Design* e outras matérias. Premiada na categoria "Destaques" do Prêmio Esdras de Ensino do Direito de 2020. Foi mentora da Extensão Acadêmica "Laboratório de *Design* Jurídico" da Universidade de São Paulo e residente da agência e escola de *design* Kaospilot. Atualmente, é pesquisadora do Grupo de Pesquisa Mulher e Democracia: Renda e Justiça de Gênero do IDP no Brasil.

[1] HARVARD. *Harvard Study of Adult Development*. Disponível em: https://www.adultdevelopmentstudy.org/. Acesso em: 2 abr. 2023.

[2] MARTINS, Alejandra. A chave para a felicidade segundo o maior estudo já feito sobre o assunto. *BCC*, 23 fev. 2023. Disponível em: https://www.bbc.com/portuguese/articles/cxe3pgjzj3no. Acesso em: 2 abr. 2023.

camente e diariamente. Pesquisa e Relatório realizado pela Fundação Getulio Vargas de São Paulo (FGV-SP), por meio do Centro de Ensino, Pesquisa e Inovação (CEPI), aponta tanto para as expectativas das profissões jurídicas em face das novas tecnologias[3], quanto trouxeram detalhes sobre iniciativas de ensino em linha com a revolução da educação jurídica que se faz necessária[4]:

> Trata-se, assim, de habilidades jurídicas tradicionais que, no contexto de mudança tecnológica, adquirem nova importância e novos significados. Em virtude de todas essas transformações, destaca-se a necessidade do desenvolvimento de novos saberes e competências aos profissionais do Direito. São competências para o uso de ferramentas tecnológicas que possam auxiliar seus trabalhos, a gestão de processos internos, **o trabalho colaborativo em equipe multidisciplinar**, a interpretação de dados e capacidade de tradução de linguagens (jurídica e técnica), e, ainda, **uma capacitação específica para aprimorar o tratamento interpessoal que o(a) advogado(a) deve oferecer aos demais parceiros e clientes** [Sumário de Pesquisa, p. 36, grifos nossos].

> [...] o constante e rápido desenvolvimento tecnológico altera os ambientes social e de negócios, exigindo dos estudantes uma mentalidade que os tornem aptos a navegar em um mundo volátil, incerto, complexo e ambíguo – o chamado "ambiente VUCA" (*volatility, uncertainty, complexity, ambiguity*). Assim, passam a ser importantes para o ensino jurídico o desenvolvimento de competências como empreendedorismo, colaboração, criatividade, gestão, inovação e liderança. Essa percepção foi confirmada em nossa pesquisa qualitativa com diversos profissionais de escritórios de advocacia e departamentos jurídicos. **Os profissionais do Direito hoje precisam ser capazes de, além de entender do negócio de seus clientes e gerenciar equipes, dialogar com profissionais de diferentes áreas; gerir processos; integrar efetivamen-**

---

[3] CENTRO DE ENSINO E PESQUISA EM INOVAÇÃO (CEPI); FUNDAÇÃO GETULIO VARGAS DE SÃO PAULO (FGV-SP). *O futuro das profissões jurídicas: você está preparad@?* Sumário Executivo da Pesquisa Qualitativa "Tecnologia, Profissões e Ensino Jurídico". São Paulo: FGV, 2018. Disponível em: https://bibliotecadigital.fgv.br/dspace/bitstream/handle/10438/28628/Sum%C3%A1rio%20Executivo%20da%20Pesquisa%20Qualitativa.pdf?sequence=2&isAllowed=y . Acesso em: 2 abr. 2022.

[4] CENTRO DE ENSINO E PESQUISA EM INOVAÇÃO (CEPI); FUNDAÇÃO GETULIO VARGAS DE SÃO PAULO (FGV-SP). Relatório das Iniciativas de Ensino – Projeto "Tecnologia, Profissões e Ensino Jurídico". São Paulo: FGV, 2018. Disponível em: https://www.academia.edu/39307191/Relat%C3%B3rio_das_Iniciativas_de_Ensino_-_Projeto_TECNOLOGIA_PROFISS%C395ES_E_ENSINO_JUR%C3%8DDICO_. Acesso em: 2 abr. 2022.

EIXO VII — Comunidades e Capacitação

te tecnologia à sua atuação; e agir com ética e empatia, de modo a implementar novos projetos complexos, que envolvem atores sociais com diferentes interesses [Relatório, p. 9-10, grifos nossos].

Aliás, resolver problemas complexos parece-nos a grande tônica do século XXI. O Fórum Econômico Mundial em seu relatório *Defining Education 4.0: A Taxonomy for the Future of Learning*[5] aponta que "o ensino eficaz acontece por meio de um caso concreto ou problema do mundo real. Isso não apenas nutre efetivamente uma habilidade, mas muitas vezes desenvolve várias ao mesmo tempo".

Ademais, cumpre mencionarmos que referido relatório aponta a importância do desenvolvimento de atitudes e valores, habilidades e competências como algo mais relevante que o conhecimento técnico específico – em nosso caso, jurídico. Não podemos deixar de mencionar que habilidades e competências como colaboração, comunicação, negociação e consciência socioemocional; bem como atitudes e valores como adaptabilidade, empatia e responsabilidade cívica só se desenvolvem e são refinadas em grupo sociais e na troca de experiências acalorada fora dos silos em que a educação e a profissão jurídica tradicionalmente se organizam.

O mundo – e o mercado de trabalho – mudam exponencialmente a cada ano. Como bem ilustrou Yuval Noah Harari[6] ao responder à indagação da grande diva da educação brasileira Claudia Costin sobre o que deveríamos ensinar às futuras gerações, não há resposta acertada e segura. A verdade é que, pela primeira vez em séculos, não temos clareza sobre as habilidades que os profissionais precisam deter em 30 anos. O mercado de trabalho como um todo passa por uma enorme transformação. Porém, uma visão é clara entre diversos especialistas: flexibilidade mental e a capacidade de colaborarmos e cocriarmos soluções para problemas complexos é o que garantirá não apenas empregabilidade individual, mas a resiliência coletiva para cumprirmos com a exigência de "continuarmos aprendendo e mudando" durante toda nossa vida.

Não é novidade que a educação jurídica inspirada na tradição romana do *Corpus Juris Civilis* não serve ao século XXI. Afinal, educar não deve significar somente a transmissão de conhecimentos por meio de aulas expositivas, leitura de códigos e leis e utilização de PowerPoints repletos de conceitos teóricos. Educar deve ser fundamen-

---

[5] WORLD ECONOMIC FORUM (WEF). *Defining Education 4.0*: A Taxonomy for the Future of Learning. 2023. Disponível em: https://www.weforum.org/whitepapers/defining-education-4-0-a-taxonomy-for-the-future-of-learning/. Acesso em: 2 abr. 2023.

[6] HARARI, Yuval Noah. Programa Roda Viva. 2019. Disponível em: https://www.youtube.com/watch?v=pBQM085IxOM&vl=pt. Acesso em: 2 abr. 2023.

tado em um processo de ensino-aprendizagem interativo e iterativo (bebendo na fonte do *Design Thinking*, apto a ser prototipado, testado com os alunos e recorrentemente modificado em decorrência do *feedback* dos mesmos) no qual o estudante participe ativamente e que, principalmente, possa gerar impacto em si mesmo e em seu entorno por meio do estabelecimento de relações entre o saber e o fazer.

Porém, as organizações jurídicas (escritórios e, via de regra, departamentos jurídicos) ainda insistem em fomentar a aprendizagem passiva e tão somente cognitiva, conter a troca e a disseminação do conhecimento (por medo ou por simples estratégia de reserva de mercado) e usualmente ainda atuam em silos hiperespecializados com diversos profissionais em isolamento como sinal de grandeza intelectual.

Ocorre que conhecimento é um recurso organizacional estratégico que ganha força e potência quando é compartilhado, o que pouco ocorre no mundo jurídico. Parece-nos que o estímulo à criação de comunidades de prática em ambientes corporativos é uma proposta interessante – que, inclusive, temos fomentado, apoiado e testemunhado florescer como educadora e facilitadora[7]. Conhecimento não partilhado ou propriamente gerenciado e testado não se converte em inovação, adaptabilidade ou estratégia adequada para negócio algum.

Em artigo intitulado "Aprendizagem como ato de participação: a história de uma comunidade de prática"[8], Ana Silvia Rocha Ipiranga *et al.* apontam comunidade de prática como:

> termo cunhado e definido como grupos de pessoas que compartilham uma preocupação, um conjunto de problemas ou uma paixão por um tópico, e que aprofundam seu conhecimento e especialização nessa área pela interação numa base continuada.

Nas comunidades de prática, a aprendizagem é social e, portanto, fomenta o desenvolvimento adequado de diversas das habilidades e competências sociais preconizadas como fundamentais pelo Fórum Econômico Mundial e demais pesquisas e fontes relevantes. Seus membros compartilham problemas, discutem propostas, analisam casos e debatem soluções em rede. Nesses espaços, o conhecimento é holístico, horizontal, coletivo e autogerenciado.

---

[7] STUDIO LINTE. *Studio Linte + ASABB*: advogados do Banco do Brasil e o interesse pelas novas tecnologias. Disponível em: https://www.linte.com/cases/studio-linte-asabb-advogados-do-banco-do-brasil-e-o-interesse-pelas-novas-tecnologias. Acesso em: 2 abr. 2023.

[8] IPIRANGA, Ana Silvia Rocha *et al. Aprendizagem como ato de participação*: a história de uma comunidade de prática. 2005. Disponível em: https://www.scielo.br/j/cebape/a/BNSRyJf6qhtXLwrqWxpj6kG/?lang=pt〉. Acesso em 2 abr. 2023.

EIXO VII — Comunidades e Capacitação

Na contramão do que parece ser sensato, moderno e eficaz, constata-se claramente que poucos ambientes educacionais ou profissionais do meio jurídico se preocupam com a qualidade de vida e com a vida social de seus integrantes, ou com a criação e nutrição de comunidades. No entanto, parece-nos urgente a criação e o fomento de espaços e culturas em que as pessoas se sintam em conexão, engajadas e conectadas. Para tanto, teremos que desenvolver ambientes e horários de trabalho que efetivamente valorizem e propiciem o surgimento de comunidades. Ademais, o estímulo à criação de comunidades de prática pode garantir saúde mental e física, bem como o ambiente propício para a aquisição de novas habilidades para a profissão jurídica necessárias à transformação histórica em curso.

E como começar? Que tal propondo aos seus funcionários uma Trilha de Conhecimento? *Legal Design* e *Visual Law*, Dados e Tecnologia, Negociação e Gestão de Conflitos, *Dispute System Design* e Negociação, Gestão de Pessoas e Liderança; as possibilidades são infinitas – e, façamos nosso devido *mea culpa* (esse latim não consegui evitar!), somos todos bastante medíocres e pouco ou nada sabemos de áreas diferentes daquela da nossa hiperespecialização e do nosso silo jurídico original.

Quem já participou de Trilhas de Conhecimento conhece, na prática, o estímulo gerado pela participação ativa de todos no processo de aprendizado. Ademais, é nítido ao longo da trajetória de aprendizagem o desenvolvimento de habilidades como o senso crítico apurado, a forte noção para a aplicação adequada do conhecimento no contexto organizacional específico, bem como uma grande capacidade de solução de problemas complexos por membros do grupo. Trilhas de conhecimento são fundamentalmente experimentais e sociais, transformam e colocam em xeque identidades ao mesmo passo que criam trajetórias de participação, reverberam engajamento e viabilizam alinhamento organizacional ao construírem novos repertórios e significados. Trilhas de Conhecimento fomentam a criação espontânea e orgânica de comunidades de prática e rompem silos.

Encontros e trocas em comunidades de prática propiciam conexão e saúde física e mental para seus membros, geram valor, inovação e resultam em estratégia adequada para a criação de vantagem competitiva, navegação e adaptabilidade organizacional no mundo VUCA. Ademais, comunidades de prática honram Spinoza[9] ao garantirem potência e afetação do jeito intenso pelo qual, afinal, vale a pena (bem) viver como comprovado por Harvard por quase um século; ao mesmo tempo em que rompem silos e nos afastam da solidão hiperespecializada que costuma

---

[9] SPINOZA, Baruch. *Ética*. 2. ed. São Paulo: Autêntica, 2009.

permear nossa profissão e nos manter à margem do desenvolvimento de competências e habilidades sociais fundamentais para o século XXI e para a própria relevância da nossa profissão no futuro.

REFERÊNCIAS

CENTRO DE ENSINO E PESQUISA EM INOVAÇÃO (CEPI); FUNDAÇÃO GETULIO VARGAS DE SÃO PAULO (FGV-SP). *O futuro das profissões jurídicas: você está preparad@?* Sumário Executivo da Pesquisa Qualitativa "Tecnologia, Profissões e Ensino Jurídico". São Paulo: FGV, 2018. Disponível em: https://bibliotecadigital.fgv.br/dspace/bitstream/handle/10438/28628/Sum%C3%A1rio%20Executivo%20da%20Pesquisa%20Qualitativa.pdf?sequence=2&isAllowed=y. Acesso em: 2 abr. 2023.

CENTRO DE ENSINO E PESQUISA EM INOVAÇÃO (CEPI); FUNDAÇÃO GETULIO VARGAS DE SÃO PAULO (FGV-SP). *Relatório* das *Iniciativas de Ensino – Projeto "Tecnologia, Profissões e Ensino Jurídico".* São Paulo: FGV, 2018. Disponível em: https://www.academia.edu/39307191/Relat%C3%B3rio_das_Iniciativas_de_Ensino_-_Projeto_TECNOLOGIA_PROFISS%C395ES_E_ENSINO_JUR%C3%8DDICO_. Acesso em: 2 de abr. 2013.

HARVARD. Study of Adult Development. Disponível em: https://www.adult-developmentstudy.org/ . Acesso em: 2 abr. 2023.

HARARI, Yuval Noah. *Programa Roda Viva.* 2019. Disponível em: https://www.youtube.com/watch?v=pBQM085IxOM&vl=pt. Acesso em: 1º abr. 2023.

IPIRANGA, Ana Silvia Rocha *et al. Aprendizagem como ato de participação: a história de uma comunidade de prática.* 2005. Disponível em: https://www.scielo.br/j/cebape/a/BNSRyJf6qhtXLwrqWxpj6kG/?lang=pt. Acesso em: 2 abr. 2023.

MARTINS, Alejandra. A chave para a felicidade segundo o maior estudo já feito sobre o assunto. *BBC*, 23 fev. 2023. Disponível em: https://www.bbc.com/portuguese/articles/cxe3pgjzj3no. Acesso em: 2 abr. 2023.

SPINOZA, Baruch. *Ética.* 2. ed. São Paulo: Autêntica, 2009.

STUDIO LINTE. *STUDIO Linte + ASABB*: advogados do Banco do Brasil e o interesse pelas novas tecnologias. Disponível em: https://www.linte.com/ca-

EIXO VII — Comunidades e Capacitação

ses/studio-linte-asabb-advogados-do-banco-do-brasil-e-o-interesse-pelas-
-novastecnologias. Acesso em: 2 abr. 2023.

WORLD ECONOMIC FORUM (WEF). *Defining Education 4.0*: A Taxonomy for the Future of Learning. 2023. Disponível em: https://www.weforum.org/whitepapers/defining-education-4-0-a-taxonomy-for-the-future-of-learning/. Acesso em: 2 abr. 2023.

26

LEGAL OPERATIONS E IA GENERATIVA: *LIFELONG LEARNING* AO SEU DISPOR

Tayná Carneiro

Relatórios de análise econômica global estimam uma probabilidade de automação de serviços jurídicos em até 44% no mercado norte-americano, além de 46% dos serviços administrativos e operacionais[10]. Por muitos anos, o prenúncio de uma tecnologia capaz de suplementar e tornar a entrega jurídica mais eficiente limitou-se ao âmbito da complementaridade, passando ao largo da visão apocalíptica de substituição em massa do trabalho.

À despeito dos exercícios de futurologia e das análises probabilísticas, com o advento de modelos generativos de Inteligência Artificial Generativa (IAG), observamos a alvorada de um novo paradigma para a economia globalizada e, por consequência, para o mundo jurídico. Trata-se de uma ferramenta que, sendo bem empregada, por meio dos *prompts*[11] corretos, tem o potencial de executar um percentual significativo das tarefas realizadas atualmente na rotina jurídica. Isso nos leva ao objeto deste capítulo: como se adaptar à transformação e desenvolver diferenciais competitivos em uma realidade de acelerada e constante inovação?

---

[*] Doutoranda em Direito pela USP, mestre e bacharel em Direito pela UERJ. CEO da Future Law. *Fellow* da Kobe University (Japão). Editora-chefe da *Revista de Direito e as Novas Tecnologias* (RDTec). Professora (Ibmec | Future Law). Coordenadora na área Direito e Novas Tecnologias (Ibmec). Advogada e professora atuante nas áreas de Inovação e Sociologia do Direito.

[10] HATZIUS, J. *et al.* The potentially large effects of artificial intelligence on economic growth. *Goldman Sachs Economic Research*, 2023. Disponível em: https://www.scribd.com/document/635924425/The-Potentially-Large-Effects-of-Artificial-Intelligence-on-Economic-Growth. Acesso em: 18 maio 2023.

[11] "A engenharia de *prompt* (comandos) é um conjunto de habilidades cada vez mais importantes para conversar efetivamente com modelos de linguagem grandes (LLMs) – um modelo de linguagem grande é um modelo de linguagem composto por uma rede neural com muitos parâmetros, treinado em grandes quantidades de texto não rotulado usando aprendizado não supervisionado –, como o ChatGPT. *Prompts* são instruções dadas a um LLM para impor regras, automatizar processos e garantir qualidades (e quantidades) específicas da saída gerada. Os *prompts* também são uma forma de programação que pode personalizar as saídas e interações com um LLM". WHITE, Jules *et al. A prompt pattern catalog to enhance prompt engineering with ChatGPT.* arXiv preprint arXiv:2302.11382, 2023 (tradução nossa).

EIXO VII — Comunidades e Capacitação

Neste capítulo, apresentaremos três ferramentas essenciais que podem ajudar organizações e profissionais a se adaptarem à realidade exponencial em que estamos vivendo: a IA Generativa, o *Legal Operations* e o *Lifelong Learning*. Entendemos que essas ferramentas são interdependentes e complementam-se mutuamente. A IA Generativa fornece informações plásticas e interativas para os usuários, estimulando a aprendizagem contínua (*Lifelong Learning*) e o foco em atividades complexas e estratégicas que, por sua vez, impulsionam as habilidades de *Legal Operations*. Juntos, esses três pilares podem ajudar a construir estratégias sólidas e sustentáveis para enfrentar os desafios impostos aos profissionais e organizações jurídicas na era da realidade exponencial.

1. INTELIGÊNCIA ARTIFICIAL GENERATIVA

Ao questionar a mais popular das IAs generativas, o ChatGPT[12], temos a seguinte definição, que inclui uma recomendação extra relacionada ao uso ético e responsável da tecnologia:

> A IA generativa é uma tecnologia de inteligência artificial capaz de gerar novos dados, imagens, sons e textos que se assemelham ao que é encontrado nos dados de treinamento, permitindo a criação de novas possibilidades criativas. Ela é usada em diversas aplicações, como criação de arte, música, jogos e *design* de produtos. Para criar esses modelos, são utilizadas técnicas avançadas de aprendizado de máquina, como redes adversariais generativas (GANs) e modelos de linguagem generativos, que aprendem a gerar novos dados ao aprender as características e padrões dos dados de treinamento. Embora a IA generativa tenha grande potencial para impulsionar a inovação em diversas áreas, ela também pode levantar questões éticas e de privacidade, como a possibilidade de criação de imagens ou textos falsos ou a geração de dados sensíveis. Por isso, é importante abordar essas questões de forma cuidadosa e ética no desenvolvimento e uso da IA generativa[13].

---

[12] "O ChatGPT é um modelo de linguagem desenvolvido pela OpenAI com base na arquitetura GPT-3.5. Ele foi treinado em um amplo conjunto de textos com o objetivo de fornecer assistência em perguntas e respostas, além de gerar texto coerente sobre uma variedade de tópicos. Sua funcionalidade é resultado de um processo de aprendizado de máquina, que envolveu a exposição a grandes quantidades de dados textuais para capturar padrões e relacionamentos linguísticos. Como um sistema de processamento de linguagem natural, o ChatGPT é capaz de receber e interpretar entradas de texto e gerar respostas relevantes com base em seu treinamento prévio". CHATGPT. 2023. [Resposta para a pergunta: O que é o ChatGPT]. Acesso em: 5 abr. 2023. Disponível em: https://chat.openai.com/.

[13] CHATGPT (2023). [Resposta para a pergunta: O que é a IA Generativa]. Acesso em: 10 abr. 2023. Disponível em: https://chat.openai.com/.

A Inteligência Artificial Generativa (IAG) tem um verdadeiro potencial transformador, que não se limita ao Direito. É o advento de uma ferramenta que demarca uma nova etapa da produção em todos os setores econômicos, do primário ao terciário. Portanto, temos uma tecnologia que extrapola os sistemas, inter-relacionando toda a cadeia de produção, a qual não prescinde das estratégias jurídicas para preservação e alavancagem dos negócios.

1.1 Design de Comandos Jurídicos ou Engenharia de Comandos Jurídicos

IAG pode ser empregada em inúmeras tarefas jurídicas, como na elaboração de argumentações, pareceres e dissertações complexas. O *Design* de Comandos Jurídicos (*Legal Prompt Design*) ou Engenharia de Comandos Jurídicos (*Legal Prompt Engineer*) é como podemos *design*ar a pessoa que desenvolver as habilidades necessárias para uma interação ótima com as plataformas de IAG, criando comandos que automatizam tarefas, simplificam fluxos de trabalho e aumentam a produtividade, aumentando a precisão e a eficiência.

Essa pessoa está interposta para desenvolver um resultado ótimo entre as necessidades específicas de cada cliente/usuário e a geração de *prompts* adequados para extrair as melhores soluções para cada uma das questões apresentadas. Além disso, por meio dessa habilidade, é possível operar testes com o objetivo de refinar *chatbots* e outras ferramentas baseadas em IAG, monitorando e analisando o desempenho das ferramentas e operando os ajustes necessários.

Vale ressaltar que essa função, ou nova profissão, não se trata apenas de uma habilidade especializada; ela pode existir em uma organização como tarefa centralizada, mas, diante da aceleração das mudanças, é recomendável que todas as organizações habilitem seus profissionais para que desenvolvam competências mínimas de comandos jurídicos, essa medida se provará eficaz e estratégica para o Direito, assim como já se provou para outros setores da economia[14].

Uma vez desenvolvidas as habilidades necessárias para o *design* de comandos jurídicos, a IAG tem impacto positivo na qualidade da construção de documentos como petições e contratos. No âmbito da pesquisa jurídica, a IAG permite a extração de dados consistentes e precisos, complementando as demandas por automação de documentos e processos repetitivos. Na contramão de mecanismos de busca, como Google, que oferecem uma lista de *links* e fontes, as IAG filtram, conectam, condensam e originam resultados interdisciplinares, admissíveis e satisfatórios, em uma fração de segundos.

---

[14] GEORGE, A.S.; GEORGE, A.S.H. A review of ChatGPT AI's impact on several business sectors. *Partners Universal International Innovation Journal*, v. 1, n. 1, p. 9-23, 2023. Disponível em: https://puiij.com/index.php/research/article/view/11.

EIXO VII — Comunidades e Capacitação

Por meio de ferramentas como ChatGPT (OpenAI) e Bard (Google) é possível interagir com uma IAG sem barreiras de códigos ou de fluência em linguagem de programação, há apenas um diálogo, cuja profundidade é medida pela criatividade e habilidade de comandos do ser humano frente à tela.

Na era digital, a indústria jurídica ainda resguarda zonas não submetidas à disrupção, com relacionamentos e serviços artesanalmente construídos, mas esta não é a realidade do cenário socioeconômico global, sobretudo no Brasil. Sistemas judiciários ainda morosos e custosos[15], cuja linguagem caminha na direção oposta dos usuários finais, afastam princípios essenciais, como o acesso à justiça. Nessa perspectiva, as IAGs representam a possibilidade de realização efetiva da conexão entre a justiça e o cidadão, que poderá compreender com menos entraves a linguagem e os procedimentos legais.

2. *LEGAL OPERATIONS* E IAG: JURÍDICO SEM FRONTEIRAS

As práticas de *Legal Operations* somadas à IAG talvez seja um dos encontros com maior potencial de transformação paradigmática do Direito no século XXI. *Legal Operations* é uma disciplina que surge para superar os desafios da complexidade e da agilidade necessárias na prática jurídica. Assim, combinou-se estratégia, tecnologia, pessoas e processos para otimizar o desempenho dos serviços jurídicos.

Por meio do *Legal Operations*, busca-se otimizar processos, promover eficiência, controlar custos e fornecer informações estratégicas às lideranças jurídicas. Nesse contexto, a IAG emerge como uma ferramenta poderosa para impulsionar a inovação. A seguir elencamos alguns exemplos práticos, destacando potenciais resultados da integração entre as 12 principais competências de *Legal Operations* e a IAG.

2.1 Estratégia e planejamento

A implementação da IAG na geração de contratos agrega eficiência e precisão, reduzindo tarefas repetitivas e permitindo que advogados se concentrem em questões estratégicas. Isso contribui para o planejamento estratégico ao automatizar a criação de contratos personalizados, garantindo conformidade e padronização. Além disso, a análise de dados fornecida pela IA gera *insights* valiosos para estratégias de negociação mais eficazes. Essa abordagem aprimora a eficiência operacional, a qualidade dos contratos e a tomada de decisões estratégicas.

2.2 Gestão financeira

Possível redução significativa dos custos operacionais associados à revisão manual de documentos. Além disso, a automação permite uma alocação mais eficiente de recursos financeiros, direcionando-os para atividades de maior valor agregado.

---

[15] PINHEIRO, Armando Castelar. A justiça e o Custo Brasil. *Revista USP*, n. 101, p. 141-158, 2014.

2.3 Gestão de fornecedores

A implementação de *chatbots* ou assistentes virtuais pode agilizar a triagem de consultas e encaminhamento para fornecedores especializados. Isso melhora a eficiência na resolução de problemas e permite melhor coordenação e colaboração entre a equipe interna e os fornecedores externos.

2.4 Gestão de projetos

Aplicação da IAG na redação e revisão de documentos legais, como pareceres, pode acelerar a conclusão de projetos jurídicos. Além disso, a padronização e consistência na redação dos documentos são garantidas, minimizando erros e otimizando a qualidade do trabalho.

2.5 Melhoria contínua e inovação

A utilização de algoritmos de IAG permite uma análise mais ampla e detalhada de grandes volumes de dados jurídicos. Isso pode revelar *insights* estratégicos, identificar tendências legais e antecipar riscos potenciais, auxiliando na tomada de decisões informadas e promovendo a inovação nos serviços jurídicos.

2.6 Tecnologia e automação

A automação na geração de contratos e documentos legais por meio da IAG permite uma redução significativa no tempo de criação de documentos, resultando em maior produtividade e eficiência operacional. Além disso, a taxa de erros humanos pode ser reduzida, proporcionando maior precisão e qualidade nos documentos legais gerados.

2.7 Conformidade e risco

Sistemas de IAG têm a capacidade de identificar riscos legais, como cláusulas ambíguas ou não conformes, e destacar áreas que precisam de atenção adicional. Isso fortalece a conformidade regulatória, reduzindo os riscos associados a ações legais ou penalidades financeiras.

2.8 Gerenciamento de informações e dados

Por meio de sistemas de IAG, facilita-se a identificação e extração de informações relevantes, como cláusulas contratuais, prazos e jurisprudência. Isso proporciona uma gestão mais eficiente de informações e dados, agilizando o processo de pesquisa e fornecendo *insights* valiosos para embasar decisões estratégicas.

2.9 Resolução de conflitos

Uso para a identificação de argumentos mais fortes, identificação de precedentes relevantes e avaliação de possíveis desfechos, proporcionando aos profissionais jurídicos uma base mais sólida para a resolução de conflitos.

EIXO VII — Comunidades e Capacitação

2.10 Gerenciamento de mudanças

A implementação de soluções de IAG no contexto jurídico implica em uma reestruturação dos processos, proporcionando maior agilidade e eficiência na adaptação a mudanças organizacionais. Essa transformação tecnológica permite uma resposta ágil e eficaz às demandas e requisitos múltiplos em culturas guiadas por contínua inovação.

2.11 Liderança e gestão de equipes

A IAG pode fornecer *insights* e análises mais precisos, permitindo que os líderes tomem decisões mais informadas. Ela também pode automatizar tarefas rotineiras, liberando tempo para atividades estratégicas. A IAG pode capacitar lideranças a gerirem de forma mais eficaz, impulsionando o desempenho e os resultados da equipe.

2.12 Comunicação e colaboração

A introdução de *chatbots* e assistentes virtuais na interação com os clientes proporciona uma comunicação mais ágil. Amplia-se o acesso a informações legais básicas, melhorando a experiência do cliente e permitindo que os profissionais jurídicos se concentrem em questões mais complexas e estratégicas.

A implementação dessas práticas integrativas entre *Legal Operations* e IAG pode oferecer resultados como aumento da eficiência operacional, redução de erros, melhor gestão de riscos, tomada de decisões informadas, inovação nos serviços jurídicos e uma experiência do cliente aprimorada. Ao combinar as competências da CLOC com o poder da tecnologia, as organizações jurídicas podem alcançar um novo patamar de desempenho e resultados.

3. RUMO À INTEGRAÇÃO: *LIFELONG LEARNING* AO SEU DISPOR

Aprender é uma arte. Daí a relevância de aprender a aprender. O advento da IAG impõe um desafio há muito observado, todavia pouco enfrentado, que é o papel da racionalidade humana como insumo para a construção do pensamento crítico.

Os modelos pedagógicos tradicionais remetem à lógica cartesiana e panóptica, aqui fazendo referência aos estudos da racionalidade científica de Descartes[16] e à extensa literatura sobre a microfísica do poder observada por Foucault[17], na análise das escolas, equiparadas aos presídios e manicômios, sob a lógica da vigilância e da puni-

---

[16] DESCARTES, René. *Discurso do método*. São Paulo: Abril Cultural, 1973.
[17] FOUCAULT, Michel. *Microfísica do poder*: organização, introdução e revisão técnica de Roberto Machado. 5. ed. Rio de Janeiro: Paz e Terra, 2017.

ção. No modelo pedagógico tradicional, haveria uma repressão da individualidade, que inibe o pensamento crítico daquele que aprende, limitando seu potencial de transformação social. Para a análise foucaultiana, a busca pela verdade por meio da dúvida metódica e da razão como guia, em detrimento de uma abordagem que considere a diversidade de habilidades, interesses e formas de aprendizado, tratando indivíduos em processo de aprendizagem de maneira heterogênea, foi predominantemente ao longo dos últimos séculos.

O método científico, com uma abordagem homogeneizante da aprendizagem, reducionista ao separar razão e emoção na construção do pensamento, e que não leva em consideração perspectivas e contextos culturais e históricas, resulta em uma cultura de aprendizagem que não forma indivíduos como livres pensadores, capazes de lançar mão do pensamento crítico, da autonomia e da criatividade diante das diversas questões e desafios impostos pela vida.

Temos, assim, a influência de um modelo de aprendizagem reconhecido e disseminado desde a Idade Média. O *Discurso do Método*, de Descartes, é uma obra originalmente publicada em 1637, cujas ideias ainda inspiram modelos de produção de conhecimento científico e de aprendizagem.

No atual cenário, o ChatGPT, da Open AI, já realizou e foi aprovado nos Exames da Ordem norte-americano e brasileiro. Essa notícia chega como um ponto de inflexão para reavaliar a educação jurídica. Temos um exame embasado na memorização de informações, sem levar em consideração habilidades profissionais que serão essenciais para o futuro desses profissionais, como a capacidade de reflexão crítica e de resolução de problemas complexos.

Na era da IAG, a educação submetida aos modelos tradicionais de aprendizado está fadada à ruptura. Sua capacidade de gerar conhecimento e insights de forma automatizada e criativa está transformando a maneira como aprendemos e produzimos conhecimento prático e científico. As atividades jurídicas precisam se adaptar a essas mudanças e incorporar o potencial da IAG para impulsionar a inovação e aprimorar os processos de aprendizado, encontrando caminhos que alinhem sua utilização aos princípios e regulações de ética e de privacidade adequados. É fundamental desenvolver salvaguardas robustas para garantir a privacidade e a integridade dos dados jurídicos.

A aprendizagem contínua, com foco em inovação e eficiência, torna-se acessível, simplificada e personalizada por meio da IAG. Algumas das soluções incluem a adaptação do conteúdo e do método de ensino às necessidades e preferências individuais do usuário, permitindo uma aprendizagem atualizada, eficaz e envolvente. Além disso, a criação automatizada de materiais didáticos, exercícios e avaliações impulsiona a produção escalável de conteúdo educacional jurídico de qualidade.

Soluções como tutoriais virtuais com base em IAG podem oferecer suporte personalizado e adaptável à velocidade de aprendizagem de cada usuário, resultando na

EIXO VII — Comunidades e Capacitação

promoção de uma aprendizagem autônoma e eficiente, que permite adequar o ritmo do desenvolvimento às intensas rotinas de trabalho no ambiente jurídico.

As organizações jurídicas que se anteciparem nesse processo de integração terão um relevante diferencial competitivo, sendo possível a constante criação de novas áreas e especialidades a partir da qualificação dos talentos jurídicos já inseridos na própria organização, além de atrair e reter potenciais talentos e novos clientes, em busca de eficiência e agilidade na prestação de serviços jurídicos.

CONCLUSÃO

Talento é o conceito que integra todas as compreensões abordadas neste breve artigo (*Legal Operations*, Inteligência Artificial Generativa e *Lifelong Learning*). Talento é atributo de indivíduos, de seres humanos, e pode se manifestar de diversas formas, todas elas relevantes para o desenvolvimento de um Direito mais ágil, acessível, simples e eficiente.

Talentos são o único componente imprescindível a uma organização, e são eles quem determinam seu triunfo ou fracasso na realidade exponencial. Todas as ferramentas aqui abordadas estão francamente disponíveis ao obstáculo de um *login*, já a atração e a retenção de talentos, exigem medidas mais complexas. No século XXI, talentos jurídicos são diariamente moldados, por meio da educação, da experiência e da prática contínua.

Habilidades específicas, como raciocínio lógico, capacidade de análise, argumentação persuasiva, compreensão do sistema legal e ética profissional. Além da capacidade de entender e aplicar tecnologias disruptivas para a resolução de problemas complexos, apresentando contribuições significativas para o sucesso das organizações jurídicas.

Enquanto ferramentas como *Legal Operations* e Inteligência Artificial Generativa proporcionam eficiência e inovação, são os talentos jurídicos quem realmente impulsionam a transformação e o alcance de resultados significativos. Novas tecnologias são ferramentas de negócios que amplamente integrarão a realidade de toda sociedade, não se limitando ao Direito. É, portanto, do interesse de toda coletividade que o Direito lance mão dessas ferramentas para criar soluções escaláveis para as questões sociais e econômicas vigentes.

O caminho para a realização de todo esse potencial é educar e investir em seres humanos: conexão das cadeias de suprimentos, equipes multidisciplinares, capacitação, revisão dos critérios de seleção, inclusão, aprendizado contínuo, adequações culturais e gestão da transformação são apenas algumas das medidas relevantes para serem consideradas.

A aceleração das mudanças e o crescimento exponencial das IAGs reforçam a urgência dessas diretrizes humanas. Grandes organizações estão investindo significativamente no aspecto humano da transformação digital. Elas já descobriram que o sucesso da jornada digital depende não apenas da tecnologia e da análise de dados, mas também da adaptação humana, criatividade, curiosidade, agilidade, colaboração e do trabalho em equipe. O Direito tem um papel fundamental nessa mudança e temos toda capacidade de liderá-la.

Os profissionais e as organizações jurídicas não serão substituídas pelas novas tecnologias, mas pelos talentos que a abraçam.

REFERÊNCIAS

CHATGPT. Resposta para a pergunta: O que é a IA Generativa. Disponível em: https://chat.openai.com/. Acesso em: 10 abr. 2023.

CHATGPT. Resposta para a pergunta: O que é o ChatGPT. Disponível em: https://chat.openai.com/. Acesso em: 5 abr. 2023.

DESCARTES, René. *Discurso do método*. São Paulo: Abril Cultural, 1973.

FOUCAULT, Michel. *Microfisica do poder:* organização, introdução e revisão técnica de Roberto Machado. 5. ed. Rio de Janeiro: Paz e Terra, 2017.

GEORGE, A. S.; GEORGE, ASH. A review of ChatGPT AI's impact on several business sectors. *Partners Universal International Innovation Journal*, v. 1, n. 1, p. 9-23, 2023. Disponível em: https://puiij.com/index.php/research/article/view/11. Acesso em: 18 maio 2023.

HATZIUS, J. *et al.* The potentially large effects of artificial intelligence on economic growth. *Goldman Sachs Economic Research*, 2023. Disponível em: https://www.scribd.com/document/635924425/The-Potentially-Large Effects-of-Artificial-Intelligence-on-Economic-Growth. Acesso em: 18 maio 2023.

PINHEIRO, Armando Castelar. A justiça e o Custo Brasil. *Revista USP*, n. 101, p. 141-158, 2014.

WHITE, Jules *et al.* A prompt pattern catalog to enhance prompt engineering with ChatGPT. arXiv preprint arXiv:2302.11382, 2023.

EIXO VIII

O QUE É MAIS IMPORTANTE: A JORNADA OU O DESTINO?

27

LEGAL OPS E O ENTROSAMENTO COM *LEGAL, FINANCE E BUSINESS*

*Rodrigo Torregrosa Hong**
*Ricardo Gouveia Mota***

1. OBJETIVO DA EMPRESA

O objetivo principal das empresas, no contexto da administração financeira, é gerar a rentabilidade sobre o capital investido em níveis que justifiquem os riscos empresariais. O lucro, então, neste contexto, passa a ser um viabilizador da estratégia de rentabilidade. Imagine que um investidor aplique $100.000 em uma empresa e ao final do período de um ano ela, por efeito de suas receitas de $10.000 e subtraindo seus custos e despesas de $7.000, obtenha um lucro de $3.000 e distribua 100% para dividendos.[12]

Nesse caso, a empresa obteve um lucro bastante satisfatório de 30% sobre suas receitas, mas o retorno para o investidor foi de apenas 3% sobre o seu investimento neste ano. Considerando o cenário de que haja investimentos muito mais seguros no mercado que retornem taxas superiores ou similares, mas com riscos muito menores,

---

[*] *Managing Director* da Alvarez & Marsal responsável pela área de *Legal Optimization*. Possui vasta experiência em gerar resultados financeiros para empresas por meio da implementação de iniciativas estratégicas em departamentos jurídicos. Com mais de 10 anos liderando projetos transformacionais e 9 anos como executivo em áreas de *Supply Chain*, atuou principalmente em projetos de Varejo, Serviços Financeiros, Turismo, Bens de consumo e Siderurgia. Formado em Administração de Empresas pela FGV e também em Direito pela PUC-SP. Advogado inscrito na OAB-SP.

[**] Diretor sênior da Alvarez & Marsal na área de *Legal Optimization*. Possui profundo conhecimento em técnicas de gestão, dados e finanças e, como executivo de empresas, especializou-se em estratégia e *performance* na condução de departamentos jurídicos para alcançarem o maior potencial de eficiência operacional e financeira. Com mais de 12 anos de experiência, atuou em áreas de inteligência de mercado e departamentos jurídicos passando por companhias dentro e fora do país, como Cogna Educação, CSN e Grupo Votorantim (Brasil); ACERBRAG (Argentina); e Acerías Paz del Río (Colômbia). Formado em Administração de Empresas, com MBA em Finanças pelo Insper e especialização em Inteligência de Dados pela Universidade de Cambridge.

esse valor não seria suficiente para satisfazer a expectativa do investidor (risco/retorno).

A diferença entre estes exemplos de investimentos seguros ou mais rentáveis e o retorno da empresa investida é chamada de custo de oportunidade. Segundo Flávio K. Málaga: "portanto, não é qualquer lucro que interessa, mas, sim, um lucro que permita oferecer uma remuneração sobre o capital aportado pelos sócios acima do seu custo de oportunidade"[1].

E o autor prossegue: "Portanto, pode-se definir o objetivo da empresa como: "Gerar uma rentabilidade patrimonial ou sobre o capital aportado pelos sócios acima do custo de oportunidade desses sócios"[2].

Em resumo, apesar da busca constante por lucro, o objetivo da empresa, ou seja, o resultado esperado para uma empresa, é a rentabilidade, o que significa gerar lucro acima do que foi investido e acima de outras opções de investimentos. Esse objetivo também é conhecido como maximização de riqueza aos acionistas.

Apesar de esse objetivo principal parecer claro e suficiente, é importante mencionar que atingir o resultado a qualquer custo ou tomar decisões desalinhadas com o propósito principal pode ser um grande problema para o futuro da empresa e logo, colocar em risco as rentabilidades futuras. É certo que a discussão se estenderia para ética, saúde ambiental, contribuição para a sociedade e outras diversas, mas não é este o foco aqui.

O foco é alertar que ações que privilegiem apenas a rentabilidade de curto prazo ou os interesses próprios dos gestores agentes das empresas, independente quais sejam, podem ter efeitos negativos para o longo prazo afetando a sustentabilidade do negócio. Um exemplo muito conhecido foi o caso da Kodak, que ignorou o produto de câmeras digitais porque prejudicaria seu principal negócio gerador de riquezas de curto prazo, câmeras e filmes, e foi consequentemente reduzida no futuro a um mercado insignificante de impressões de fotos.

Portanto, adicionalmente ao objetivo mencionado no texto, vamos acrescentar mais essa preocupação tornando o seguinte objetivo principal das empresas: **o propósito, resultado esperado ou objetivo final das empresas é a rentabilidade somada a sustentabilidade do negócio, gerando lucros acima do que foi investido e acima de outras opções de investimentos e administrando decisões e**

---

[1] MÁLAGA, Flávio K. *Análise de demonstrativos financeiros e da performance empresarial*: para empresas não financeiras. 2. ed. São Paulo: Saint Paul, 2017, p. 17.

[2] *Ibid,* p. 17.

riscos para manter a perenidade.

Dado o esclarecimento do objetivo, todos os gestores de uma companhia devem tomar decisões na administração dos seus departamentos de forma que contribuam com a estratégia macro empresarial na busca de seu resultado. Traduzir esse objetivo, desdobrar as metas, focar no resultado, construir indicadores de gestão e atuar de forma colaborativa alinhados ao propósito da empresa não é um desafio fácil, principalmente para algumas áreas tradicionalmente técnicas e sem uma formação em gestão, como o departamento jurídico.

2. COERÊNCIA EMPRESARIAL

Embora os departamentos jurídicos e outras funções de negócios tenham suas próprias prioridades, é fato que essas funções não podem operar isoladamente se pretendem atender às necessidades da empresa. Assim, entendido o objetivo no tópico anterior, o passo seguinte para o sucesso é vincular as estratégias e metas das áreas para desdobrar o papel de cada uma no negócio de forma sinérgica e colaborativa.

Ou seja, dadas as devidas necessidades e particularidades técnicas, todos precisam trabalhar por um propósito único e avaliar periodicamente o impacto de suas decisões na estratégia.

> Estratégia é um conjunto integrado e coordenado de compromissos e ações definido para explorar competências essenciais e obter vantagem competitiva. Obtém-se competitividade estratégica quando uma empresa consegue formular e implantar com sucesso a estratégia de criação de valor[3].

Corrêa e Corrêa explicam que:

Um dos conceitos da gestão estratégica de uma organização estabelece três níveis de estratégia:

• **A corporativa:** trata de decisões que, por sua natureza, não podem ser descentralizadas sem que se corra o risco de subotimizações.

• **A de negócios:** é uma subdivisão do nível corporativo, para os casos em que uma organização opere com unidades de negócios independentes, cujos respectivos planejamentos estratégicos deverão subordinar-se ao planejamento

---

[3] HITT, Michael A.; IRELAND, R. Duane; HOSKISSON, Robert E. *Administração estratégica*: competitividade e globalização. São Paulo: Cengage Learning, 2015, p. 5.

corporativo.

• **A funcional:** não somente consolida os requisitos funcionais demandados pela estratégia corporativa, mas também se constitui, acima de tudo, no arsenal de armas competitivas que se transformarão nas competências distintivas da empresa[4].

Para uma organização apresentar um composto adequado de características de desempenho e competir de forma eficiente no mercado, é importante que haja um padrão de decisões coerentes entre suas áreas funcionais (coerência horizontal) e entre os diversos níveis de decisão (coerência vertical).

Estrutura hierárquica da gestão estratégica

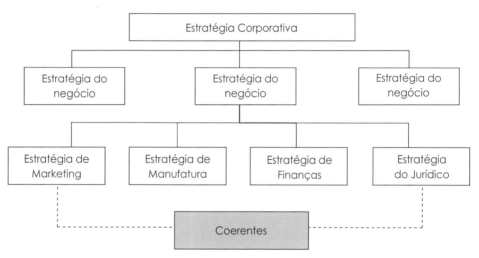

Fonte: CORRÊA, Henrique L.; CORRÊA, Carlos A. *Administração de produção e de operações:* manufatura e serviços – uma abordagem estratégica. São Paulo: Atlas, 2015, p. 361.

Uma das formas de tornar as decisões coerentes horizontal e verticalmente é com um processo eficaz de elaboração e desdobramento de planos de ações e metas, de forma que a área mire atingir uma meta que por consequência contribuirá com o objetivo macro da companhia.

Com a transparência das metas, os objetivos da empresa são abertamente com-

---

[4] CORRÊA, Henrique L.; CORRÊA, Carlos A. *Administração de produção e de operações*: manufatura e serviços – uma abordagem estratégica. São Paulo: Atlas, 2015, p. 360.

Eixo VIII — O que é Mais Importante: a Jornada ou o Destino?

partilhados. Os profissionais vinculam seus objetivos ao esquema geral da empresa, identificam dependências entre eles e os coordenam com outras equipes. Ao conectar cada colaborador com o sucesso da empresa, o alinhamento de cima para baixo traz significado ao trabalho[5].

No Jurídico não é diferente; é importante que o gestor entenda o objetivo e as estratégias da empresa e que ele participe e seja vinculado ao processo de desdobramento dos planos de ações e metas de maneira 100% conectada ao resultado esperado final, a rentabilidade. Para que isso funcione, também é fundamental a frequente e assertiva comunicação com as demais áreas, o que sabemos que também não é tão fácil para o Jurídico, dado o linguajar essencialmente técnico dos advogados, o famoso "juridiquês", e a comum deficiência de conhecimentos básicos jurídicos das demais especialidades.

Em um ambiente empresarial cada vez mais competitivo e complexo, é fundamental que todas as áreas de uma organização sejam capazes de se comunicar e trabalhar em conjunto de forma eficiente para atingir o objetivo macro da companhia. Para isso, **é essencial que as áreas não apenas compreendam suas próprias complexidades técnicas**, mas também consigam traduzi-las para a linguagem do negócio, resumindo-as em termos de números, resultados e objetivos. Listamos cinco benefícios dessa conexão das estratégias corporativas, negócios e funcional:

1) Alinhamento de objetivos e estratégias: ao traduzir as complexidades técnicas para a linguagem do negócio, as áreas facilitam o alinhamento de objetivos e estratégias entre os diferentes setores da empresa. Isso permite que todos compreendam como suas atividades e responsabilidades específicas se relacionam com o objetivo macro da companhia, garantindo um foco unificado e consistente.

2) Facilita a tomada de decisões: permite que os tomadores de decisão compreendam facilmente os impactos das ações e processos técnicos nos resultados financeiros e operacionais da empresa. Isso possibilita uma tomada de decisão mais embasada em dados e fatos e conectada com a estratégia da empresa.

3) Promove a colaboração interdepartamental: todos os envolvidos conseguem compreender melhor os desafios e oportunidades que cada setor enfrenta, estimulando a troca de ideias e a cooperação entre diferentes áreas da empresa, além de

---

[5] DOERR, John. *Avalie o que importa*: como o Google, Bono Vox e a Fundação Gates sacudiram o mundo com as OKRs. Rio de Janeiro: Alta Books, 2019.

fomentar a inovação e a resolução de problemas.

4) Melhora a comunicação com *stakeholders* externos: também é crucial para comunicar efetivamente os resultados e objetivos da empresa aos *stakeholders* externos, como investidores, clientes e fornecedores. Isso permite que esses públicos compreendam o valor e o impacto das atividades técnicas no desempenho e na rentabilidade da organização.

5) Monitoramento e análise de desempenho: facilita o monitoramento e a análise do desempenho das áreas e da empresa como um todo. Isso permite identificar oportunidades de melhoria, ajustar estratégias e tomar medidas corretivas para garantir que os objetivos do negócio sejam alcançados.

3. LINGUAGEM DO NEGÓCIO

A comunicação da estratégia da empresa com as demais áreas irá se traduzir em um plano de ação corporativo e de negócios e metas financeiras e, que depois, irão ser desmembradas em planos de ações funcionais e metas operacionais das áreas.

Um exemplo bem clássico que melhor explica essa conexão entre a estratégia de negócios e a funcional é o processo orçamentário. Como o departamento jurídico pode elaborar seu orçamento sem ter um o volume a ser vendido e/ou produzido pela empresa

Em uma empresa que possui muita entrada de ações consumeristas, por exemplo, existe uma correlação direta entre o aumento de vendas com novas ações judiciais. A mesma correlação existe na esfera trabalhista, com relação ao *turnover* das empresas (quanto mais demissões, maior será a entrada de reclamatórias trabalhistas).

Esse trabalho de tradução da estratégia de negócios para o departamento jurídico deve ser feito também na via oposta, ou seja, que ações o jurídico está realizando que impactará os resultados financeiros da empresa. Ainda no exemplo do processo orçamentário, que ações o departamento jurídico implementou que irão impactar um aumento ou redução do seu orçamento? Uma nova tese que foi aceita no judiciário ou alguma mudança na cláusula contratual, pode impactar a entrada ou a necessidade de reverter provisão, sendo necessário traduzir em impacto financeiro para a empresa.

Essas iniciativas do jurídico, que muitas vezes são linguagens técnicas, não são compreendidas ou traduzidas da forma correta para a linguagem do negócio e financeira. E é justamente esse um dos principais desafios de *Legal Ops*!

4. LEGAL OPS E O JURÍDICO PRÓ-BUSINESS

É evidente que os desafios de foco no resultado, atuação colaborativa, coerência empresarial e comunicação interdepartamental assertiva são papéis de todos no jurídico, mas é aí que sobressai um dos grandes valores de uma área de *Legal Ops*, desempenhando um papel fundamental de conexão e entrosamento da estratégia e execução jurídica com o macro objetivo do negócio.

Ainda no exemplo do processo orçamentário, é papel fundamental de *Legal Ops* conseguir quantificar o impacto de uma nova tese que irá aumentar a improcedência ou reduzir o custo médio de condenação, olhando perspectivas futuras e como isso impacta os resultados financeiros da empresa. Não basta simplesmente comunicar a empresa do feito, explicando ao financeiro no que consiste a nova tese que foi aceita pelo Tribunal X; o *Legal Ops* deve calcular esse impacto financeiro no curto, médio e longo prazos.

Nessa linha de "tradutor" e alinhamento das estratégias funcionais com a de negócio, é essencial que o *Legal Ops* também apresente oportunidades para as áreas de negócio. Deve ser dela a responsabilidade de provocar as áreas motivadoras de entradas judiciais. Em uma área madura de *Legal Ops*, ela deverá ser capaz de identificar as áreas/processos motivadores, quantificar o impacto financeiro completo e participar das tratativas garantindo o engajamento nos projetos de solução.

É comum ouvir advogados internos reclamarem que já falaram isso e a empresa não fez nada. Esse é mais um exemplo da importância do *Legal Ops* no seu papel de traduzir o "juridiquês" para o restante da organização. Não basta mandar um e-mail técnico sugerindo alguma mudança em outras áreas, prática ainda muito comum. O engajamento das demais áreas é fundamental, pois as soluções/implementações normalmente estão em outros setores. Esse engajamento deve ser feito sempre sob uma visão financeira, risco e alinhado com a estratégia da empresa.

Uma oportunidade identificada pelo jurídico sempre deve ter uma estimativa de impacto financeiro ou de exposição de risco, explicando na linguagem financeira e de negócios. **A empresa/área só irá priorizar essa oportunidade se tiver uma clara visão do impacto financeiro nos negócios ou de risco de imagem e com um plano de ação robusto e validado pelas áreas envolvidas. É atuando dessa forma que a área de *Legal Ops* será vista como pró-*business*.**

Em resumo, podemos concluir que há uma grande importância estratégica em conectar o objetivo das empresas a todas as áreas de negócio e que elas tomem decisões coordenadas para alcançar os resultados. No Jurídico, *Legal Ops* é a área que estrategicamente assume essa função de elo entre o técnico e o estratégico corporativo, garantindo o entrosamento e traduzindo estratégias, demandas e resultados para o negócio.

REFERÊNCIAS

CORRÊA, Henrique L.; CORRÊA, Carlos A. *Administração de produção e de operações:* manufatura e serviços – uma abordagem estratégica. São Paulo: Atlas, 2015.

DOERR, John. *Avalie o que importa:* como o Google, Bono Vox e a Fundação Gates sacudiram o mundo com as OKRs. Rio de Janeiro: Alta Books, 2019.

HITT, Michael A.; IRELAND, R. Duane; HOSKISSON, Robert E. *Administração estratégica:* competitividade e globalização. São Paulo: Cengage Learning, 2015.

MÁLAGA, Flávio K. *Análise de demonstrativos financeiros e da performance empresarial:* para empresas não financeiras. 2. ed. São Paulo: Saint Paul, 2017.

28

O IMPACTO DE *LEGAL OPS* NA ESTRUTURA DAS ORGANIZAÇÕES

*Eduardo Sampaio da Silveira Gil**
*Simone Oliveira***

Parte fundamental da rotina de alguém que trabalha em uma estrutura organizacional é a busca pela contínua melhoria de processos, algo essencial para a *performance* e o atingimento dos resultados almejados. **Processos** que, se constantemente aperfeiçoados, melhoram a eficiência operacional e financeira. Ainda, nos dias atuais, devemos considerar que o uso da tecnologia é fundamental para a realização das principais atividades do negócio, bem como é importante refletir sobre seu impacto na rotina das pessoas, que devem estar sempre no centro da tomada de decisão.

O pilar "pessoas, processos e tecnologia" tem sido tema de grandes debates e exposições nos fóruns em que se discute essa "nova" área de *Legal Operations*. E não é à toa. Ao atuar com o foco nesses três tópicos fundamentais, a probabilidade de sucesso se mostra comprovada, haja vista que a teoria fundada pelo norte-americano Harold Jack Levitt[1] em 1964 se mantém mais atual do que nunca.

Naquela época, ele pleiteou que fosse necessário observar uma espécie de diamante de quatro partes, um modelo que, se observado, estruturaria de forma assertiva qualquer processo de mudança nas organizações:

---

* *Chief Counsel Brasil* – Diretor Jurídico na Mondelēz International.
** Legal VP Latam na Gympass.
1 A frase surgiu no artigo "Applied Organization Change in Industry", em tradução livre "Mudança organizacional aplicada na indústria". Datado do ano de 1964, o autor norte-americano dissertou sobre psicologia e gerenciamento. Mais detalhes podem ser consultados em: https://www.annualreviews.org/doi/pdf/10.1146/annurev.ps.15.020164.002103#article-denial e https://www.christopherspenn.com/2021/04/transforming-people-process-and-technology-part-1. Acessos em: 7 jan. 2023.

Modelo de Harold Levitt

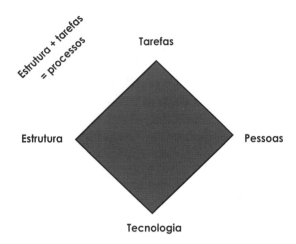

Fonte: elaboração própria.

Com o passar dos anos, os estudiosos da gestão organizacional uniram os pilares de "estrutura" e "tarefas", formando o pilar "Processo" que conhecemos hoje. Portanto, passa-se a sempre incluir **as pessoas em primeiro plano** (aquelas que devemos sempre preservar nos modelos gerenciais); seguido do processo que deve ser pensado com o apoio da tecnologia para facilitar a vida das pessoas. É um modelo cíclico, atemporal, simples e extremamente efetivo.

A sinergia dos três tópicos impacta diretamente as organizações. Esse modelo é amplamente utilizado em várias áreas das organizações modernas, mas só recentemente a área jurídica despertou para a também busca da eficiência. Dessa forma, ganhou relevância a área de *Legal Operations*, com a função de estruturar e cuidar dos processos organizacionais da área jurídica, quer em um escritório de advocacia, quer em um departamento jurídico de uma empresa, onde se busca a almejada eficiência jurídica.

O propósito desta obra é contribuir com aqueles que estão em vias de estruturar ou aperfeiçoar uma área de *Legal Ops* do zero, trazendo a experiência dos autores para fomentar o debate.

Isso porque, cada caso é obviamente diferente dos demais. Deve o gestor jurídico responsável pela implementação ter em mente que nem sempre a área de *Legal Ops* abrangerá todas as suas ramificações de uma vez. Dependerá, portanto, da estratégia da organização e, sobretudo, da necessidade do departamento naquele momento, identificada, preferencialmente, com base na análise específica de cada negócio. Con-

Eixo VIII — O que é Mais Importante: a Jornada ou o Destino?

tudo, para que gere rápido impacto, acreditamos que na implementação da área, os cinco tópicos a seguir[2] sejam priorizados, na seguinte ordem:

1) Definição do escopo da área de _Legal Ops_: como dito anteriormente, cada escritório ou departamento jurídico possui necessidades que vão determinar qual deve ser o escopo da sua área de _Legal Ops_. Algumas atividades são comumente alocadas nessa nova área, como: gestão financeira do departamento, dos sistemas utilizados pela área, dos documentos como societários, procurações, e controle de relatórios internos e das metas do departamento. Outras atividades que também podem ser atribuídas à área de operações são os processos internos repetitivos que possuem nenhum ou pouco conteúdo jurídico. Podem ser o cadastro de novas ações nos sistemas internos, busca de subsídio para defesa, enfim, qualquer atividade onde a participação do advogado não seja fundamental, mas que a visão de uma gestão orientada para eficiência possa trazer ganhos. O importante nesse momento é ter bastante clareza do que será atribuição da área de _Legal Ops_, que poderá ser depois revisto, mas sempre com muita clareza para todos os envolvidos.

2) Definição das metas e objetivos: uma vez definido o escopo, é preciso estabelecer o caminho e o ritmo que se implementará a nova área. A partir de uma discussão aberta entre o time e o gestor é preciso definir quais serão as prioridades, quais os recursos financeiros e de pessoal que serão alocados no projeto, para então combinar cada etapa. Ao se instituir uma área de _Legal Ops_ haverá uma tendência de todos no time buscarem esse novo time para levar novas demandas ou atividades que não foram lembrados durante a definição de escopo ou dos objetivos. É preciso disciplina da nova área para não tentar abraçar todas essas demandas supervenientes e com isso ter dificuldades para entregar seus objetivos no prazo.

3) Gestão da mudança (GMUD): toda mudança enfrenta resistência e criar uma área não será diferente. É preciso muito diálogo com o time para debater as razões de se criar uma área de _Legal Operations_, quais as vantagens e os desafios e como cada um pode contribuir. Sendo uma área cuja atividade dependerá ou servirá outras, é fundamental que todo o time apoie porque vê nesse movimento a possibilidade de se obter melhor eficiência para a área, mas também para o seu trabalho. É preciso aqui estabelecer quais os pontos de conexão com as demais áreas, quem é responsável pelo quê, como serão as entregas de e para nova área, e como será feita a transição das atividades de suas atuais áreas para o time de _Legal Operations_. A GMUD é parte fundamental para o sucesso de uma área de _Legal Ops_. E isso ocorrerá sempre que a área assumir e criar novas atribuições, sob pena de colocar todo o projeto em risco.

---

[2] Os 5 tópicos aqui mencionados fazem uma alusão às 12 competências/áreas funcionais presentes na mandala do Corporate _Legal Operations_ Consortium (CLOC), divulgada em 2018. Disponível em: https://cloc.org/wp-content/uploads/2018/12/CLOC_CCRM_2018.pdf. Acesso em: 7 jan. 2023.

4) Gestão das pessoas: identificar e suportar os profissionais que irão trabalhar na área de *Legal Ops* é talvez o grande desafio do gestor jurídico. Isso porque, diferentemente de outras áreas do jurídico, essa traz grandes oportunidades, mas também muitas incertezas para os que se propõe desbravar essa nova área. Primeiramente não precisam ser todos advogados. Dependendo do escopo, pode ser até melhor trazer profissionais com outra formação como contadores, financeiros e gerente de projetos. Na verdade, a diversidade do time e as habilidades complementares serão as grandes alavancas para o sucesso da área. Mas é preciso suportar esses profissionais que terão muitas incertezas na nova função, precisarão acomodar perspectivas e modelos de trabalho diferentes, poderão se sentir deslocados do restante do departamento e não conseguirem administrar a pressão recebida com demandas urgentes. É preciso um cuidado por parte do gestor para fazer com que esses profissionais trabalhem de forma integrada entre eles e com os demais colegas.

5) Nova cultura: a missão da área de *Legal Operations* é trazer maior eficiência para os serviços executados pela área jurídica. Portanto, passa longe do operacional. É estratégico. Para isso, não basta apenas estruturar uma nova área para lidar com as tarefas repetitivas e não jurídicas. Para de fato obter ganho, será preciso implementar mudanças significativas no modelo até então praticado. Isso significa novos modelos organizacionais, novos fluxos processuais, novas responsabilidades e novas ferramentas de trabalho. É preciso que o time de *Legal Ops* conheça profundamente as atribuições e dores do departamento, e a partir delas vá buscar soluções já existentes ou até mesmo novas. É preciso ter um olhar crítico e provocativo para desafiar os modelos antigos, mas também buscar inovações. A curiosidade pelo novo e pela tecnologia é necessária para trazer soluções ao mundo moderno.

Caso o gestor jurídico[3] ao implementar *Legal Ops* em sua organização venha a seguir as recomendações aqui propostas, entendemos que a organização rapidamente perceberá o valor que a nova área traz aos departamentos jurídicos e demais áreas da companhia. É fundamental, desde o início, demonstrar a diferença que a área faz em termos de gestão.

Em 2022, foi anunciado quem são os melhores departamentos jurídicos dos EUA[4]. A lista reúne empresas de diferentes segmentos de atuação e chamou atenção

---

[3] Entendemos que o modelo aqui exposto também se aplica aos escritórios de advocacia, que pode se inspirar no conteúdo fazendo as alterações pertinentes.

[4] A premiação "2022 Best Legal Departments award" foi anunciada no The American Lawyer Industry Awards, realizada pela Corporate Counsel/Law.com. Possui as seguintes categorias que são destaques: Departamento, Diretor, Assistente Jurídico, Time de *Legal Ops*, Tecnologia, Campeão de Diversidade, Propósito e Bem-estar, *Compliance* e Diretor de *Startup*. Mais detalhes em: https://www.law.com/corpcounsel/2022/07/20/corporate-counsel-announces-its-2022-best-legal-departments-finalists/?kw=Corporate%20Counsel%20Announces%20its%202022%20Best%20Legal%20Departments%20Finalists&utm_source=email&utm_medium=enl&utm_campaign=dailyalert&utm_content=20220721&utm_term=cc. Acesso em: 7 jan. 2023.

Eixo VIII — O que é Mais Importante: a Jornada ou o Destino?

por incluir, dentre as categorias, os times finalistas em estratégias de "Diversidade, Equidade e Inclusão" (onde lá já se coloca o "Pertencimento" como parte da estratégia), aqueles que se destacaram por liderarem importantes frentes em "Propósito e Bem-estar" e, é claro, o vencedor de *Legal Operations*.

O Jurídico vencedor foi de uma empresa da indústria automobilística, a General Motors. Chamou a nossa atenção que, nesta organização, a área de *Legal Ops* possui três divisões: finanças, tecnologia da informação e comunicação. A partir da leitura deste *case* de sucesso, podemos concluir como a comunicação é importante para a valorização da área de operações jurídicas. Neste caso, especificamente, *Legal Operations* funciona como o elo entre o Jurídico e as outras áreas da empresa, bem como a ponte que costura as estratégias entre as áreas do próprio departamento.

O *case* demonstrou, ainda, que *Legal Ops* pode reproduzir em tempo real relatórios complexos por meio da automação, bem como orientar estratégias de negócios importantes (e isso durante a pandemia era essencial) com base nos indicadores gerados. Revelaram grande sintonia com a área de TI na parte de implementação de novas tecnologias, mais uma vez contando-se com as demais áreas para melhor aproveitarem as sinergias, e investimento na contratação de pessoas de diferentes formações (contadores e administradores), algo ainda pouco visto nas áreas de *Legal Ops* no Brasil.

Vivemos em um mundo cada vez mais complexo e de difícil interpretação. Nessa era de amplas e profundas transformações em que os negócios e as relações estão atravessando, o Direito também fica mais complexo, com novas disciplinas que não existiam há pouco tempo, como o Direito Digital, *startups* e novos modelos de investimentos e participação societária, mídia social, comércio on-line e tantos outros. E o futuro se apresenta ainda mais desafiador com o rápido crescimento da inteligência artificial, Internet das Coisas (IoT) e automação que exigirão do profissional do Direito cada vez mais foco no entendimento e estudo na aplicação do direito nessas novas searas. Para isso, a área de *Legal Operations* pode se tornar um poderoso aliado do time jurídico. Imagine, por exemplo, o uso de dados (*big data*) para análise de casos e indicação de tendências. Ou, então, uma perícia digital. Ou uma *due dilligence* utilizando computadores poderosos.

É preciso, portanto, estar atento a todas as possibilidades que uma área de *Legal Operations* pode oferecer, além de realizar o trabalho operacional do departamento e, para tanto, é importante que venha da liderança o amplo apoio na participação em fóruns de inovação e em oportunidades de interação com pessoas de outros segmentos do negócio.

Da mesma forma, cabe ao time de *Legal Operations* a responsabilidade em demonstrar a importância de seu papel e das atribuições da área para a organização. Para isso, é preciso estar conectado com os desafios da organização e do departamento. É necessário também estar conectado com as melhores práticas do mercado e com as inovações e tendências das áreas, funcionando como um filtro dessas possibilidades para sua organização.

Ao constatar que 68% dos líderes de *Legal Ops* respondem diretamente para as pessoas em posição de Diretoria Jurídica, a Deloitte[5] elaborou um relatório para nortear a conduta destes profissionais. Inspirado nesse material, reunimos as ações que a liderança de *Legal Ops* deve realizar, entrelaçadas com os seguintes adjetivos que devem acompanhar sua conduta:

1) Estrategista: trace estratégias efetivas para suportar o planejamento do negócio. Construa relacionamentos fortes, tenha uma postura diplomática, proativa, aproveite para transitar em outras áreas e entenda o que cada cliente considera valioso para promover entregas consistentes.

2) Incentivador: promova a robustez de uma cultura organizacional voltada ao coletivo, posicione-se como agente da mudança, desafie o *status quo* e impulsione aqueles que estejam buscando mais experiência e conhecimento.

3) Guardião: busque reduzir riscos, seja o primeiro a promover a integridade na atuação em prol do respeito à legislação, às questões regulatórias e às políticas internas, busque corrigir riscos quando identificados e, sobretudo, preserve a reputação da empresa.

4) Executor: responsável pela execução de planos, implementa as métricas/KPIs/OKRs acordados e mede tais indicadores objetivando a evolução contínua, identifica e melhora a eficiência dos processos, desenvolve e entrega novas soluções tecnológicas e cria relatórios precisos para o gerenciamento financeiro da operação.

Pessoas, processos e tecnologia são questões extremamente importantes, pilares que devem ser conectados por meio de uma estratégia bem pensada. *Legal Ops* tem seu impacto e relevância na estrutura das organizações quando essa estratégia é executada da forma correta.

Ainda que o trinômio não seja necessariamente um conteúdo novo, é muito bom ver que os profissionais responsáveis por repercutir toda a ideia de valorização de *Legal Ops* estão estruturando uma visão da nova área com as premissas certas. Apesar de cada organização tratar o tema de acordo com sua característica individual – o que é natural –, certamente muitos líderes jurídicos veem com bons olhos essa nova era de colaboração, *benchmarking* e troca de promoção de boas práticas que os profissionais estão realizando.

---

[5] Inspirado no relatório "The four faces do Chief Legal Officer", em tradução livre: "As quatro faces do Chief Legal Officer", elaborado pela Deloitte, recomendamos sua leitura integral para inspiração e capacitação. Disponível em: https://www2.deloitte.com/us/en/pages/about-deloitte/articles/four-faces-of-the-chief legal-officer.html. Acesso em: 7 jan. 2023.

Eixo VIII — O que é Mais Importante: a Jornada ou o Destino?

É construindo iniciativas práticas no presente que se projeta uma nova realidade para os departamentos jurídicos.

REFERÊNCIAS

CORPORATE LEGAL OPERATIONS CONSORTIUM (CLOC). *CLOC* 12 Core Competencies Reference Model. Disponível em: https://cloc.org/wp-content/uploads/2018/12/CLOC_CCRM_2018.pdf. Acesso em: 7 jan. 2023.

DELOITTE. The four *faces of the Chief Legal Officer*. Disponível em: https://www2.deloitte.com/us/en/pages/about-deloitte/articles/four-faces-of-the-chief-legal-officer.html. Acesso em: 7 jan. 2023.

LAW. *Corporate Counsel Announces its 2022 Best Legal Departments Finalists*. 2022. Disponível em: https://www.law.com/corpcounsel/2022/07/20/corporate-counsel-announces-its-2022-best-legal-departments-finalists/?kw=Corporate%20Counsel%20Announces%20its%202022%20Best%20Legal%20Departments%20Finalists&utm_source=email&utm_medium=enl&utm_campaign=dailyalert&utm_content=20220721&utm_term=cc. Acesso em: 7 jan. 2023.

PENN, Christopher S. *Transforming People, Process, and Technology*. abr. 2021. Disponível em: https://www.christopherspenn.com/2021/04/transforming-people-process-and-technology-part-1/. Acesso em: 7 jan. 2023.

29

OS EFEITOS POSITIVOS DE *LEGAL OPS* NAS DEMANDAS TRABALHISTAS

*Marcel de Ávila Soares Marques**

1. *LEGAL OPS*: AFINAL, DO QUE SE TRATA?

Faz-se necessário começar este capítulo assumindo que o Poder Judiciário é muito refratário às mudanças, inclusive com relação a evolução tecnológica e novos modelos de organização e administração. Recentemente, a crise da pandemia da Covid-19 fez necessário um salto evolutivo nas modalidades de realização de audiências, sendo forçoso a instrumentalização para realização das audiências telepresenciais.

Vale destacar que o PJe foi implementado a partir de 2013, completando 10 anos no ano de 2023, sendo que atualmente todos os tribunais do nosso país já se encontram com 100% de implantação do processo eletrônico.

Partindo dessa premissa, temos constatado o crescimento na procura pelo conceito de *Legal Operations*. No sítio eletrônico da Associação Brasileira de Lawtechs e Legaltechs (AB2L) encontramos o artigo "*Legal Ops*: o que são e porque investir nesse setor" que nos apresenta o *Legal Ops* como sendo o "setor onde ficam concentradas as demandas de gestão dos projetos jurídicos, organização de prazos, gestão de clientes etc."[6].

As funções *design*adas a esse departamento geralmente são:

> organizar os processos de trabalho por etapas, definindo e acompanhando tarefas além de buscar melhorias no trabalho a partir de uma visão sistêmica de tudo o que é feito. Ele funciona como o setor administrativo de uma

---

* Graduado em 2006 pela UFSM. Pós-graduado em Direito e Processo do Trabalho pelo Faculdade Damasio de Jesus. Professor e cofundador da Law Class. Juiz do Trabalho no TRT15.

6 Disponível em: https://ab2l.org.br/observatorio-ab2l/legal-ops-o-que-sao-e-porque-investir-nesse-setor/.

Eixo VIII — O que é Mais Importante: a Jornada ou o Destino?

empresa, com foco em deixar tudo pronto e realmente organizado para que o trabalho possa ser feito[7].

Por meio desse conceito, fica cristalino que *o Legal Ops* passa a ser o setor que tem maior conhecimento de toda a estrutura de produção, modelo de negócio, demandas, permitindo a construção de um protocolo a ser seguido pelos setores e organização, facilitando consideravelmente a construção das teses de defesa pelo departamento jurídico.

Merece destaque a necessária diferenciação entre o *Legal Ops* e a controladoria, enquanto o primeiro tem como foco a eficiência, o segundo tem como foco a parte interna do negócio.

Por fim, o artigo já citado define bem a atuação do *Legal Ops* ao traduzir que: o ponto-chave aqui é a visão sistêmica e processual que o setor de *Legal Ops* traz para todo o trabalho do departamento jurídico. Com essa sistematização dos processos acompanhada por pessoas dedicadas a essa área, cada advogado pode se concentrar melhor nos próprios processos sabendo as próximas etapas e o tempo que tem para cada uma delas, por exemplo.

Nesse item inicial, já começamos a ter uma breve noção de que o setor de *Legal Ops* bem estruturado e organizado pode ser fundamental na atuação do contencioso jurídico, pois a concentração de todas as informações dos setores da empresa facilita consideravelmente a obtenção de documentos e dados necessários para a construção, seja de defesas, seja de petições iniciais para atuação no Poder Judiciário.

2. PROCESSO

Firmado o conceito do *Legal Ops*, passamos a analisar a influência que um setor bem estruturado pode trazer para o processo judicial. Necessário iniciarmos definindo que um "processo" tem todo um protocolo e rito específicos. O Poder Judiciário tem como regra a necessidade de provocação, ou seja, só se manifesta quando provocado, quando retirado da inércia, por meio de uma petição inicial, por exemplo.

Sendo provocado cabe a ele convocar a parte contrária para integrar o polo passivo da demanda, perfazendo assim a triangularização processual. Ao integrar a demanda, no polo passivo, deve apresentar uma defesa sobre as alegações apresentadas na petição inicial, contestando todos os pontos, do contrário será conde-

---

[7] Disponível em: https://ab2l.org.br/observatorio-ab2l/legal-ops-o-que-sao-e-porque-investir-nesse-setor/.

nada. Por meio de uma análise técnica realizada pelo setor jurídico, observando as regras de ônus de prova estabelecidas pela legislação, produz-se as provas que necessárias para confirmar as alegações apresentadas. Destarte, integrado o polo, apresentado defesa, produzida a prova cabe ao magistrado a análise e decisão, proferindo a sentença.

Nesse ponto, vale destacar que por muito tempo se afirmou que o objetivo de um processo é a obtenção de uma sentença, frequentemente tenho dito que temos que mudar esse tom e passar a ter como objetivo a solução de um problema. Explico, quando uma parte procura o Poder Judiciário, presume-se que ela tentou resolver o problema amigavelmente e não conseguiu. Ao ajuizar a ação, ela transmite junto com a parte contrária o poder de solução daquele problema para que um terceiro resolva, nesse caso, o magistrado, membro de Poder.

Porém, o próprio Poder Judiciário tem entendido que muito mais eficaz que uma sentença é a solução conciliada, tanto que tem implementado Centros Judiciários de Solução de Conflitos e Cidadania (CEJUSCs) por todo o território. Quando se firma um acordo, temos a solução em definitivo do processo, pois, na Justiça do Trabalho, o termo de homologação de um acordo é irrecorrível, transitando em julgado. Ademais, o cumprimento de um acordo se mostra muito mais eficaz e real, pois as duas partes concordaram com aqueles termos, muito mais fácil alguém cumprir com algo que concordou do que com algo que lhe foi imposto, ainda que judicialmente, como é uma sentença.

Tendo como objetivo a solução em definitivo do conflito, o acordo é a única forma em que isso é alcançado, pois de uma sentença temos uma extensa lista de possibilidades recursais, além do que, a análise de um recurso é realizada nos Tribunais, onde seus integrantes têm pouco ou nenhum contato com as partes, diferente do primeiro grau, principalmente na Justiça do Trabalho onde, em regra, tem-se uma audiência quando as partes tem contato diretamente com o magistrado.

Por fim, o Poder Judiciário tem capacitado servidores e magistrados para estimularem a conciliação, de forma científica, por meio de cursos de mediação e conciliação além de reciclagem no mesmo tema.

3. RECLAMATÓRIA TRABALHISTA

Adentrando mais intensamente no tema do nosso capítulo, vamos tratar das temidas reclamatórias trabalhistas. Necessário, novamente, fazer uma crítica inicial à nossa legislação trabalhista. Destaco que nossa crítica não recai sobre os direitos sociais listados no art. 7º da Constituição ou em qualquer direito trabalhista alcançado a duras penas e previstos no extenso rol de legislação específica, entre

Eixo VIII — O que é Mais Importante: a Jornada ou o Destino?

elas a CLT; recai sobre a dificuldade de interpretação e dos cálculos necessários para o cumprimento integral da legislação com objetivo de minimizar os riscos de uma condenação.

Primeiro ponto: a legislação não está inteiramente concentrada em um código específico, além do rol do art. 7º da CF 88 temos a CLT na qual encontramos uma parte dos direitos que devem ser cumpridos, assim como temos uma legislação esparsa tratando de diversos institutos que caso não cumpridos podem gerar uma condenação, por exemplo, o FGTS que é regulado pela Lei n. 8.036/90.

Somado a essa situação temos o fato de que o conceito de remuneração e salário pode gerar diversas confusões na obtenção dos cálculos dos efetivos valores que deverão ser pagos, pois é necessário entender o que integra e o que não integra o salário para poder definir os reflexos nas demais verbas, por exemplo, o pagamento de horas extras, que caso habituais, repercutem nos valores de 13º salários, férias com o adicional de 1/3 etc.

Então, inicialmente, é necessário ter um empregado ou prestador de serviços que tenha conhecimento específico na legislação trabalhista, bem como uma excelente equipe de contadores para realização de todo o levantamento financeiro das verbas trabalhistas que devem ser pagas aos empregados, evitando ao máximo possível deixar qualquer possibilidade de demanda condenatória junto a Justiça do Trabalho.

Precisamos também destacar que, além das verbas trabalhistas "típicas", em uma reclamatória trabalhista podemos nos deparar com diversas situações fáticas específicas de uma empresa, ou de um modelo de negócio, além de termos diversas situações de legislação específica para determinadas profissões, como bancários, químicos, médicos, advogados etc.

Quanto às situações fáticas específicas, faz-se necessária uma atuação ainda mais cautelosa, apresentando detalhadamente fatos, ambientes, diferenças e situações que podem gerar reflexos nas relações de trabalho, como o meio ambiente de trabalho que, dependendo das condições, pode obrigar ao pagamento de adicional de insalubridade e periculosidade, também conhecidos como salário condição.

Somados a isso, ainda temos as possibilidades de regulamentação autônoma entre empregados e empregadores, ou seja, os famosos acordos individuais ou coletivos de trabalho e as convenções coletivas, erroneamente conhecidas como dissídio.

A negociação coletiva permite que as partes interessadas, empregados e empregadores, com a participação dos sindicatos, produzam leis entre as partes que exigem cumprimento e caso não cumpridas também podem ser coercitivamente exigidas por meio da reclamatória trabalhista.

Com esse relato, podemos ter uma vaga ideia do quão complexo pode ser estruturar uma defesa trabalhista, pois, diferente de uma ação cível, onde nos deparamos, em regra, com apenas um pedido, uma reclamatória trabalhista frequentemente apresenta uma cumulação de pedidos. Posso afirmar que já me deparei com ações trabalhistas que contavam com mais de 30 pedidos, sendo necessária apresentação de contestação específica para cada um deles, sendo muitos apenas formulados com base em interpretação de lei, chamados "matéria de direito" e muitos com bases em situações fáticas específicas conforme a realidade de cada reclamada. Diante desses aspectos, mostra-se a importância de acesso facilitado a todas as informações necessárias, bem como a concentração dessas informações.

4. REALIDADE DO JUDICIÁRIO TRABALHISTA

Em 2021, a Justiça do Trabalho processou e julgou um total de 2.830.478 ações trabalhistas, sendo que cada magistrados julgou 790 processos. A Justiça do Trabalho conta, atualmente, com 44.154 magistrados em atuação, distribuídos entre 24 Tribunais Regionais do Trabalho e o Tribunal Superior do Trabalho. O Tribunal Regional do Trabalho da 2ª Região, sediado na capital de São Paulo, é o maior tribunal trabalhista do país, seguido pelo Tribunal Regional do Trabalho da 15ª Região, sediado em Campinas, abrangendo a jurisdição de todo o interior paulista. Ou seja, o estado de São Paulo possui os dois maiores tribunais trabalhistas[8].

A Justiça do Trabalho sempre se destacou por ser a mais célere na tramitação dos processos, sendo que o tempo médio entre o ajuizamento de uma ação e o seu encerramento demonstra que, no TST, esse prazo foi de 1 ano, 4 meses e 13 dias; nos Tribunais Regionais do Trabalho, de 9 meses e 11 dias e, nas Varas do Trabalho, de 8 meses e 12 dias na fase de conhecimento.

Atuando na 1ª Vara do Trabalho de São José do Rio Preto, cidade que fica a 440 km da capital, realizo 30 audiências por semana, proferindo julgamento em todos. Diante dessa realidade, faz-se necessário que os departamentos jurídicos tenham em mente, no momento de produzir a defesa de uma reclamatória que um magistrado quando chega até o seu processo já passou por diversos outros casos, todos com situações específicas.

---

[8] Disponível em: https://www.tst.jus.br/web/estatistica/jt/relatorio-geral#:~:text=No%20per%C3%ADodo%20 de%202018%20a,recebido%20pela%20Justi%C3%A7a%20do%20Trabalho.

Eixo VIII — O que é Mais Importante: a Jornada ou o Destino?

Também é necessário que se tenha em mente que o magistrado não tem como conhecer especificamente as situações fáticas, bem como a estrutura e ambiente de trabalho de cada empresa que precisa proferir julgamento, devendo, assim, os advogados, quando da redação de sua peça contestatória, atentarem para alcançar a maior efetividade possível na transmissão dessas informações.

5. EFEITOS POSITIVOS DAS *LEGAL OPS* NAS DEMANDAS TRABALHISTAS

Apresentados todos os aspectos, vamos, neste tópico, juntar tudo. No primeiro tópico deste capítulo, apresentamos o conceito de *Legal Ops*, como sendo aquele departamento que tem como objetivo a eficiência, concentrando as demandas dos projetos jurídicos, acompanhando tarefas e buscando melhorias no trabalho a partir de uma visão sistêmica de tudo o que é feito.

No segundo tópico, apresentamos a realidade de um processo judicial e todas as suas nuances e especificidades, bem como a importância da construção de uma peça de defesa para evitar uma condenação.

Nos terceiro e quarto tópicos, apresentamos as especificidades técnicas de uma reclamatória trabalhista, bem como a realidade do Poder Judiciário Trabalhista, um ramo de Justiça especializada competente para processar e julgar as demandas que discutam situações decorrentes das relações de trabalho.

Conforme explicado no terceiro tópico, a produção de uma defesa em ação trabalhista demanda muito mais que apenas conhecimento jurídico, demanda profundo conhecimento sobre o modelo de negócio, sobre a infraestrutura onde os empregados efetivamente trabalham, sobre as condições reais de trabalho do ex-empregado e atual reclamante, além de acesso a farta documentação que venha a comprovar as parcelas pagas ou alegações apresentadas.

A existência de um *Legal Ops* facilita consideravelmente a obtenção de todas essas informações além de prevenir situações que possam ser alvo de demanda judicial. Explico, no *Legal Ops* podem se concentrar todas as informações do departamento de recursos humanos, com a contadoria, onde as verbas trabalhistas são calculadas, assim como os departamentos responsáveis pelo ambiente de trabalho e todos trocando informações e fornecendo subsídios técnicos para as demais áreas colaborando imensamente com o objetivo de ter a tal visão sistêmica do todo.

Somado a esses fatores, um *Legal Ops* pode auxiliar na implantação de novas tendências de atuação junto ao Poder Judiciário. Como já comentado anteriormente, o Processo Judicial Eletrônico (PJE) está implementado em todos os tribunais trabalhistas e temos que superar a ideia de que a atuação no PJE consiste apenas no uso de arquivos .pdf ao invés de impressões e autuação. O PJE vai muito além e permite que a construção de uma defesa seja praticamente uma experiência de imersão na realidade do ambiente de trabalho bem como nas condições reais de trabalho dos empregados.

Destaco que, por meio da utilização de elementos gráficos via *Visual Law* ou *Legal Design*, é possível apresentar integralmente, com fotos, vídeos, linhas do tempo etc., todas as situações fáticas relatadas. A construção desses elementos gráficos demanda, além do conhecimento técnico, o conhecimento que o *Legal Ops* pode oferecer, pois nele se tem noção de toda a cadeia de desenvolvimento da empresa.

Por não se tratar de um ambiente de controladoria, onde apenas se investiga o cumprimento das determinações, o *Legal Ops* pode ofertar algo muito mais interessante que é a racionalização dos meios produtivos, ultrapassamos faz muito tempo o modelo fordista de produção e até mesmo o *just in time*, estamos falando dos meios de produção integrados com a realidade de implantação de fases com utilização de Inteligência Artificial e algoritmos, automação de determinadas fases das produções e tudo isso refletirá diretamente na jurisdição trabalhistas, pois as relações de trabalho deixaram de ser analisadas apenas no sistema binário, relação de emprego ou não, inclusive quanto às formas de contratação. Para chegar a tal ponto, também será necessário esse conhecimento amplo e ilimitado do todo alcançado pelo *Legal Ops*.

Por fim, **acreditamos que um *Legal Ops* é capaz de fornecer as informações precisas e completas para construção de uma defesa trabalhista que apresente ao magistrado o maior número de detalhes possíveis de todo o sistema produtivo no qual o empregado reclamante estava inserido**, inclusive provando o cumprimento da legislação trabalhista por meio de acesso a documentação necessária de forma organizada, conhecimento e apresentação do ambiente de trabalho nos autos.

Assim, além de todo aspecto técnico que estimulam a implantação de *Legal Ops* nas empresas a construção de peças contestatórias para apresentar em reclamatórias trabalhistas passa a ser mais um estímulo para a implantação.

REFERÊNCIAS

ASSOCIAÇÃO BRASILEIRA DE LAWTECHS E LEGALTECHS (AB2L). *Legal Ops*: o que são e porque investir nesse setor? Disponível em: https://ab2l.org.br/

observatorio-ab2l/legal-ops-o-que-sao-e-porque-investir-nesse-setor/. Acesso em: 21 mar. 2023.

TRIBUNAL SUPERIOR DO TRABALHO (TST). *Relatório Geral da Justiça do Trabalho 2021*. Disponível em: https://www.tst.jus.br/web/estatistica/jt/relatorio geral#:~:text=No%20per%C3%ADodo%20de%202018%20a,recebido%20 pela%20Justi%C3%A7a%20do%20Trabalho. Acesso em: 21 mar. 2023.

30

O FUTURO DE *LEGAL OPERATIONS* É HUMANO, HORIZONTAL E DESCENTRALIZADO

*Ricardo Winter**

BREVES COMENTÁRIOS E SUGESTÕES SOBRE O PÓS-"VALE DA DESILUSÃO" NA TRANSFORMAÇÃO DIGITAL DO JURÍDICO E O PAPEL DE *LEGAL OPERATIONS*

Não é novidade para ninguém o quanto a sociedade vem se transformando ao longo dos séculos, tampouco a importância da tecnologia nesse contexto. Em uma tentativa de representar graficamente essa evolução, utilizando-se da difícil tarefa de apresentar uma linha do tempo em uma página, Max Roser[1], observa que:

> Uma ideia que tiro desta perspectiva de longo prazo é quão incomum é o nosso tempo. A mudança tecnológica era extremamente lenta no passado – as tecnologias às quais nossos antepassados se acostumaram em sua infância ainda eram centrais em suas vidas em sua velhice. Em forte contraste com esses dias, vivemos em uma época de mudanças tecnológicas extraordinariamente rápidas. (tradução livre).

---

[*] Diretor da área de *HR/Legal Optimization* na área de *Corporate Transformation* da Alvarez & Marsal. Possui mais de 16 anos de experiência em diferentes áreas e ramos de atuação. Nos últimos 9 anos, trabalhou em consultoria, focado em projetos de melhoria de *performance* e implementação de tecnologia em áreas Jurídicas, Recursos Humanos e Folha de Pagamentos. Executou diferentes projetos visando à revisão do modelo operacional, análise de governança, experiência do colaborador, implementação de estratégia de dados, suporte na criação de modelos de Inteligência Artificial, bem como uso de *Analytics* Descritivo, Preditivo e Prescritivo para apoio na tomada de decisões estratégicas. Anteriormente à consultoria, trabalhou por aproximadamente 7 anos com gestão de contencioso de massa, focado na redução das condenações, execução de políticas de acordo, melhoria de processos e controles sistêmicos. É formado em Direito pela PUC-RS, e possui especialização em direito trabalhista e previdenciário.

[1] ROSER, Max. Technology over the long run: zoom out to see how dramatically the world can change within a lifetime. Disponível em: https://ourworldindata.org/technology-long-run. Acesso em: 13 mar. 2023.

Eixo VIII — O que é Mais Importante: a Jornada ou o Destino?

O fato de termos uma velocidade grande no surgimento de tecnologias não significa dizer que não há um ciclo de tempo para adaptação e aderência a elas. A Gartner, empresa de consultoria especializada em tecnologia, publica todo ano a sua perspectiva de como cada tecnologia se desenvolverá ao longo do tempo, considerando o setor ou seu caso de uso. Para os departamentos jurídicos, em sua última publicação realizada em 2022[2], a Gartner projetou tecnologias com diferentes ciclos de maturidade, variando entre 2 e 10 anos para atingir o máximo do seu potencial prático.

Nesse contexto ubíquo da evolução tecnológica, entende-se necessário iniciar este capítulo analisando a abordagem existente sobre a tão falada "transformação digital", primeiro sob o ponto de vista empresarial, especialmente esmiuçando os conceitos existentes, e depois no que tange seus desdobramentos para as estruturas jurídicas.

Importante salientar, antes de tudo, que o conceito de transformação digital não é linear; é confuso e tautológico[3].

Nesse sentido, em um artigo intitulado "Understanding digital transformation: a review and a research agenda", publicado no *Journal of Strategic Information Systems*[4], os autores descobriram em 28 fontes de pesquisa, 23 conceitos diferentes para transformação digital. Analisando tais conceitos sob a ótica de preceitos acadêmicos para a criação de definições conceituais[5], os pesquisadores inseriram em uma tabela as definições retiradas dos trabalhos, enquadraram-nas nas fontes de definições conceituais

---

[2] GARTNER. *Gartner Says Many Legal Departments Are Underusing Maturing Technologies*. Disponível em: https://www.gartner.com/en/newsroom/press-releases/2022-10-20-gartner-says-many-legal-departments-are-underusing-mature-technologies#:~. Acesso em: 13 mar. 2023.

[3] "É, na retórica, o termo usado para definir um dos vícios de linguagem. Consiste na repetição de uma ideia com palavras diferentes, mas com o mesmo sentido (do grego ταὐτολογία "dizer o mesmo")". Faculdade de letras da PUC-RS. *Você sabe o que é tautologia?* Disponível em: https://biblioteca.pucrs.br/curiosidades-literarias/voce-sabe-o-que-e-tautologia/. Acesso em: 12 mar. 2023.

[4] VIAL, Gregory. Understanding digital transformation: a review and a research agenda. *Journal Of Strategic Information Systems*. 2019, published by Elsevier, p. 7-8. Disponível em: https://www.sciencedirect.com/science/article/pii/S0963868717302196.

[5] *Ibid*, p. 9. Regras para os conceitos que foram adaptados pelos autores em tradução livre:
Regras para definições conceituais (adaptado de Wacker 2004:384)
"Regra 1: as definições devem ser formalmente definidas usando termos primitivos e derivados. Regra 2: cada conceito deve ser definido de forma única. Regra 3: as definições devem incluir apenas termos inequívocos e claros. Regra 4: as definições devem ter o menor número possível de termos. Regra 5: as definições devem ser consistentes dentro de seu campo. Regra 6: as definições não devem tornar nenhum termo mais amplo. Regra 7: novas hipóteses não podem ser introduzidas nas definições. Regra 8: um teste estatístico para validade de conteúdo deve ser realizado após a definição formal dos termos".
Diretrizes para clareza conceitual (adaptado de Suddaby 2010:347): "1) Ofereça definições de termos e construtos-chave. 2) A definição deve capturar as propriedades e características essenciais do conceito ou fenômeno em questão. 3) Uma boa definição deve evitar tautologia ou circularidade. 4) Uma boa definição deve ser parcimoniosa".

teóricas e as traduziram em uma coluna chamada *"Conceptual clarity challenge(s)"* (desafios conceituais de claridade – tradução livre).

Como resultado, os pesquisadores concluíram que tais conceitos giram em torno de:

1) termos não claros, a exemplo de "tecnologias digitais", "digitalização", "capacidades digitais";

2) confusão entre o conceito e seus impactos, a exemplo de "A transformação digital descreve as mudanças impostas pelas tecnologias da informação (TI) como meio de automatizar (em parte) tarefas";

3) conceitos circulares, a exemplo de "A estratégia de transformação digital é um plano que ajuda as empresas a gerenciarem as transformações"[6].

Na tentativa de harmonizar os conceitos, os pesquisadores utilizaram técnicas de análise semântica para construir uma definição baseada em todas as fontes pesquisadas e chegaram à seguinte conclusão:

> [a transformação digital é] um processo que tem como objetivo melhorar uma entidade por meio do acionamento de mudanças significativas em suas propriedades por meio de combinações de tecnologias de informação, computação, comunicação e conectividade[7] (tradução livre).

Note-se que nesse conceito há uma diminuição brusca do peso da tecnologia em relação às definições das fontes originais de pesquisa. Destacam-se, inclusive, pontos muito importantes nesse novo conceito: transformação digital é sobre um processo, cujo objetivo é uma melhoria para uma entidade definida, equilibrando a tecnologia como uma entre outras fontes de transformação, a exemplo da comunicação e conectividade.

E é justamente o oposto do que ocorre na grande maioria dos departamentos jurídicos, onde a busca desenfreada por tecnologia foi ou ainda continua a ser a primeira etapa escolhida para a transformação digital da área.

Em uma recente publicação no *Journal of Business & Technology Law*[8] (Jornal de negócios e tecnologia jurídica – tradução livre), os autores, por meio de entrevistas com diversos departamentos jurídicos de grandes corporações, identificaram três abordagens comuns, sequencialmente aplicadas, para a transformação digital da área:

---

[6] VIAL, Gregory. Understanding digital transformation: A review and a research agenda. *Journal of Strategic Information Systems*. 2019, published by Elsevier, p. 9-10. Disponível em: https://www.sciencedirect.com/science/article/pii/S0963868717302196.

[7] *Ibid*, p. 11.

[8] DESTEFANO, Michele; TELLMANN, Bjarne P.; WU, Daniel. Don't Let the Digital Tail Wag the Transformation Dog: A Digital Transformation Roadmap for Corporate Counsel. *Journal of Business & Technology Law*, publicado em: 1º mar. 2023. Disponível em: https://ssrn.com/abstract=4021593. Acesso em: 12 mar. 2023.

Eixo VIII — O que é Mais Importante: a Jornada ou o Destino?

1) a dinâmica de "mais por menos" e a aquisição *ad hoc* de Tecnologia;

2) revisão de processos e otimização estratégica;

3) coletando dados para novas percepções e análises, colaborando com os negócios e concentrando-se na experiência, habilidades e cultura.

Nessa primeira fase/abordagem, os autores supracitados traçam uma comparação da transformação em departamentos jurídicos com uma pessoa que quer renovar sua cozinha. Remodelá, por inteiro num único momento não seria viável. Então, inicia-se a compra de eletrodomésticos que poderiam melhorar a vida de quem estivesse cozinhando, a exemplo de uma máquina de fazer pães. Após a compra, percebe-se que ninguém tem experiência ou vontade de aprender a operar a máquina. O comprador percebe, também, que geralmente a família prefere cereais ao invés de pão, bem como um de seus familiares é intolerante ao glúten (o que exigiria ainda mais *expertise* para fazer pão sem esse ingrediente).

Traçando um paralelo prático, não é diferente do que ocorre no Brasil. Em uma breve conversa com um cliente, ele comentou sobre o quanto o Jurídico tem investido em tecnologia nos últimos 3 anos, principalmente com aplicações avançadas, a exemplo do uso de inteligência artificial, *blockchain*, entre outras. Foram mais de 20 projetos iniciados ou em andamento para a construção de um novo parque tecnológico para o Jurídico. Após esse período de novos projetos, o Jurídico percebeu que havia uma lacuna grande entre a implementação de tecnologias e a percepção, envolvimento e aderência a elas pelas pessoas (os executores dos processos "digitalizados").

Importante frisar que a reflexão proposta não é sobre a não implementação de tecnologia no departamento. Esse é um caminho sem volta, indispensável e necessário. Mas, sim, sobre a implementação de tecnologia como a primeira (ou muitas vezes única) fase de uma jornada mais longa de transformação, e, principalmente, na falta de ancoragem de tais tecnologias nas reais necessidades das pessoas, bem como na visão estratégica do Jurídico em si.

Este é um caminho que pode levar ao "vale da desilusão", no contexto da Gartner, conforme anteriormente mencionado. Ou seja, é o momento que dentro do ciclo de evolução tecnológica descreve a curva mais baixa na percepção dos resultados práticos advindos da implementação de tecnologias por uma área.

É exatamente nessa perspectiva que devem entrar os profissionais de *Legal Operations* do futuro. Ou seja, na descompressão do contexto tecnológico como a camada estrutural da transformação do departamento jurídico, bem como na concentração dos esforços para a (re)construção da agenda de experiência das pessoas (executores e perceptores do funcionamento real dos processos) para estruturar claramente uma visão de futuro. A partir daí, pensa-se na tecnologia como o meio de conexão entre as pessoas e a organização. Assim, os profissionais de *Legal Operations* tornam-se ideais para a liderança da transformação, pois atuam na intersecção entre o mundo jurídico e outras origens multidisciplinares. Isso não significa dizer que tal função não requirirá o aprimoramento de habilidades focadas na comunicação, liderança, gerenciamento de projetos e habilidades tecnológicas.

Note-se que quando há a aquisição *ad hoc* de tecnologia, buscando a redução de custo e melhoria pontual de tempo na entrega, foca-se, geralmente, para uma camada vertical do departamento (um pilar de contencioso, uma matéria consultiva ou o isolamento de uma atividade). Por exemplo, um pilar consultivo de uma empresa.

Em um contexto de pressão para a transformação da área, conclui-se, empiricamente, que os advogados internos demandam muito tempo em respostas por e-mail, não encontram facilmente conteúdos já produzidos e acabam demandando escritórios externos desnecessariamente. Portanto, na linha de remodelação da cozinha, compra--se um utensílio novo: um sistema de gestão de conhecimento.

Após 3 meses de implementação, intensos treinamentos e planos de ação, constata-se que:

1) sistema está com baixa utilização;

2) continuam sendo arquivados documentos de forma aleatória em pastas locais;

3) continua-se buscando matérias já respondidas anteriormente no vasto oceano de e-mails.

Ora, se todos estavam tão certos de que esse era o problema, por que não se obteve êxito em tal implementação?

Uma das hipóteses a serem discutidas no presente capítulo se refere à baixa aderência das empresas em terem especialistas minimamente capacitados em realizar uma análise ampla e horizontal (que não olham somente para uma vertical). Como exemplo, cita-se uma pesquisa publicada pela empresa KPMG[9], que revelou que 58% das empresas afirmam ter estabelecido um time dedicado de *Legal Operations* no departamento. Ocorre que, analisando os dados dos cargos desses respondentes, somente 8% poderiam ser classificados como tal de fato.

E quando se trabalha em verticais, de forma isolada, perde-se a visibilidade sobre as interdependências e adjacências que uma visão horizontalizada ofereceria, principalmente no que se refere a percepção, necessidade e capacidade de adaptação das pessoas executoras ou usuárias do processo. Note-se que o conceito de horizontalização aqui proposto está ligado às conexões visíveis e invisíveis entre as microáreas do

---

[9] BONG, Andreas; FULLER, Stuart. KPMG Int'l, Global Legal Department Benchmarking. *Survey 29*, 2021. Disponível em: https://assets.kpmg/content/dam/kpmg/xx/pdf/2021/03/global-legal-department-benchmarking-survey.pdf. Acesso em: 29 mar. 2023.

Eixo VIII — O que é Mais Importante: a Jornada ou o Destino?

Jurídico, bem como em relação ao eco sistema que se conecta em tal processo (clientes internos e interlocutores externos).

Assim, antes da contratação *ad hoc*, as seguintes perguntas deveriam ser respondidas:

1) A melhoria imediata na jornada consultiva está conectada ao planejamento estratégico do Jurídico, que foi construído a partir da percepção das pessoas (experiência do colaborador e do cliente)?

2) As pessoas compreendem e compartilham a visão de que tal implementação de fato facilitará a execução e entrega, sem perda técnica?

3) Existem pessoas capacitadas em focar na gestão da mudança e acompanhamento da execução de tal plano de ação?

4) Foram coletados dados para verificar se a hipótese (causa raiz) do problema estava aderente a solução proposta?

A análise horizontal pressupõe, portanto, uma visão holística e transversal das necessidades das pessoas, de forma coordenada e orientada por dados (independentemente de serem dados qualitativos, coletados por meio de entrevistas, pesquisas ou dados quantitativos pré-existentes).

Para tanto, é necessária uma abordagem de resolução de problemas que contemple um conjunto de ferramentas e dinâmicas, as quais devem ser executadas de forma colaborativa, serem centradas na experiência de clientes e colaboradores e que sejam capazes de separar sintomas de causas raiz, capturando, de forma exaustiva, os pontos de fricção das jornadas[10].

Mark A. Cohen, em seu artigo na *Forbes*, entitulado "Humanizing The Legal Function: What It Means And Why It Matters", chama a atenção para a necessidade de realinhamento das funções jurídicas à essência do direito, que é o ser humano. Nesse contexto, o autor afirma:

> Conhecimento, habilidades e julgamento são elementos centrais da função jurídica. Tecnologia, dados, processos e outras ferramentas permitem que as pessoas aproveitem e ampliem a entrega jurídica, tornando-a mais preditiva, proativa, acessível e rápida. **Mas sem empatia, colaboração e humanidade**, a função jurídica não pode conquistar a confiança e o respeito de sua força de trabalho ou daqueles a quem serve (grifou-se e tradução livre)[11].

---

[10] Importante frisar que há uma introdução proposital da palavra jornada, por possuir uma amplitude de etapas maior que um processo e por estar na perspectiva de quem as executa, ou seja, na visão das pessoas.

[11] COHEN, Mark A. Humanizing The Legal Function: What It Means And Why It Matters. *Forbes*, 15 fev. 2022. Disponível em: https://www.forbes.com/sites/markcohen1/2022/02/15/humanizing-the-legal-function what-it-means-and-why-it-matters/?sh=6d429d4269bc. Acesso em: 12 mar. 2023.

248   *Legal Operations*

Justamente nos pilares da empatia e da colaboração é que estão ancorados os princípios do *Design Thinking*[12], o qual se sugere, didaticamente, como um dos processos para auxílio na definição dos problemas, ideação e prototipagem das ideias (sempre baseada em dados). Note-se que a referida abordagem possui diversas dinâmicas que podem ser aplicadas e não cabe, nesse capítulo, esmiuçar os diferentes tipos.

Para efeitos práticos, sugere-se a utilização do duplo diamante[13] e os seguintes passos pelo departamento jurídico para a aplicação de uma análise horizontal:

1) entendimento;

2) observação;

3) ponto de vista;

4) ideação;

5) prototipagem;

6) teste.

Na etapa de entendimento, por exemplo, podem ser abordados os temas para definição estratégica e do propósito do Jurídico, por meio de dinâmicas que instiguem a criação de uma frase que represente objetivamente as aspirações do Jurídico (sem ser circular e tautológica, a exemplo das teorias sobre construção de conceitos debatidas anteriormente). Nessa etapa, também podem ser utilizados materiais externos que auxiliem na compreensão sobre os desafios, a exemplo de *desk research*[14], entrevistas não estruturadas com clientes internos e técnicas de análises de contextos[15]. Busca-se, também nessa etapa, definir as jornadas que serão avaliadas posteriormente, para identificar os pontos de fricção e oportunidades de melhoria, sempre ancoradas no propósito estratégico aqui definido.

---

[12] David Kelly, fundador da IDEO: "Uma abordagem centrada no ser humano para a inovação que se utiliza do conjunto de ferramentas do *design*er para integrar as necessidades das pessoas, as possibilidades da tecnologia e os requisitos para o sucesso dos negócios" (tradução livre). Disponível em: https://www.forbes.com/sites/sap/2015/05/10/what-is-*design*-thinking/?sh=7fc063b0471f. Acesso em: 29 mar. 2023.

[13] O "duplo diamante" é o nome de um modelo de processo de *design* popularizado pelo Conselho Britânico de Design em 2005 e adaptado do modelo de divergência-convergência proposto em 1996 pelo linguista húngaro-americano Béla H. Bánáthy. Os dois diamantes representam um processo de explorar um problema de forma mais ampla ou profunda (pensamento divergente) e depois tomar ações focadas (pensamento convergente).

[14] "Um tipo de pesquisa de mercado que envolve coletar e examinar informações que já existem e são facilmente acessíveis, como registros de empresas, relatórios governamentais publicados e informações em jornais, revistas e na internet" (tradução livre). *Cambridge Dictionary*. Disponível em: https://dictionary.cambridge.org/us/dictionary/english/desk-research. Acesso em: 28 mar. 2023.

[15] "A análise contextual é a análise sistemática – identificação, classificação, organização, interpretação, consolidação e comunicação – dos dados de atividade de trabalho do usuário coletados na investigação contextual, com o objetivo de compreender o contexto de trabalho para um novo sistema a ser projetado" (tradução livre). HARTSON, Rex; PYLA, Partha S. *The UX Book*, 2012. Disponível em: https://www.sciencedirect.com/topics/computer-science/contextual-analysis. Acesso em: 28 mar. 2023.

Eixo VIII — O que é Mais Importante: a Jornada ou o Destino?

Nas demais etapas, propõem-se o mergulho nas jornadas escolhidas. Caso seja definida a jornada consultiva, por exemplo, na etapa de observação podem ser utilizadas técnicas de entrevistas estruturadas com participantes de diferentes áreas que consomem e que respondem pelas atividades consultivas (considerando um número suficiente de clientes internos, de diferentes áreas, bem como entrevistas com todos os executores da jornada). Já na etapa de ponto de vista, busca-se como objetivo principal a consolidação dos pontos de fricção da jornada.

Para tanto, podem ser utilizadas sessões colaborativas para capturar (aumentar a amostra) e consolidar os pontos de fricção da jornada de uma maneira visual, juntamente com técnicas amplas de análise de dados. Já na etapa de ideação, é o momento de criação e priorização de soluções que endereçarão os pontos levantados nas etapas anteriores, preferencialmente realizadas em sessões de cocriação.

A principal intenção dessa etapa é a compilação das ideias e a priorização daquelas que:

1) estão conectadas com a definição estratégica da primeira etapa;

2) são possíveis de serem implementadas e sustentadas ao longo do tempo;

3) são financeiramente viáveis.

Por fim, iniciam-se as etapas de prototipagem e teste. A prototipagem facilita a visualização das soluções para validação das lideranças, bem como permite avaliações ágeis de aspectos conceituais e funcionais, para prévio refinamento e aperfeiçoamento, minimizando riscos e garantindo os resultados de implementação. Esses protótipos devem passar por testes de usabilidade com usuários e/ou validação com clientes da solução proposta.

Após os testes, são levantadas as funcionalidades para desenvolvimento do MVP (*minumun viable product*[16]), que será a primeira versão real e executável da solução proposta (no exemplo de jornada consultiva, seria algo como: utilizar o pacote Office 365 como uma primeira solução para a gestão de conhecimento do jurídico).

Diante do que foi apresentado ao longo deste breve capítulo, destacam-se os seguintes pontos principais:

1) A transformação digital do Jurídico não deve ser feita olhando primeiro para o fator tecnológico. Ao contrário, deve-se olhar para as pessoas, em uma agenda transversal e ampla, para definir o propósito e a estratégia.

2) A partir daí, deve-se mergulhar nas jornadas, sempre analisando a perspectiva dos colaboradores e os *insights* gerados pelo cruzamento dos dados, para chegar em um planejamento ótimo, conectado aos propósitos e a estratégia do departamento.

---

[16] O *Minimum Viable Product* (MVP) é a versão mais básica do produto que pode ser lançada no mercado para testar a sua aceitação e validade. O objetivo do MVP é validar rapidamente a ideia do produto com um investimento mínimo em recursos e tempo.

3) Por fim, deve-se criar protótipos e testar exaustivamente as soluções, coletando dados e *feedbakcs*, para, enfim, implementar tecnologias mais definitivas.

4) Sugere-se que o profissional mais habilitado, atualmente, para conduzir tal jornada é o de *Legal Operations*, porém, necessita de foco no (re)aprendizado de técnicas de análise de dados, ferramentas para a resolução de problemas e, principalmente, gestão de mudança.

A necessidade de aprendizado de tais novas habilidades, entretanto, pode ser um pesadelo e pode demorar mais tempo que o imediatismo exigido em tantas organizações. Para tanto, há um movimento da descentralização das atividades de *Legal Operations* para diferentes opções, dentro e fora das empresas, por meio de: escritórios de projeto, centro de operações de excelência, consultorias externas ou escritórios de advocacia (como já acontece em firmas norte-americanas), que ofertam as habilidades horizontais como serviço para o departamento jurídico.

Como exemplo de tal tendência, cita-se a firma de advocacia americana McGuireWoods, que criou um braço de consultoria chamado MWAccel. Tal consultoria está focada em ajudar não só a própria firma a identificar e executar esforços estratégicos, mas também está oferecendo esse serviço aos Jurídicos de clientes. Usando sua experiência e focando em apenas alguns clientes por vez, a MWAccel ajuda as equipes jurídicas de seus clientes a abordar suas prioridades organizacionais e operacionais mais importantes.

Tal descentralização pode ser facilmente explicada pelo nível de especialização exigida para a execução completa de uma análise horizontal, em um curto tempo. De acordo com o relatório *Future of Jobs*, do Fórum Econômico Mundial, de 2020, as empresas estimam, em média, que 40% da força de trabalho precisará passar por reaprendizado, e que para o Brasil, por exemplo, 59% dos respondentes entendem que é necessário de 3 meses a mais de 1 ano para retreinar a força de trabalho de acordo com as novas habilidades. Mesmo que tal estimativa (otimista) se cumpra, os custos relacionados e a contínua exigência de corte de pessoas podem ser inviabilizadores da manutenção de um time horizontal (*Legal Operations*) internamente.

Porém, a partir do momento em que a necessidade da transformação digital bate à porta, com a premência de corte de custos, é importante vislumbrar alternativas para ter os profissionais certos lidando com as mudanças do Jurídico, sejam elas de curto, médio ou longo prazo. Parafraseando Ernest Hemingway[17], a descentralização de *Legal Operations* é uma "mudança devagar, depois repentina", como toda inovação jurídica no Brasil.

---

[17] HEMINGWAY, E. *The Sun Also Rises*. New York: Scribner, 1926.

Eixo VIII — O que é Mais Importante: a Jornada ou o Destino?

Seja de forma descentralizada ou internalizada, os profissionais de *Legal Operations* possuem esse grande desafio: apesar da rápida aceleração tecnológica de soluções jurídicas, bem como da forte pressão para implementações *ad hoc*, volta-se cada vez mais ao redirecionamento do foco para o humano, capturando a real essência de cadeia de valor produzida na horizontalidade. Se assim for, o vale da desilusão não será um trauma que ofuscará a chegada no planalto da produtividade. No máximo será um obstáculo natural (e previsível) a ser transposto.

REFERÊNCIAS

BONG, Andreas; FULLER, Stuart. KPMG Int'l, Global Legal Department Benchmarking. *Survey 29*, 2021. Disponível em: https://assets.kpmg/content/dam/kpmg/xx/pdf/2021/03/global-legal-department-benchmarking-survey.pdf. Acesso em: 29 mar. 2023.

CAMBRIDGE DICTIONARY. *Desk research.* Disponível em: https://dictionary.cambridge.org/us/dictionary/english/desk-research. Acesso em: 28 mar. 2023.

COHEN, Mark A. Humanizing The Legal Function: What It Means And Why It Matters. *Forbes*, 15 fev. 2022. Disponível em: https://www.forbes.com/sites/markcohen1/2022/02/15/humanizing-the-legal-function-what-it-means-and-why-it-matters/?sh=6d429d4269bc. Acesso em: 12 mar. 2023.

DESTEFANO, Michele; TELLMANN, Bjarne P.; WU, Daniel. Don't Let the Digital Tail Wag the Transformation Dog: A Digital Transformation Roadmap for Corporate Counsel. *Journal of Business & Technology Law*, 1º mar. 2023. Disponível em: https://ssrn.com/abstract=4021593. Acesso em: 12 mar. 2023.

GARTNER. *Garter Hype Cicle. Gartner.* Disponível em: https://www.gartner.com/en/research/methodologies/gartner-hype-cycle. Acesso em: 29 mar. 2023.

GARTNER. *Gartner Says Many Legal Departments Are Underusing Maturing Technologies.* Disponível em: https://www.gartner.com/en/newsroom/press-releases/2022-10-20-gartner-says-many-legal-departments-are-underusing-mature-technologies#:~. Acesso em: 13 mar. 2023.

HARTSON, Rex; PYLA, Partha S. Contextual Analysis. *ScienceDirect.* Disponível em: https://www.sciencedirect.com/topics/computer-science/contextual-analysis. Acesso em: 28 mar. 2023.

HEMINGWAY, E. *The Sun Also Rises.* New York: Scribner, 1926.

MICHAELIS. *Ubíquo*. Disponível em: https://michaelis.uol.com.br/moderno-portugues/busca/portugues-brasileiro/ubiquo. Acesso em: 13 mar. 2023.

TURNALI, Kaan. *What Is Design Thinking*? 10 maio 2015. Disponível em: https://www.forbes.com/sites/sap/2015/05/10/what-is-*design*-thinking/?sh=7fc063b0471f. Acesso em: 29 mar. 2023.

VIAL, Gregory. Understanding digital transformation: a review and a research agenda. *Journal of Strategic Information Systems*. 2019. Disponível em: https://www.sciencedirect.com/science/article/pii/S0963868717302196. Acesso em: 12 mar. 2023.

PUC-RS. *Você sabe o que é tautologia?* Disponível em: https://biblioteca.pucrs.br/noticias/acesso-a-conteudo-cientifico-gratuito/. Acesso em: 12 mar. 2023.

POSFÁCIO

LEGAL OPERATIONS: UM *HUB* DE CONEXÕES HUMANAS VOLTADAS À EXCELÊNCIA JURÍDICA, TANTO NA JORNADA QUANTO NO DESTINO

Stephanie Corey*

A amplitude e a profundidade das informações contidas neste livro são realmente impressionantes e acredito que serão extremamente valiosas para qualquer pessoa interessada em aprender mais sobre a área de *Legal Operations*. Como profissional experiente de *Legal Ops*, há alguns *insights* importantes que gostaria de destacar.

Em primeiro lugar, este livro ressalta a importância da colaboração e do engajamento interdisciplinar. *Legal Operations* não pode ser visto isoladamente e os profissionais da área precisam trabalhar em estreita colaboração com colegas do Departamento Jurídico, Financeiro e Comercial para criar sistemas eficientes e eficazes. Este livro é um ótimo lembrete para nutrir essa **cultura de colaboração dentro de nossas próprias organizações**. Uma maneira de cultivar essa cultura é entrar em contato ativamente com nossos colegas e convidá-los a participar de conversas sobre o papel de *Legal Operations* em nossas organizações.

Também devemos nos esforçar para criar canais de comunicação e *feedback*, permitindo que diferentes partes interessadas forneçam informações e trabalhem juntas em soluções. Em última análise, o objetivo é fomentar um espírito de cooperação que nos permita maximizar os resultados. Além de entrar em contato ativamente com os colegas e criar canais de comunicação, também devemos ser transparentes sobre as metas e objetivos de *Legal Ops* em nossa organização. Ao expressar abertamente o que

---

* Cofundadora do Corporate Legal Operations Consortium (CLOC), é atualmente CEO e cofundadora da UpLevel Ops, empresa de consultoria especializada na prestação de serviços para departamentos jurídicos e escritórios de advocacia, que fornece uma gama completa de suporte para times de *Legal Operations*, incluindo soluções de TI, orientação financeira e orçamentária, gerenciamento e desenvolvimento de talentos, *benchmarking*, melhores práticas e métricas e seleção e gerenciamento de advogados externos. É cofundadora da Link – Legal Innovators Network, uma organização profissional para profissionais seniores de operações jurídicas. Sempre pautando sua conduta de forma ética, inteligente e planejada, ela já atuou em grandes organizações, como Hewlett-Packard e Flex.

estamos tentando alcançar, podemos promover um ambiente de colaboração e compreensão mútua.

Em segundo lugar, é fundamental que os profissionais de *Legal Operations* se mantenham atualizados com as mudanças no cenário jurídico. Este livro oferece alguns conselhos práticos para fazer isso, incluindo ficar a par das novidades e inovações, participar de conferências relevantes e procurar oportunidades de treinamento. Precisamos aprender e nos adaptar às mudanças conforme elas ocorrem para sermos eficazes em nossas funções. Além disso, é importante que sejamos engenhosos e proativos.

Veja, nós podemos considerar a criação de alertas automatizados ou a assinatura de *newsletters* focadas na inovação do mundo jurídico, por exemplo, para que possamos ser notificados imediatamente sobre quaisquer novidades significativas. Em última análise, cabe a nós garantir que estamos usando todas as oportunidades para nos mantermos informados e nos adaptarmos conforme necessário. Para ser o mais eficaz possível em nossas funções, também é importante nos comunicarmos com nossos colegas sobre as mudanças nas leis e regulamentos. Ao manter todos na mesma página, podemos trabalhar juntos para adaptar nossas políticas e procedimentos em tempo hábil.

Por fim, um aspecto único deste livro é a forma como destaca a importância da saúde mental no local de trabalho, algo que se relaciona intimamente com o parágrafo anterior. Se manter atualizado é importante, mas cuidado com o "FOMO" o medo de estar perdendo alguma coisa. Ter em mente que a criatividade é um comportamento irá lembrá-lo de que a inovação acaba por ser um processo natural desse jeito de ser. Então, cuidar da sua saúde mental é algo essencial. Equipes de alto desempenho dependem de indivíduos que são produtivos e realizados, e este livro nos lembra de priorizar o bem-estar dos funcionários para nutrir uma cultura de resiliência e produtividade. Para fazer isso, devemos considerar a implementação de políticas e recursos que apoiem a saúde mental. Isso pode incluir acesso a serviços de aconselhamento, recursos para gerenciamento de estresse e acordos de trabalho flexíveis.

Ao cuidar de nossos funcionários e de nós mesmos, podemos criar uma equipe resiliente e produtiva que pode enfrentar qualquer desafio. Para enfatizar ainda mais a importância da saúde mental no local de trabalho, também devemos garantir oportunidades de comunicação aberta sobre o assunto. Ao abordar ativamente a saúde mental e criar um ambiente de apoio, podemos incentivar os funcionários a procurarem ajuda quando precisarem.

Embora as percepções e lições já compartilhadas neste livro sejam inestimáveis – e é surpreendente como a discussão no Brasil está se desenvolvendo rápido – é importante lembrar que *Legal Operations* também está avançando rapidamente por conta dos avanços da tecnologia e do aumento do trabalho remoto.

O surgimento da IAG generativa, por exemplo, tem o potencial de remodelar completamente o papel dos profissionais de *Legal Operations* que a adotam, ao mesmo tempo em que representa riscos para aqueles que não o fazem. Estudos recentes da indústria previram um aumento dramático no número de tarefas jurídicas que serão automatizadas na próxima década.

Embora essas estatísticas possam parecer alarmantes, é importante lembrar que os assistentes de IA não operam sozinhos. Profissionais jurídicos serão necessários para incorporar e gerenciar essas novas ferramentas com segurança. Os profissionais de *Legal Ops* estão posicionados de maneira única para fazer isso em nossas organizações.

Com nossos conhecimento e experiência, temos as habilidades necessárias para aproveitar essa tecnologia e usá-la estrategicamente para alcançar os melhores resultados possíveis. **Para enfatizar ainda mais a importância de nos mantermos atualizados com as novas tecnologias, como IAG generativa, é crucial que busquemos ativamente oportunidades de treinamento e educação.** Mantendo-nos bem-informados, estaremos em uma posição ainda mais forte para gerenciar e conduzir com eficácia esses sistemas em nossas organizações.

Embora eu tenha discutido os muitos benefícios dos assistentes de IA, também há riscos envolvidos. Como profissionais de operações jurídicas, é fundamental que estabeleçamos diretrizes sobre o uso dessas tecnologias para mitigar esses riscos. Isso pode incluir delinear parâmetros de uso aceitáveis, esclarecer os requisitos de privacidade de dados e desenvolver protocolos para monitorar e gerenciar os assistentes de IA.

Ao tomar essas medidas antecipadamente, podemos ajudar a garantir que nossas organizações obtenham o máximo benefício dessas tecnologias, ao mesmo tempo em que mantemos quaisquer possíveis desvantagens sob controle, reduzindo riscos ao trabalhar continuamente para otimizá-los. Além de estabelecer diretrizes sobre o uso de assistentes de IA, também devemos comunicar essas expectativas e os protocolos a todos os envolvidos. Dessa forma, podemos trabalhar juntos para garantir que a tecnologia seja usada com segurança e eficiência em toda a organização.

Esteja você apenas começando na área ou avançando em sua carreira, acredito que este livro é um recurso essencial para qualquer pessoa interessada em operações jurídicas. **Uma maneira de maximizar o valor deste livro é destacar as seções que você considera mais relevantes para o seu trabalho e revisitá-las com frequência.** Além disso, considere compartilhar o livro com colegas ou pares, para que você possa participar de discussões significativas sobre os tópicos abordados. Ao fazer isso, você pode construir uma base sólida para *Legal Operations* muito bem-sucedida.

Um último recado: eu encorajo você a aplicar as lições aprendidas neste livro em sua própria organização. **Alguns aspectos de *Legal Ops* podem ser mais relevantes para o seu trabalho do que outros, portanto, concentre-se nas áreas que terão**

o impacto mais direto. Ao se envolver com o conteúdo deste livro e colocá-lo em prática, você pode fazer progressos reais no desenvolvimento de *Legal Operations*, tornando sua função associada ao alto rendimento e *performance* eficiente. Assim, uma maneira adicional de maximizar o valor deste livro é refletir sobre as lições aprendidas e considerar como os conceitos podem ser adaptados à sua organização específica. Ao adaptar esses *insights* ao seu contexto, você pode torná-los ainda mais impactantes.